알기 쉽게 풀어쓴

해외시장조사 매뉴얼

Overseas Market Research Manual

황윤섭·유 천·황지영 공저

도서출판 두남

머리말

Preface

해외시장조사와 관련된 강의를 거의 이십년 동안 해 오면서도 학생들이 쉽게 접근할 수 있고 실용적인 지식을 쌓을 수 있는 교재를 제작하는 것에 목말라 있었던 듯하다. 실로 교재를 하나 작성한다는 것은 경험과 지식의 축적이 없이는 되지 않는다. 뿐만 아니라 시간도 충분히 허락되어야 하기에 마음이 있다고 해서 되지 않는 작업임을 누구나 공감하리라 생각한다.

논문을 쓰고 학생들을 지도하면서도 늘 마음 한 구석에는 해외시장조사를 배우는 학생들에 대한 미안함이 자리잡고 있었다. 내가 연구하는 자료들, 사고하는 방법들, 활용하는 방법들 등 수 많은 내용을 학생들에게 다 전달하기에는 강의시간만으로 부족했다. 이런 내용을 지면에 담아 학생들이 차분히 보고 혼자서도 체계적으로 배울 수 있는 교재를 지금에서야 내놓는다. 비록 늦은 감은 있으나 내 마음에 오랫동안 묵혀 두었던 짐 하나를 덜어내는 기분이다.

이 책을 집필하면서 들었던 또 하나의 생각은 해외시장조사를 기획하는 모든 사람들에게 도움이 될 수 있도록 책을 만들자는 것이었다. 기업들의 해외진출이 활발해질수록 해외시장조사 방법에 대한 욕구도 커지게 된다. 따라서 이 책을 기업체의 실무담당자들도 충분히 활용할 수 있는 형태로 쉽게 만들자는 생각이었다. 그래서 이론적인 내용은 되도록 축소하고 쉽게 따라할 수 있고, 해석할 수 있도록 책을 집필하려 노력했다. 그럼에도 불구하고 출간을 앞두고서는 두려움을 금할 길이 없음은 아무래도 초판을 내놓는 모든 저자들이 가지는 두려움이라 생각한다.

이 책이 세상의 빛을 보게 된다면 많은 이들에게 도움이 되길 기원한다. 또한 저자들도 계속해서 새로운 것을 담기 위해 노력할 것이다. 아울러 책의 내용에서 잘못된 부분이 있다면 그것은 전적으로 우리 저자들의 책임임을 이 지면을 빌어 밝혀 둔다.

아울러 나의 교수 생활을 더 의미 있게 해주는 나의 아내, 그리고 두 딸에게 감사와 사랑을 전한다.

2022년 고황산 기슭에서

저자 황윤섭 쓰다

차 례

Contents

PART Ⅱ 무역 환경 / 139

해외시장조사의 범주 설명과 책의 체계

1. 해외시장조사의 범주

해외시장조사는 기업이 해외에 수출이나 다른 방식들(즉, 라이센싱, 프랜차이징, 직접투자 등)을 통해 진출하려 할 때 기본이 되는 조사행위이다.

이 책에서는 기업의 관점에서
1) 해외시장조사를 왜 해야 하는지,
2) 해외시장조사에 필요한 내용이 무엇인지,
3) 자료들을 어떻게 수집해야 하는지,
4) 수집된 자료들을 어떻게 정리하고 해석해야 하는지,
5) 이 자료를 활용하여 어떤 분석이 가능한지에 대해
각 환경별로 구분하여 제시하고자 한다.

실무자들이 기업의 관점에서 해외시장을 조사하려 할 때 가장 먼저 하는 작업이 환경에 대한 분석이며, 이 환경은 글로벌 환경, 거시적 환경, 미시적(산업)환경으로 구분될 수 있다.

이 책에서는 글로벌 환경에 대해 간략히 다루고 거시적 환경에 대한 내용을 중점적으로 다룰 예정이다. 미시적(산업) 환경은 경영의 일반론(특히 경영전략론) 분야에서 많이 다루고 있으므로 이 책에서는 많은 논의를 하지 않을 것이다. 오히려 각국의 무역과 제도를 확인하는 방법을 제시하여 독자들이 무역 관련 정보를 쉽게 획득하고 이용할 수 있는 기반을 마련하고자 한다.

환경을 구분할 때 영향을 미치는 범주에 따라 글로벌 환경, 거시적 환경, 미시적(산업)환경 등으로 구분 가능하다. 글로벌 환경은 이 환경의 변화가 전세계적인 영향을 미치는 요인으로 작용할 때, 예를 들어 기후변화와 관련된 협약의 제정, WTO 체제의 형성 등에 해당한다. 거시적 환경은 환경의 변화가 지역단위나 국가단위로 영향을 미칠 때이며 주로, 경제적, 정치적, 사회·문화적, 법률적, 기술적 환경 등으로 구분한다. 미시적 환경은 환경의 변화가 한 산업 혹은 연관된 몇 개 산업의 범주에 영향을 미칠 때이며 주로 산업의 수익성을 분석하는 도구들로 영향을 분석한다.

2. 이 책의 체계

이 책은 다음의 체계로 구성되어 있다.

Chapter 2에서는 글로벌 환경에 대한 간략한 소개와 이와 관련된 자료들을 찾는 방법 그리고 자료의 응용 및 해석 등에 대해 설명이 제시되어 있다.

Chapter 3-6까지는 거시적 환경에 대해 다루고 있다. 이와 관련해서는 경제적, 정치적, 사회·문화적, 법률적 환경을 어떻게 분석할 것인가를 다룬다. 각 환경의 의미, 자료에 대한 접근, 자료의 획득 및 활용, 해석과 분석 등의 방법에 대해 논의하게 될 것이다.

Chapter 7-10에서는 무역 및 제도적 환경에 대해 살펴볼 예정이다. 무역을 함에 있어 중요한 요소인 관세와 비관세 장벽, 관세율을 도출하는 방법, 제품의 품목분류와 통관절차 등 구체적으로 무역과 관련하여 필요한 정보에 대한 접근, 그리고 이를 활용하는 방법 등을 배울 다룰 것이다.

해외시장조사 들여다보기

Part I

CHAPTER 1

해외시장조사를 왜 할까? 그리고 누가 할까?

1. 해외시장조사가 왜 필요할까?

해외시장조사는 기업이 해외에 수출이나 다른 방식들(즉, 라이센싱, 프랜차이징, 해외직접투자 등)을 통해 비즈니스를 형성하려 할 때 기본이 되는 조사행위이다. 그런데 막상 해외시장조사를 해 보라고 하면 여러분은 그저 막막하게 '무엇부터 해야 하지?'란 질문을 하고 있을 가능성이 높다. 분명 뭔가는 조사해야 하는데 '무엇부터', 그리고 '어떻게' 조사해야 하는지를 체계적으로 접근하지 않으면 잘못된 정보를 찾느라 시간을 허비하거나 조사한 자료를 체계적으로 구축하지 못할 가능성이 높다.

그럼 조사에 있어서 첫 단계는 무엇일까? 스스로 질문해 보자.

첫 번째는 조사의 목표이다.

어쩌면 당연하다고 생각되는 조사의 목표를 설정하고 이를 실현해 나가는 것이 조사를 진행하다 보면 자주 간과되는 것을 발견하게 된다. 이렇게 되는 이유는 자료를 조사하거나 논리를 전개해가는 과정에서 목표를 망각하는 경우가 생기기 때문이다. 그 이유는 여러 가지가 있는데 대표적인 것이 여러 좋은 자료를 찾은 경우이다. 여러 좋은 자료를 찾은 경우는 매우 좋은 상황이다. 하지만 너무 많은 자료의 홍수 속에서 이를 제대로 체계화하지 못하고 자료를 나열하는 식으로 정리하는 경우 오히려 체계를 잡지 못하는 위험이 있다.

가장 좋은 방법은 좋은 자료라 하더라도 중복되거나 꼭 필요하지 않은 자료는 부록으로 제시하거나 활용하지 않는 것이다. 컨설팅 지도나 논문 지도를 하다보면 이런 경우 거의 대부분의 작성자들은 모든 자료를 보고서에 넣으려고 애쓰게 되는데 이렇게 하면 오히려 논점이 흐려지고 조사의 목적을 잃어버리는 경우를 간혹 보게 된다. 충분히 좋은 조건임에도 빠질 수 있는 이러한 실수를 범하지 않기 위해서는 자료를 간소화하고 필요 핵심자료를 분별할 수 있는 능력을 키워두는 것이 좋을 것이다.

예로서 외국의 경제규모와 발전정도를 조사한다고 할 때 그 국가의 GDP & GDP per capita, 그리고 GDP growth rate 정도면 경제규모와 발전정도의 많은 부분은 설명할 수 있다. 여기에 GNP, GNP growth rate, Total Factor Productivity, Total Labour Productivity 등을 부가하여 설명한다면 물론 설명은 풍부해지겠지만 중복적으로 같은 개념들이 계속 측정되는 결과를 낳게 될 것이다. 이렇게 되면 조사자들뿐 아니라 의사결정자들도 불필요한 시간을 소모하게 될 것이다.

또한 예에서 제시되는 자료는 우리나라 KOTRA에서 제공하는 해외시장과 관련된 보고서의 내용이다. 이 보고서에서는 일반경제지표들 뿐 아니라 무역, 투자, 시장특성 등 여러 유용한 정보들을 담고 있다. 이 내용과 IMF에서 제공하는 국별 자료는 별 차이가 없을 뿐 아니라 오히려 더 풍부한 정보를 제공하고 있다. 따라서 이런 자료들을 무조건 나열적으로 활용하는 것보다는 적절한 선택과 활용을 통해 분석의 효율성을 높이는 것이 중요하다.

자료 찾기 1 **KOTRA 해외시장뉴스 홈페이지** https://news.kotra.or.kr

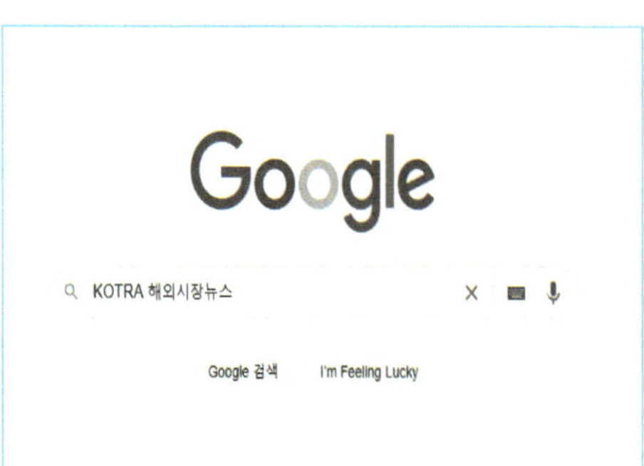

KOTRA 해외시장뉴스 검색

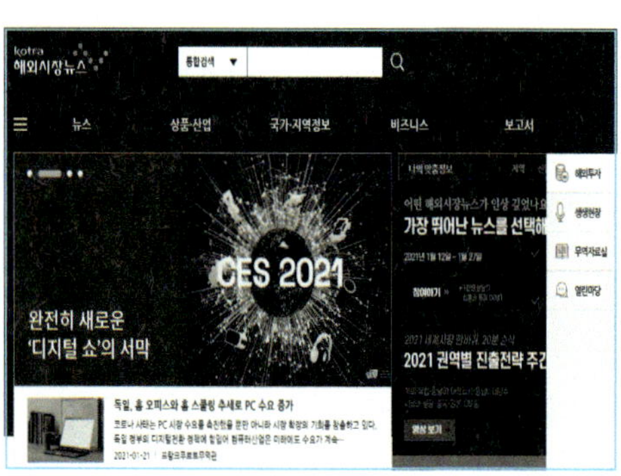

KOTRA 해외시장뉴스 홈페이지

1) KOTRA 해외시장뉴스 〉 국가지역정보

2) 중국 선택

3) 일반 〉 주요 경제지표 선택

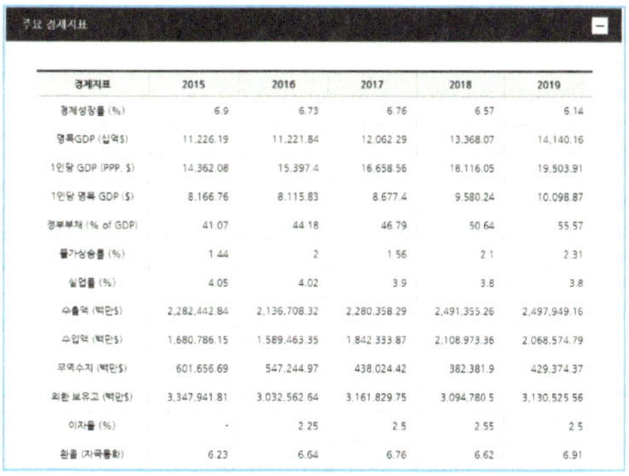
주요 경제지표

경제지표	2015	2016	2017	2018	2019
경제성장률 (%)	6.9	6.73	6.76	6.57	6.14
명목GDP (십억$)	11,226.19	11,221.84	12,062.29	13,368.07	14,140.16
1인당 GDP (PPP, $)	14,362.08	15,397.4	16,658.56	18,116.05	19,503.91
1인당 명목 GDP ($)	8,166.76	8,115.83	8,677.4	9,580.24	10,098.87
정부부채 (% of GDP)	41.07	44.18	46.79	50.64	55.57
물가상승률 (%)	1.44	2	1.56	2.1	2.31
실업률 (%)	4.05	4.02	3.9	3.8	3.8
수출액 (백만$)	2,282,442.84	2,136,708.32	2,280,358.29	2,491,355.26	2,497,949.16
수입액 (백만$)	1,680,786.15	1,589,463.35	1,842,333.87	2,108,973.36	2,068,574.79
무역수지 (백만$)	601,656.69	547,244.97	438,024.42	382,381.9	429,374.37
외환 보유고 (백만$)	3,347,941.81	3,032,562.64	3,161,829.75	3,094,780.5	3,130,525.56
이자율 (%)	-	2.25	2.5	2.55	2.5
환율 (자국통화)	6.23	6.64	6.76	6.62	6.91

4) 주요 경제지표 확인

KOTRA 해외시장조사에서 해당 국가에 대해 확인 가능한 자료

구분	내용
일반 (경제지표)	경제성장률, 명목GDP, 1인당GDP, 1인당 명목GDP, 정부부채, 물가상승률, 실업률, 수출액, 수입액, 무역수지, 외환 보유고, 이자율, 환율 등(최근 5개년도)
무역	수출입(국가별 수출입, 품목별 수출입), 한국과의 수출입, 무역협정, 수입규제 및 관세, 통관 및 운송 등
투자	투자환경, 외국인직접투자, 한국기업 투자, 투자진출방식, 정산 및 철수, 노무, 세금, 외환 등
참고정보	시장특성, 비즈니스 에티켓, 현지 진출 성공사례, 출입국 안내, 유관기관, 물가정보, 출장정보, 생활정보, KOTRA 무역관 안내

국가·지역정보	• 국가·지역정보 • 북한정보 • 진출전략 • 출장자료 • 무역관 뉴스레터
비즈니스	• 무역사기사례 • 기업성공사례 • 무역관 현장DB • 해외인증정보 • 기업검색사이트 • 전문조사기관 • 국제무역통계(ITC)
보고서	• 심층 • 수출동향 • 글로벌 이슈 모니터링
해외투자	• 해외투자안내 • 직접 투자절차 • 국별 참고자료 • 유망프로젝트 • 진출기업정보
생생현장	• 포토뉴스 • 카드뉴스 • 웹툰 • 생생글로벌 비즈 트렌드 • 설명회 • 90초 해외시장 뇌우스

자료 찾기 2 IMF 홈페이지 https://www.imf.org

1) IMF 홈페이지 〉 DATA 선택

2) IMF DATA Mapper 선택

3) 희망국가 선택 (예: India)

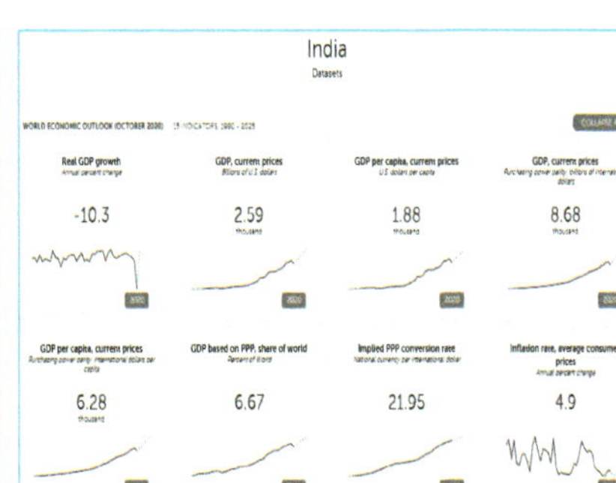

4) 주요 경제지표 확인

1) India를 검색하여 찾은 자료는 무엇인가?
2) 여러분이 찾은 자료를 통해 인도 시장의 어떤 특징을 이야기 할 수 있는가?
3) 또한 향후 인도 시장에 대한 전망에 대한 의견은 무엇인가?
4) 이외 각자 관심이 있는 국가를 선택하여 India와 비교해보자.

IMF 홈페이지에서 선택 자료 다운로드 하기

두 번째 이유는 목적에 부합하지 않지만 좋은 자료를 찾은 경우이다.

이 유형은 목적에 부합한 자료는 아니지만 충분히 활용 가능한 자료를 찾은 경우이다. 이 경우도 대부분의 조사자들은 이런 자료에 미련을 두어 잘 버리지 못한다. 예를 들어, 해당 국가의 정치적 자유(민주)화와 관련된 정보를 구하기 위해 노력했는데 이 정보는 구하지 못하고 부패수준과 관련된 자료를 구했을 경우 목적에 정확히 부합하지는 않지만 경우에 따라서는 이 자료를 기반으로 국가의 정치적 자유화 정도를 설명하고자 하는 욕구가 있을 수 있다. 이런 경우 찾은 자료를 기반으로 해석이 진행되면 처음 설정한 목표를 망각하고 다른 방향으로 논의가 진행될 수 있다. 따라서 이런 자료를 기반으로 처음 조사 목적을 실현하기 위해서는 조사 목적과 현재 활용하는 자료와의 개념적 차이를 잘 제시하면서 해석을 해 나가는 것이 중요하다.

예에서 제시된 자료의 경우 다행히도 민주주의 지수가 제시되고 있어 이런 고민을 할 필요가 없다. 하지만 실질적으로 연구조사를 하는 많은 경우 적절한 자료를 찾지 못하는 경우가 많다. 이 경우 무리하게 다른 자료를 기반으로 분석을 시행하는 것은 오히려 분석에 대한 신뢰성을 떨어뜨릴 수 있다.

참고자료 1

민주주의 지수

이코노미스트지가 167개국의 민주주의 상태를 조사하여 작성한 지수이다. 이코노미스트 정보분석기구에서 ① 선거 과정과 그 다원성, ② 시민의 권리, ③ 정부의 기능, ④ 정치 참여, ⑤ 시민 자유 등의 5개 항목에 대한 지수와 함께 수량화하였다. 각 나라들은 완전한 민주주의, 결함 있는 민주주의, 혼합된 체제, 권위주의 체제로 분류된다.

2020년 발표된 자료에는 노르웨이가 10점 만점에 9.81점으로 1위를 차지하였고, 대한민국은 8.01점으로 아시아 중화민국, 일본과 함께 아시아 지역에서 '완전한 민주주의' 국가로 분류되었다.

The Economist | Democarcy Index 2020

https://www.eiu.com/topic/democracy-index

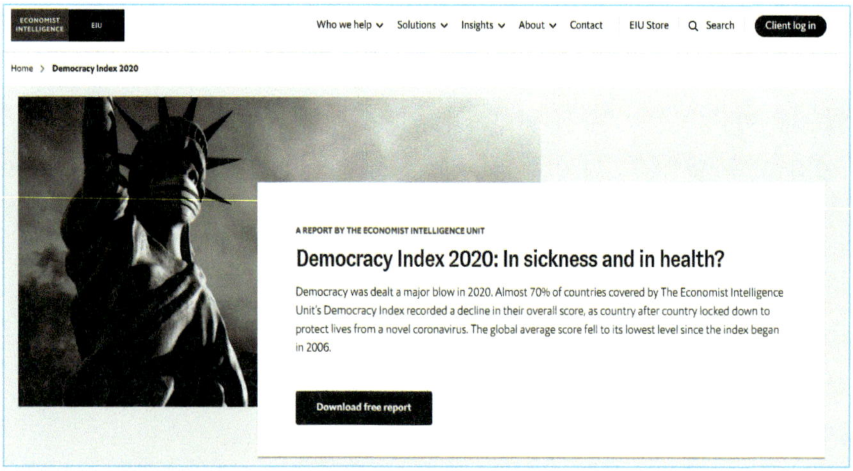

자료: ECONOMIST INTELLICENCE https://www.eiu.com

참고자료 2

부패 인식 지수(CPI)

부패 인식 지수(Corruption Perceptions Index, CPI)는 국제투명성기구(TI)에서 매년 발표하는 국가별 청렴도 인식에 관한 순위이다. 1995년부터 매년 180개국에 대한 부패 인식 정도를 조사하여 발표하기 시작했다. 이 지수는 국가별 공무원과 정치인의 부패 정도에 대한 기업인 및 애널리스트들의 인식 정도를 지수화하여 국가별로 순위를 정한 것이다. 이 지수는 가장 깨끗한 상태를 100점으로, 가장 부패했다고 느끼는 상태를 0점으로 두고 평가되고 있다. 2020년 조사에서는 덴마크와 뉴질랜드가 88점으로 가장 높은 순위를 기록했고, 핀란드, 싱가프로, 스웨덴, 스위스가 각각 85점으로 그 뒤를 이었다.

TRANSPARENCY INTERNATIONAL | CORRUPTION PERCEPTIONS INDEX

https://www.transparency.org/en/cpi/2020

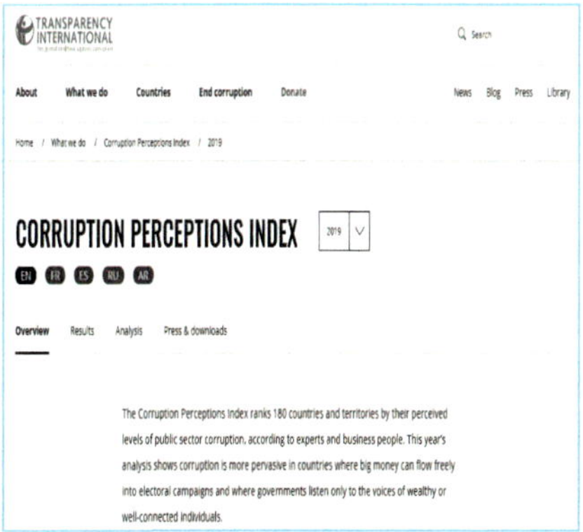

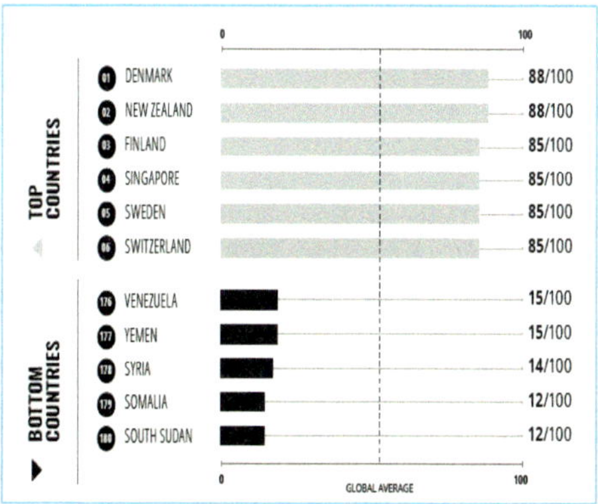

자료: TRANSPARENCY INTERNATIONAL https://www.transparency.org

실습해보기

☞ 앞에서 제시한 내용을 기반으로 아래 자료를 비교해보자.

1. 선진국과 개발도상국 중 몇몇 국가들을 선정해 아래에서 제시하는 데이터를 추출한 다음 그 특성을 비교해보자.

   (1) 경제성장률

   (2) 외국인 투자 유입 및 해외직접투자

   (3) 해당 국가의 민주주의 지수

   (4) 해당 국가의 기타 관심 요인들 (물가, 실업률, 부채 등)

2. 관심 있는 개발도상국을 선정하고 그 국가의 변화과정에 대해 논의해보자.

   (1) 어떤 특성들이 보이는가?

   (2) 여러분들이 발견한 것은 무엇인가?

   (3) 어떤 면들을 더 생각해봐야 하는가? 그리고 어떤 자료의 보완이 필요한가?

세 번째 이유는 자료가 부족해서 조사하고자 하는 내용을 제대로 뒷받침하지 못하는 경우이다. 때로는 개념적으로는 논리적 내용이 좋지만 이를 뒷받침할 객관적 자료가 부족하거나 없는 경우가 있다. 이 경우에는 목표를 달성하기 위한 논리체계를 바꿔야 하는데 많은 경우는 이 논리체계를 바꾸려 하기보다는 없는 자료를 검색하느라 시간을 허비하거나 추상적으로 논리를 전개하는 경우가 더 많이 발생한다. 이 경우 저자들의 견해로는 다른 논리체계를 통해 설명하려는 노력을 기울이는 것이 좋다.

예를 들면 어떤 국가를 조사하면서 그 국가의 국민이 일반적으로 보유하고 있는 '가치관'을 파악하려 할 때 '어떤 자료를 활용하여 가치관을 설명할 것인가?'에 대해 고민하게 될 것이다. 가치관은 상당히 좋은 주제이며, 인간 행동의 여러 측면을 설명하는데 많은 시사점을 제공할 수 있다. 그렇지만 가치관이라는 추상적인 내용을 어떻게 측정할 것인가 혹은 측정한 내용이 진정으로 국민의 가치관을 보이는 대표성을 가지고 있는가는 판단이 어려운 문제이다. 실질적으로 '가치관'이라는 개념을 객관적으로 드러낼 수 있게 준비되어 있는 자료는 없다. 혹은 있다고 하더라도 '가치관'이라는 개념을 어떻게 측정했는가는 매우 중요한 논의사항이 될 것이다.

이와 관련해서는 저자들도 지금 당장 답을 제시하기는 어렵다. 위의 내용들을 배워가면서 점진적으로 보완될 것으로 기대한다.

네 번째는 목표를 달성하기 위한 논리를 체계적으로 설정하지 못한 경우이다. 이 경우는 조사를 위한 기초부터 습득해야 하며, 단계별로 이 조사가 왜 필요하며 어떻게 쓰일 것인가에 대해 인지할 수 있도록 훈련되어야 한다. 즉 조사목적을 달성하기 위해 어떤 내용을 위주로 설명하는 것이 가장 효과적인가에 대한 판단이 필요하다. 또한 어떤 자료를 활용하여 설명하는 것이 가장 효과적일 것인가에 대한 판단도 필요하다.

보고서를 작성해야 하는 저자들은 이러한 걱정을 할 필요가 없다. 이 책을 따라서 잘 연습해가다 보면 어떻게 목표를 달성할 수 있고 논리적 체계도 어떻게 갖출 수 있는가를 자연스럽게 습득하게 될 것이다.

2. 누가 조사하는가?

해외시장조사를 누가 하는가에 따라 분석의 내용이 달라진다.

1) 국가 간 관계 및 거시적 환경 중심

어떤 주체가 해외시장을 조사하는가에 따라 보게 되는 관점이 달라지며, 같은 현상에 대해서도 분석의 의미와 체계가 달라진다. 그럼 국가 수준에서 해외시장을 조사한다면 어떤 면이 달라지는지 살펴보자.

먼저 국가 수준에서 해외시장을 조사하게 되면 다른 국가의 경제 발전 정도와 속도, 정치적 안정, 새로운 시장 기회의 발생 등과 같은 거시적 요인에 집중하게 된다. 물론 개별경제주체나 기업들의 경우에도 외국의 경제발전, 정치적 안정, 사회문화적 요인 등 여러 요인을 분석해야 한다. 하지만 같은 분석이라 하더라도 조사의 깊이와 범위, 그리고 이와 관련된 해석 등에 있어서는 차이가 발생한다.

예를 들어, 한 국가의 경제가 급속하게 성장하고 있다고 할 때(예: 1980-90년대 중국) 우리나라의 입장에서는 상당한 기회가 생기는 것으로 파악하고 이 국가에 대해 어떻게 접근할 것인가에 대한 전략수립을 시도하게 된다. 따라서 이 경우 한 산업이나 한 경제주체의 입장이 아니라 국가 전반적 입장에서 해당 국가의 시장 기회를 분석·해석하게 된다.

이제 World Bank의 Open Data System에 접근(THE WORLD BANK | OPEN DATA https://data.worldbank.org)하여 다른 국가들의 경제적 환경에 대한 정보를 획득해보자. Open Data를 통해 여러 형태의 정보를 파악할 수 있는데 여기서는 중국과 베트남의 연도별 GDP 성장률을 찾아가는 경로를 보여주고 있다. 이 경로를 통해 1985년부터 2019년까지의 중국과 베트남의 연도별 GDP 성장률을 찾고 이 국가들의 상황을 비교해 볼 수 있다.(부록1 참고)

이 비교를 통해 여러분은 무엇을 파악할 수 있는가? 이 내용을 토의해 보자.

일반적으로 상대국의 경제적 성장이 급속히 증대된다면 그 국가의 시장기회에 집중하게 된다. 이 시점에 국가 수준에서는 외교 관계를 더 돈독히 하려는 노력, 현지국의 정치적 안정성에 대한 분석, 우리나라와 대상국과의 교역 여건 마련과 같은 기초 작업을 어떤 방향과 어느 정도의 속도로 할 것인가에 대한 단기·중기·장기적 계획을 잡게 된다. 교역 여건 마련에는 상호투자협정, 관세와 관련된 협력체계 구축, 이익의 송금과 금융 활용의 편의 제공을 위한 상호 시스템 구축 등 여러 내용이 포함된다. 이와 관련된 계획은 시장의 중요성과 성장 속도에 따라 각각 다르게 구현될 수 있다.

다음 표에서는 한국과 베트남 간 체결된 협정 현황을 보여주고 있다. 과거에 비해서는 빈도가 높을 뿐 아니라 2019년에는 실질적 협정개정 의정서와 양해각서의 교환 등이 있었다. 하지만 코로나19 팬데믹의 영향으로 인해 더 이상의 의미 있는 진전은 가로막힌 상태이다. 코로나19 팬데믹이 극복되고 양국간 교역이 더 늘어나는 상황이 된다면 분명 정부간 협정체결은 더 빈번할 뿐 아니라 기업에 실질적 영향을 미칠 수 있는 방향으로 이루어질 것이다.

표 1-1 한국과 베트남의 주요 협정 현황 (2017-2020)

협정명/발효일자	발효내용	비고
2017 APEC 정상회의 (2017년 11월 01일)	없음	베트남 다낭시 개최, 문재인 대통령 참석
한-베트남 정상회담 (2018년 03월 23일)	한-베트남 미래 지향공동선언문 채택	문재인 대통령 베트남 국빈방문
한-아세안 특별정상회의 (2019년 11월 25일)	이중과세방지 협정 개정의정서, KOTRA-VIETRATDE 협력 양해각서	응웬쑤언푹 총리 한국 방한
코로나19 아세안+3 특별정상회의 (2020년 04월 14일)	코로나19에 대한 아세안+3 특별 화상 정상회의 공동성명 채택	ASEAN 회원국, 한·중·일 정상 화상 회의 응웬쑤언푹 총리가 아세안 의장 자격으로 주재
제 1차 한-메콩 정상회의 (2019년 11월 27일)	한강-메콩상 선언 (ICT, 인프라, 문화-관광, 환경, 농촌 등), 2021년을 한-메콩 교류의 해로 지정, 한-메콩 정상회의 정례화 합의	베트남, 라오스, 미얀마, 태국, 캄보디아
제 2차 한-메콩 정상회의(화상) (2020년 11월 13일)	한국과 메콩 5개국(베트남, 라오스, 미얀마, 태국, 캄보디아)의 협력 관계가 동반자 관계에서 '전략적 동반자 관계'로 격상될 것을 제안 → 정상 전원 적극 지지 의사 밝힘.	원래 2차 한-메콩 정상회의는 베트남에서 개최 예정됐으나, 코로나19로 인해 화상회의로 진행

자료: KOTRA 해외시장뉴스 〉 국가지역정보 〉 베트남

표 1-2 베트남 무역협정 체결현황

협정명	체결국가	체결일자 발표일자	비고
CPTPP (포괄적 점진적 환태평양경제동반자협정)	일본, 호주, 뉴질랜드, 캐나다, 멕시코, 칠레, 페루, 싱가포르, 베트남, 말레이시아, 브루나이	2016-02-04 2018-12-30	• 베트남의 발효 일자는 2019년 1월 14일
EU-Vietnam (EVFTA)	EU	2015-12-01 2020-08-01	• 2020년 8월 1일 발효 • 베트남 발효 직후 약 65% EU 제품에 대한 관세를 면제하고 나머지는 10년에 걸쳐 점진적으로 무관세 적용
ASEAN-Hong Kong FTA	ASEAN	2017-11-12 2019-06-11	• 베트남은 협정 발효 10년 내 품목의 75% 관세 철폐 • 발효 14년 내 또다른 10% 거래 품목에 관세 인하 예정
RCEP (ASEAN+6)	ASEAN, 중국, 한국, 일본, 호주, 뉴질랜드	2020-11-15	• 인도를 제외한 나머지 15개국 협의로 타결 • 2022년 발효 전망

표 1-3 베트남 논의 중 협정

협정명	협정대상국가	협정진행내용
Vietnam-EFTA	EFTA(아이슬란드, 리히텐슈타인, 노르웨이, 스위스)	2013년 4월 협상 개시
Vietnam-Israel FTA	이스라엘	2015년 12월 협상 개시

자료원 : KOTRA 호치민 무역관 정리.

2) 개별 경제주체 및 기업 중심

개별 경제주체나 기업의 경우도 국가 수준에서 조사하는 해외시장에 대한 조사의 요소들을 대부분 검토하고 분석한다. 하지만 개별 경제주체와 기업의 해외시장에 대한 조사는 위험에 대한 분석, 위험을 회피할 수 있는 방법, 그리고 시장의 잠재력과 이 시장을 통해 얻을 수 있는 이익 등에 초점이 맞추어지게 된다. 하나의 예를 들자면, 어떤 국가가 경제성장이 빠르게 이루어지고 있을 때 이를 시장기회로 인식하는 것은 국가나 기업이나 마찬가지이다. 하지만 국가의 시장기회에 대한 인식이 포괄적인데 반해 기업은 구체적이다. 기업은 해당 국가의 경제발전 단계에 따라 자신의 제품이 해당시장에 출시하기에 적당한 상황인지, 그리고 어떤 단계에 따라 시장에 진입하는 것이 좋을 것인가에 대한 분석을 하게 된다.

3. 해외시장조사를 어떻게 할까?

조사의 방법은

- 어떤 주체가 어떤 목적을 가지고 수행하는가
- 무엇을 분석하려고 하는가
- 분석을 위해 사용하는 도구 혹은 방법에 따라 나뉘어진다.

앞의 내용에서 주체에 따라 조사체계의 변화가 있음을 이야기했다. 이를 잘 이해했다면 주체와 목적에 따라서도 조사 방법의 변화가 있을 것이라는 예상을 충분히 할 수 있을 것이다.

1) 국가나 공적 기관

국가나 공적 기관에서 상대국을 파악할 때는 대부분 거시적 분석 및 해당 기관 관련 분야에 대한 정보를 파악하기 때문에 소수의 기업이나 시장 상황에 대한 내용에는 중점을 두지 않는 경향이 있다.

예를 들면, 우리나라 환경부에서 베트남에 대한 분석을 한다고 할 때 일단 관심사항은 환경과 관련된 분야에서 베트남과의 협력사업이 가능한가, 그리고 이를 통해 우리나라 국익에 도움이 되는가, 장기적으로 양국간의 관계발전에 이바지할 수 있는가 등에 관심을 가지게 된다.

따라서 이 경우에 많은 관심은

- 베트남 정부가 시행하는 환경정책의 방향
- 우리나라 환경부와 환경 관련 기업들이 가지는 우위 요소
- 협력을 할 수 있는 사업 분야의 도출과 협력 방향
- 단계적인 협력전략 형성 및 장기적 계획 등에 대한 것이다.[1)]

여기서는 우리가 일반적으로 다루어왔던 경제성장이나 발전과 관련된 내용은 핵심적인 사안이 아니고 참고적 사안으로 간주된다.

하지만 베트남과 관련한 기획재정부나 산업통상자원부 등의 관심은 환경부의 관심과 차이가 있다. 이들의 경우 베트남의 환경 협력 가능성 보다는 시장기회의 포착과 창출, 그리고 기업진출을 통한 협력과 이익의 획득에 더 관심이 있다.

따라서 이 경우에는

- 베트남의 성장가능성
- 베트남 시장 접근 가능성 및 장애요인 분석
- 우리나라 기업들의 경쟁력과 진출에 적합한 베트남 시장 분석
- 베트남 정부의 무역 및 외국기업에 대한 정책 방향
- 베트남 시장 진출 전략 형성 방향 제시 등 여러 경제적·기업전략적 사항에 더 많은 관심을 두게 될 것이다.[2)]

2) 개별 경제주체

기업이나 개별 사업자와 같은 개별 경제주체들이 어떤 국가 혹은 해외시장에 대해 관심이 있다는 것은 시장 조사를 통해 자신의 목적을 달성하려는 의도가 있

음을 의미한다. 기업의 경우 시장 진출을 통해 '이윤 추구'라는 기업 목표를 구현할 수 있는가에 관심이 있을 것이다. 이들의 관심은 시장 환경 분석을 통해 자신들의 진출 타당성을 확인하고 환경에 맞는 전략을 형성하는데 있다. 이 과정 역시 이 후 제시될 각 분야에 대한 분석을 진행하면서 자세히 논의될 것이다.

(1) 분석대상과 목적

우리가 사회과학에서 활용하는 분석은 여러 형태가 있는데 이 중 수리적 방법을 활용하는가에 따라 정량적(quantitative) 방법과 정성적(qualitative) 방법으로 분류한다.[3)] 사회과학을 연구하는 많은 경우 정량적 방법을 활용하여 분석하며, 분석 결과가 명쾌하며, 영향력의 유무를 수리적으로 나타낼 수 있다는 장점이 있다. 정성적 분석의 경우 사회과학적 논의에서 정치나 저널리즘 등에서 많이 쓰인다. 이 분석 방법은 고려해야 할 사항과 변화 조건들이 많아서 수리적 방법을 사용하기 어려운 경우 활용된다.

실습해보기

☞ 최근 다양한 경로를 통해 해외시장정보 수집이 가능하다. 여러 방식을 활용하여 정보를 수집해보고, 어떤 유용한 정보들이 있고, 부족한 점들은 무엇이 있는지 토의해보자.

※ 부록2 참고

| 그림 1-1 | 해외시장보고서를 카톡 알림톡으로 받기

| 그림 1-2 | 해외시장보고서를 이메일 뉴스레터로 받아보기

자료: 한국무역협회 [통상뉴스레터] https://www.kita.net ▷ 통상지원센터

中 '공동부유'와 선명성 경쟁, 그리고 포퓰리즘 [특파원 칼럼]
중국 공산당과 정부가 민간 영역 전반에서 벌이고 있는 각종 규제 ...
공유
2021.08.30 15:54

주주가치 제고에 공들이는 美 기업
4217억달러(약 493조2200억원). 애플이 2012년부터 올해 2분기까지 자사주 매입에 투자한 금액이다. 삼성전자 시가총액 445조원(8월 25일 ...
공유
2021.08.27 17:15

자료: 한국경제 [특파원 칼럼] www.hankyung.com>opinion

(2) 분석도구

어떤 분석도구를 활용할 것인가에 따라서도 시장조사의 방법과 대상이 달라진다. 정량적 분석도구들을 사용하기 위해서는 일단 수리적 분석에 활용 가능한 자료가 있어야 한다. 또한 이 자료들을 잘 정리·가공하고 여러 방법론을 활용하여 분석할 수 있어야 한다.

이 책을 통해서는 기본적인 자료의 정리 및 가공방법을 소개할 것이다. 또한 이 자료가 가지고 있는 의미를 해석하는 방법에 대해서도 논의할 것이다. 마지막으로 분석도구와 관련해 중요한 것은 분석한 결과를 해석할 수 있어야 한다는 것이다. 숫자로 정리되어 있는 자료를 기반으로 분석을 할 때 결과값이 어떤 의미를 가지며, 어떻게 해석되어야 하는가를 잘 학습해야 한다. 이 책에서는 여러 복잡한 분석 기법들 중 가장 간단하면서도 의미 있고 흔히 쓰일 수 있는 기법과 해석의 방법들 그리고 분석의 방법과 대상의 선별 및 한계 등에 대해 상세히 다룰 것이다.

수치화하기 힘든 분석의 대상들도 있다. 해외시장 소비자들의 심리적 요인, 상관습, 사회의 일반적 가치관 등은 의미 있는 분석의 대상이지만 수치화하기는 힘들다. 이 경우 앞서 제시했던 전문가들의 의견을 묻는 정성적 분석이 활용되는 경우가 많다. 이런 분석대상들을 수치화하기 위해 주로 활용되는 방법은 설문조사를 활용하는 방법이다. 이런 기법에 대해서도 이 책에서 일반론적인 내용을 다루어 여러분들이 잘 활용할 수 있는 기반을 만들어 줄 것이다.

4. 시나리오(Scenario) 분석법

여러 사건과 환경의 복잡한 변화가 있을 경우 정확한 예측을 하는 것은 거의 불가능하다. 이런 경우 단기·중기·장기적으로 어떤 상황의 변화가 있을 것인가를 예측하고 이와 관련하여 기업은 어떻게 대응해야 할 것인가에 대한 계획을 수립하는 것이 합리적일 수 있다. 이와 관련하여 전세계적으로 시나리오 분석법이 많이 활용되고 있다.[4] 시나리오 분석법은 시간의 흐름에 따라 중요한 요소들이 어떻게 변화될 것인가를 비관적, 낙관적, 절충적, 현재 상황 지속 등으로 분류하고 이 상황이 발생할 확률을 기반으로 시나리오를 구성한다. 이 시나리오 내에는 해당 국가의 정치, 경제, 사회문화적 환경의 변화와 더불어 다른 환경들 중 시나리오 계획과 밀접하게 연계되는 요인들을 잘 선별하여야 한다. 또한 여러 변화의 방향에 대해 기업 경영자들이 정확히 판단할 수 있는 근거를 마련해 줄 수 있도록 충분히 논리적이고 연결성이 있어야 한다.

여기서 논리적이어야 한다는 의미는 주요 요인의 선별부터 변화를 설명하는 것이 이론에서 제시되는 일반적 현상에 대한 설명과 일치해야 한다는 것이다. 이를 위해서는 다음과 같은 사항에 유의하여야 한다.

첫째, 제시되는 요인들이 중요한 내용을 포함하고 있어야 한다. 즉, 시나리오에서 제시되는 요인들은 분석의 목적에 부합하고, 분석 목적을 달성하는데 필요한 요인들을 포함해야 한다.

예를 들어, 현지 소비자들의 우리 기업 제품에 대한 구매 가능성을 조사한다고 할 때, 소비자 구매력, 소비자의 수, 부의 분배구조, 경쟁기업의 현황(품질과 가격 경쟁력 등), 정치적 안정성(전쟁이나 내란의 위험 등) 등은 필수적으로 조사해야 하는 요소들이다.

이외에도 필요에 따라 다른 요소들을 더 조사해야 한다. 이 중에서 소비자 구매력이나 부의 분배구조의 경우 필수적으로 파악되어야 할 요소인데 이 요소가 파악되지 않으면 핵심적 요소의 누락이 있는 것이다.

여러분들이 일반적으로 전공서적에서 접하는 이론을 등한시하면 안 되는 이유가 바로 여기에 있다. 전공서적에서 접하게 되는 이론은 어떤 결과가 일어나는데 주요한 영향을 미치는 요인을 잘 설명해두고 있다. 따라서 이를 잘 참고해서 주요 요인들을 확인하는 작업이 잘 이루어져야 탄탄한 시나리오를 만들 수 있는 기반이 형성되는 것이다.

둘째, 요인들의 변화의 방향을 예측할 수 있어야 한다. 요인들의 변화방향을 예측한다는 것은 상당히 어려운 작업인데, 이는 요인들의 변화방향에 따라 결과가 달라지기 때문이다. 특히 시나리오 분석법을 활용한 분석에서는 요인들을 시나리오에 반영하고 이 변화에 따라 상황이 어떻게 바뀔 것인가를 제시해야 하므로 요인들의 변화방향을 예측하는 것은 매우 중요하다. 만일 이 변화방향이 예측 불가능하다면 시나리오의 정확성과 신뢰성은 그만큼 떨어지게 된다. 요인들의 변화방향을 예측함에 있어 중요한 기초를 제공해 주는 것은 기존 이론이다. 그래서 기본 이론교육이 중요한 것이다. 이론에서는 요인들이 잘 제시되어 있고 요인들 간 관계와 어떤 상황일 때 요인들이 어떻게 변화될 것인가를 논리적으로 잘 설명하고 있다. 시나리오가 신뢰성을 얻기 위해서는 이론에서 제시되고 있는 논리를 시나리오 분석에 잘 활용되어야 한다.

셋째, 요인들의 변화로 인해 발생할 수 있는 결과도 예측할 수 있어야 한다. 가장 단순하게 설명하자면 '우리 기업의 제품이 현지에서 얼마나 잘 구매될 수 있을 것인가?'를 판단하는데 정치적 안정성은 정(+)의 관계를 가진다. 이 의미는 정치적 안정성이 높아질수록 현지에서 잘 구매될 가능성이 높아지고, 정치적 안정성이 낮아질수록 그 가능성은 낮아진다는 의미이다. 따라서 요인이 어떤 방향으로 변화될 것인가를 예측할 수 있다.

다음으로 연결성이 있어야 한다는 의미를 살펴보자. 시나리오 분석법에서 연결성은 요인들 간 연결성, 시나리오 간 연결성, 그리고 요인과 결과 간 연결성, 기업전략 개발과의 연결성으로 구분될 수 있다.

첫째 요인들 간 연결성의 의미를 살펴보자. 시나리오에 포함된 주요 요인들은 서로 연관되어 있는 경우가 대부분이다. 예를 들어, 정치적 안정성이라는 요인은 경제의 안정적 운영과 밀접하게 연관되어 있고, 정치적 안정성이 불안해지게 되면 경제의 운영도 상당히 왜곡되는 현상이 생기게 된다. 정치적 안정성이 불안해지면 생필품 사재기 현상이 나타난다든지, 그 국가의 화폐가치가 갑자기 낮아진다든지 하는 단기적 효과가 나타나는 것이 그 예이다. 따라서 시나리오 분석법을 적용할 때 요인들 간 연결성을 잘 파악하고 있어야 한다.

둘째, 시나리오 간 연결성은 요인의 발생가능성과 변화 방향에 따라 여러 시나리오(비관, 낙관, 절충, 현재 상황 지속 등)를 만드는 것이 일반적이다. 이 때 여러 시나리오를 만들더라도 이 시나리오들은 하나의 공통된 목적으로 만들어져야 하며, 분석에 포함되어 있는 요인들이 같아야 한다. 이렇게 시나리오가 구성되어야 상호 비교 가능하며, 요인들이 비관적으로 혹은 낙관적으로 변화되는가에 따라 어떤 결과가 도출될 것인지를 예상할 수 있다. 이런 예상을 기반으로 기업의 전략이 형성되기 때문에 시나리오 간 연결성은 중요하다.

셋째, 제시된 요인과 결과 간 연결성은 이미 앞의 내용에서 설명했던 것이다. 즉, 논리성을 언급하면서 요인의 변화방향과 이에 따른 결과에 대한 예측이 가능해야 한다는 의미는 요인과 결과의 연결성을 의미하는 것이다. 따라서 이에 대한 더 이상의 설명은 생략하도록 한다.

넷째, 기업전략개발과의 연결성은 기업이 시나리오 분석법을 활용하여 환경의 변화와 그로 인해 발생할 수 있는 예상되는 결과를 바탕으로 기업의 대응전략을 형성해야 하는 것을 의미한다. 따라서 시나리오에 포함되어 있는 요인들의 변화방향과 결과에 대해 기업은 각각 어떤 전략으로 대응할지를 고민해야 한다. 따라서 개발되는 시나리오와 기업의 전략은 연결성이 있어야 하며, 각 시나리오별로 기업의 전략대응도 달라져야 한다.

시나리오 분석법의 장점은 이야기 형태로 논리적으로 잘 풀어 가면 경영진들이 이해하기 쉬울 뿐 아니라 상황에 대한 종합적 판단능력을 높일 수 있다. 또한 분석에 포함되는 요인이 거시적 요인 뿐 아니라 미시적 요인도 포함될 수 있기 때문에 구체적인 분석을 할 수 있다.

일반적으로 시나리오 분석법의 진행과정은 다음 다섯 단계로 나타난다.

결정변수 파악 → 시나리오 개발 → 기업전략의 개발 → 시나리오 확률예측 → 대체결과 분석

CHAPTER 2

글로벌 환경은 시장을 어떻게 변화시킬까?

1. 글로벌 환경이란 무엇인가?

글로벌 환경은 그 요소의 변화가 전세계적인 영향을 미치는 환경으로서 영향의 범위가 광범위하고 상당히 파급력이 크다. 예를 들면 기후변화 협약의 체결, WTO 체제의 등장, 국제자원가격의 변화, 국제금융시장의 변화와 충격 등 여러 국제적 변화가 이에 해당된다.

2. 기후변화 협약은 시장에 어떤 변화를 가져오는가?

그렇다면 기후변화 협약과 관련해서는 어떤 자료를 찾아야 할까?

| 그림 2-1 | United Nations Climate Change https://unfccc.int

| 그림 2-2 | 영상으로 보는 기후변화 협약

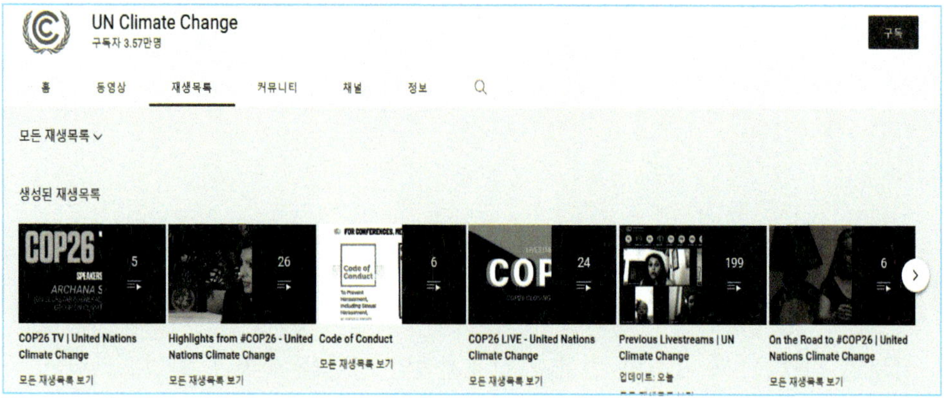

기후변화 협약의 핵심내용과 변화의 방향을 제시하는 보고서를 찾아보고 그 핵심적 내용을 이해해 보자.

| 그림 2-3 | 환경부 기후변화홍보포털 기후자료실 https://www.gihoo.or.kr

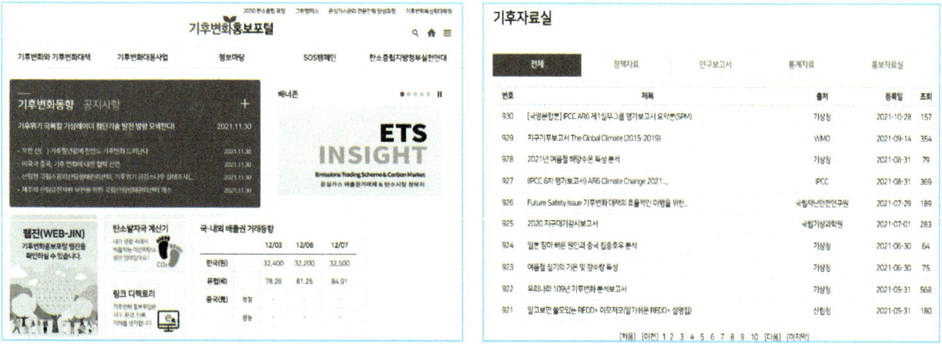

각 국별 온실가스(Greenhouse Gas : GHG) 배출 규모 및 관련된 경제지표들을 찾아보자. 여러분들은 어디에서 이 자료들을 찾을 수 있다고 생각하는가?

국내에서는 온실가스종합정보센터(Greenhouse Gas Inventory and Research Center : GIR), 통계청의 국가통계포털(Korean Statistical Information Service: KOSIS), 환경부의 환경통계연감(Environmental Statistics Yearbook), 에너지경제연구원(Korea Energy Economics Institute : KEEI) 등의 기관이 있으며, 각종 자료들이 망라되어 있다.

이와 관련된 국외 자료는 World Bank Data, IEA Data, UN Data 등에서 구할 수 있다. 이와 관련된 사이트 접속 및 예를 살펴보면 다음과 같다.

국내자료

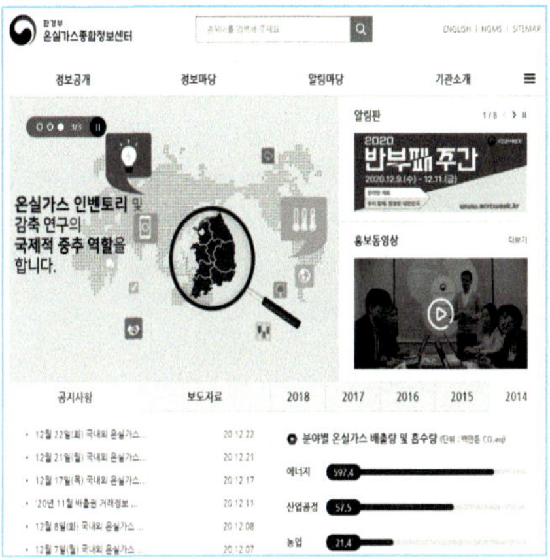

환경부 온실가스종합정보센터
http://www.gir.go.kr

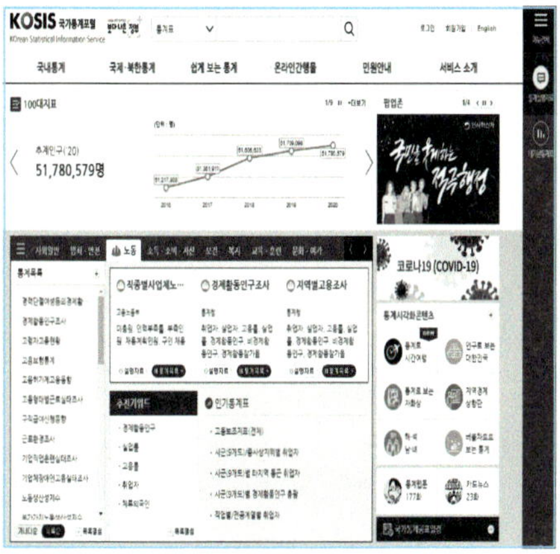

통계청 국가통계포털
https://kosis.kr

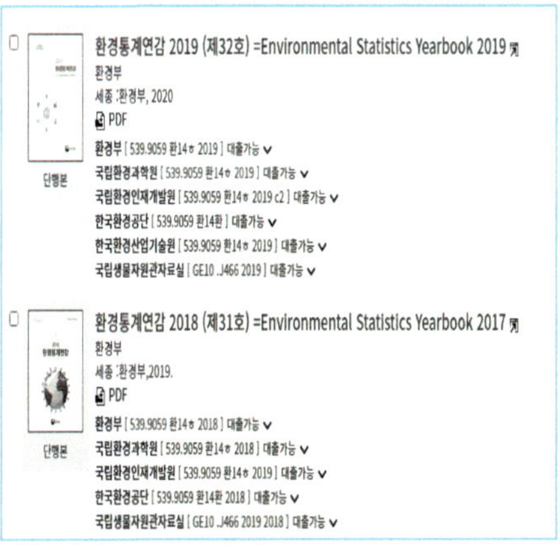

환경부 환경통계연감
https://library.me.go.kr

에너지경제연구원
http://www.keei.re.kr

해외자료

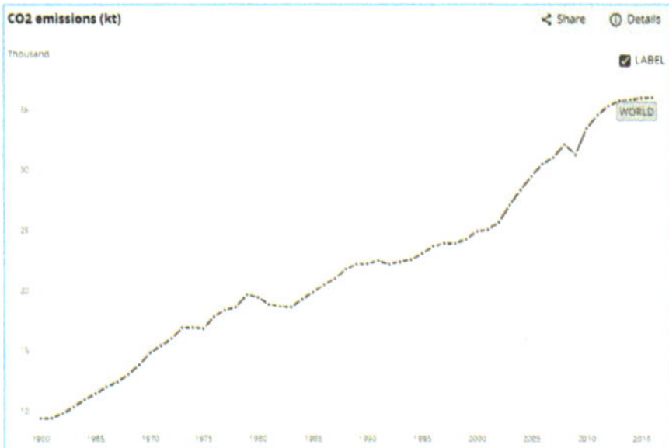

World Bank Data
https://data.worldbank.org/topic/climate-change

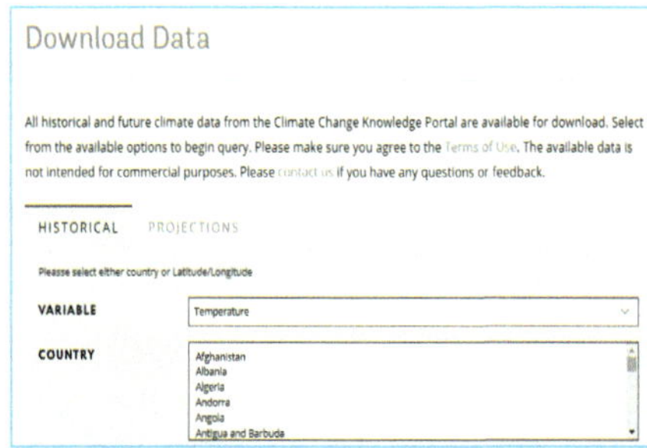

The World Bank Group
https://climateknowledgeportal.worldbank.org

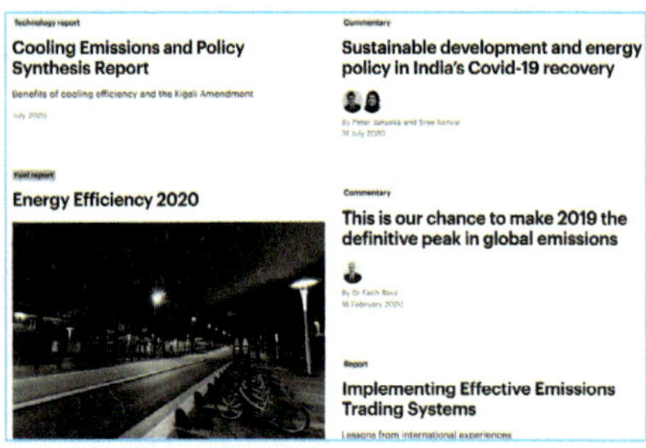

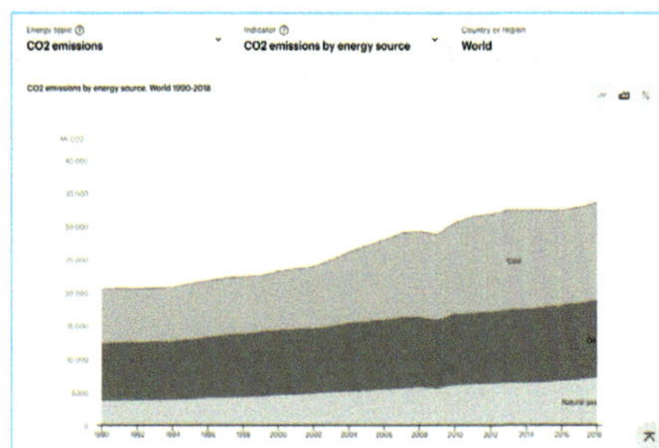

IEA(International Energy Agency) Data https://www.iea.org

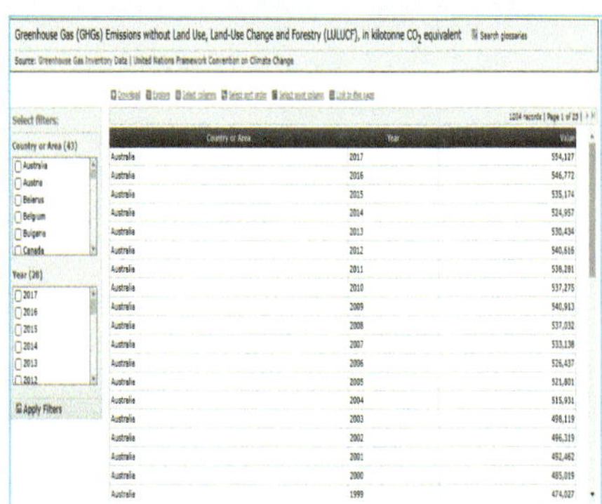

UN Data https://data.un.org/Default.aspx

중요한 것은 목표로 하는 사항에 따라 요구되는 데이터가 다르다는 점이다.

이런 상황을 가정해 보자. 2000년대 초반 석유가격의 변동이 심했으며, 이 당시 석유가격이 지속적으로 상승하였다. 이 상황에서 세계 경제에 어떤 변화가 있었는지 살펴본다면 여러분은 가장 먼저 무엇을 생각할 것인가?

이 질문에는 답이 있는 것이 아니라 각자의 관심에 따라 다른 답을 제시하게 된다. 만일 금융업에 종사하고 있다면 이로 인해 금리나 물가 등 거시경제적 지표에 어떤 영향을 미칠 것인지, 혹은 선물시장에서 석유가격의 상승기에 어떻게 해야 할 것인가 등에 관심을 가지게 될 것이다. 반면 제품의 생산과 수출에 초점을 두고 있는 기업인이라면 석유가격 상승의 영향으로 인해 본인의 제품 생산과 수출에 어떤 영향을 받게 될 것인가에 관심을 가지게 된다.

또 다른 측면에서 볼 때 석유를 수출하는 국가들의 경제는 좋아질 것이고, 수입하는 국가들의 경제는 유가 인상으로 인해 경제성장이 낮아질 것으로 생각할 수 있다. 하지만 과연 그럴까? 이와 관련된 분석을 잠시 진행해 보자.

대다수의 연구 결과에 의하면 유가의 상승은 에너지를 수입하는 국가의 경제성장과 부(-)의 관계를 가지는 것으로 파악되고 있다.[5] 유가의 변동은 경제성장에 직접 영향을 미치기 이전에 다른 거시경제변수에 영향(생산원가, 물가, 이자율 등)을 미치고 그 구조를 통해 직·간접적으로 영향을 미칠 가능성이 높다. 또한 수출 측면에서도 에너지 의존성이 높은 경제구조하에서 국제 에너지 가격의 상승이 일어나게 되면 한 국가 내에서의 제조 원가의 상승을 유발하게 되어 수출가격의 상승이 일어나게 되며, 이는 수출경쟁력의 약화로 이어지게 된다.

그렇다면 반대로 석유를 수출하는 국가들은 경제성장을 잘 할 수 있을 것인가? 아니다. 오히려 이 국가들도 경제적 기반이 튼튼하지 않다면 '네덜란드 병'이라는 경제적 부작용을 겪게 될 가능성이 있다. 네덜란드 병은 일국의 거시경제 안정에 많은 문제를 야기한다. 일국의 생산요소(노동, 자본)가 지하자원 부분으로 집중된다면 단기적으로는 노동의 이동으로 인해 발생하는 구조적 실업이라는 문제점을 제외하고는 국가 전체 부의 총량적 차원에서 봤을 때는 커다란 문제점이 드러나지 않는다. 더구나 실질적으로 석유, 가스 등 에너지산업은 자본집약적 산업의 성격이 강하기 때문에 고용효과가 크지 않다. 그러나 장기적으로 자국화폐 실질

환율의 절상은 수입가격을 낮추기 때문에 국내 수요에서 수입품이 차지하는 비중을 높이고 국내 내수산업의 침체를 가속화시킨다. 또한 수출산업의 경쟁력을 약화시키게 된다. 따라서 유가 상승은 산업의 다각화를 이루지 못한 지하자원 수출중심국가의 지속가능한 경제성장을 저해하는 요인이 될 수 있다.[6]

| 그림 2-4 | Crude Oil WTI Sep '21(CLU21) @barchart

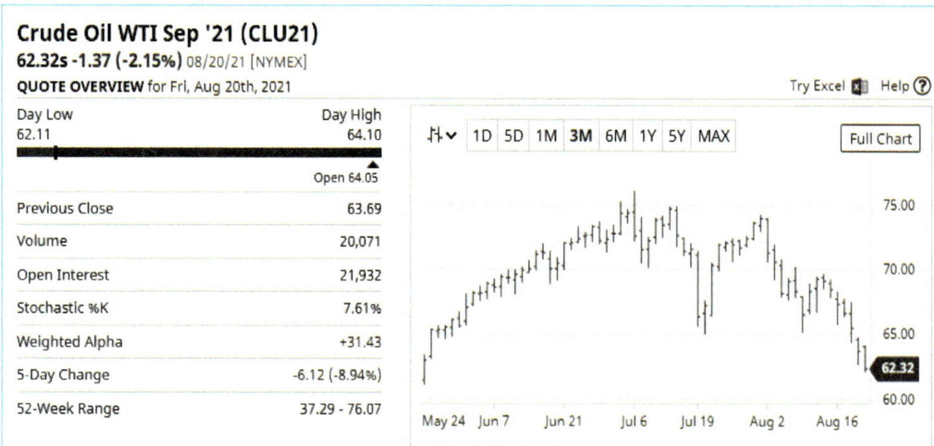

| 그림 2-5 | U.S. Dollar/Korean Won (^USDKRW) @barchart

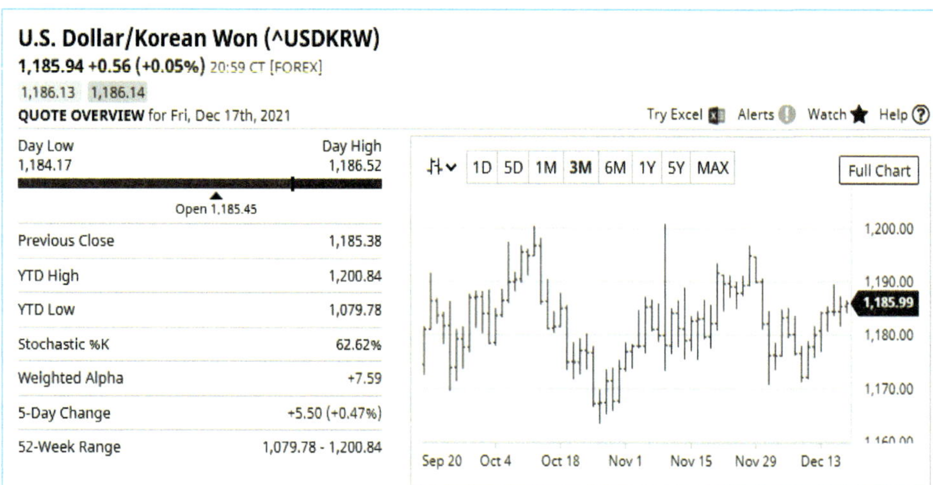

석유가격이 높아지면 거의 대부분의 석유를 수입에 의존하는 우리나라는 이에 어떻게 대응해야 할 것인가에 대해서도 고민이 필요하다. 이와 관련된 연구는 많이 이루어져 있다. 많은 연구들에서는 신고유가가 발생하는 원인과 우리나라 경제에 미치는 파급효과에 대한 분석을 하고 있다.[7)] 또한 신고유가에 대한 국가 차원의 대응전략을 제시하고 있다. 특히 국가 차원의 대응전략에서는 해외자원개발, 신재생에너지 개발 및 보급, 수송부문 석유 소비효율 제고 등을 주요 대응전략 요소로 제시하고 있다.

그림 2-6 | KOSPI Composite Index (^KSIC) @barchart

자료: https://www.barchart.com

그림 2-7 | GDP growth (annual %) – Korea, Rep @The WORLD BANK Data

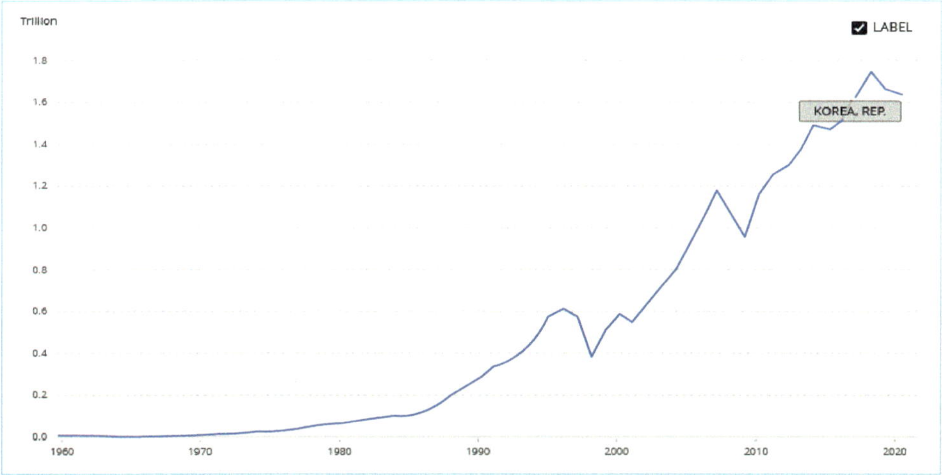

3. 금융시장에 영향을 미치는 요인은 무엇인가?

금융시장은 일국의 거시적 환경의 범주에서 분석되기도 한다. 이 금융시장의 변화가 상당히 크고 전세계적으로 일어날 때 이는 글로벌 환경의 범주에서 분석하는 것이 적합하다. 거시적 금융환경을 분석할 때는 이자율, 물가, 국채, 외환시장 등을 주로 다룬다. 이 금융환경의 요소들은 서로 연결되어 영향을 주고받는다.

금융환경과 관련된 자료를 검색하기 위해 일단 가장 쉽게 접근할 수 있는 '한국은행 통계사이트'에 접속해 본다. 한국은행 통계사이트에 접속해보면 많은 국가들의 정보가 한눈에 볼 수 있도록 잘 정리되어 있다. 여기에서 필요한 정보를 찾아보자.

그림 2-8 | 한국은행 경제통계시스템 https://ecos.bok.or.kr

한국은행 http://www.bok.or.kr

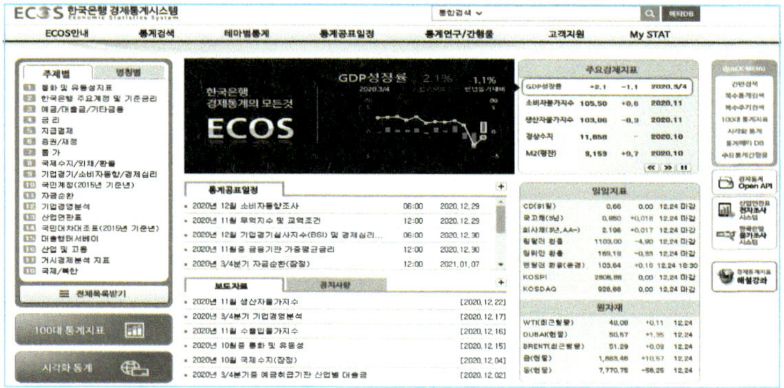

한국은행 경제통계시스템 https://ecos.bok.or.kr

자료 찾기 1 금리(월, 분기, 년) / 간편검색

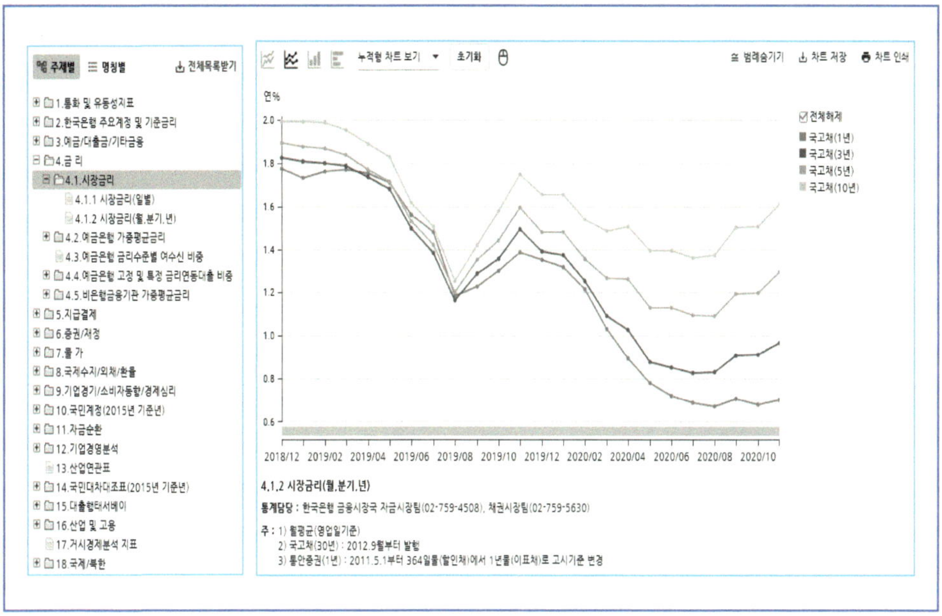

자료 찾기 2 소비자물가지수(2015=100)(전국) / 간편검색

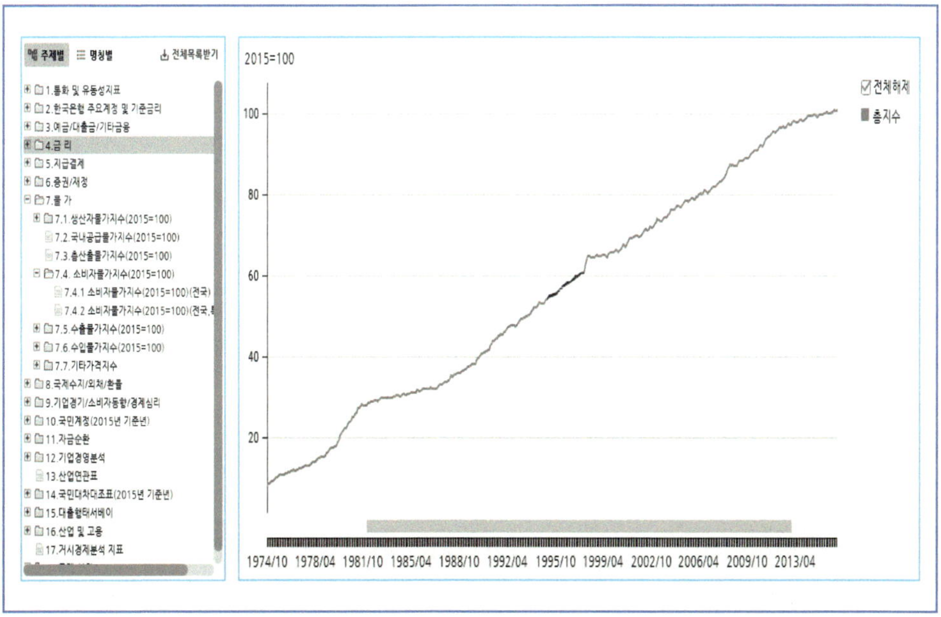

자료 찾기 3 주요국화폐의 대원화 환율 / 원 / 미국달러(매매기준율) 간편검색

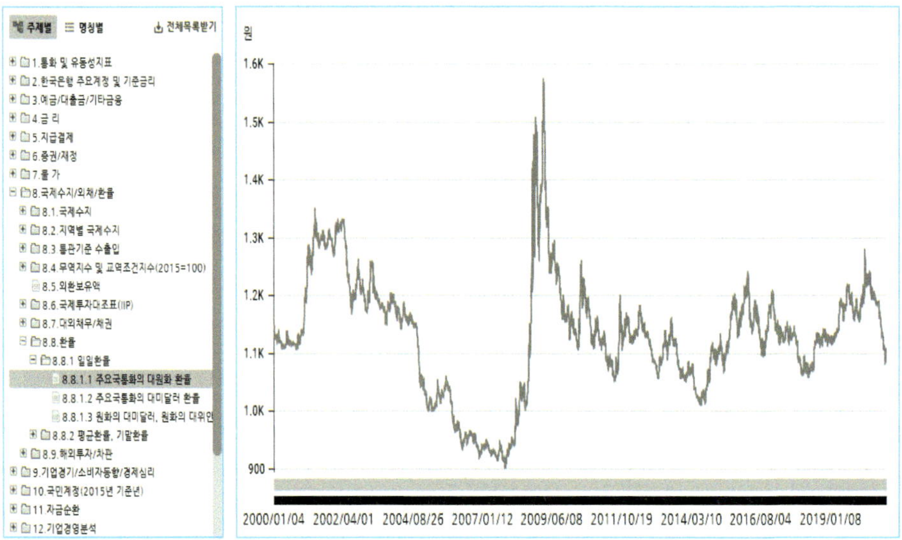

일국에 미치는 금융의 영향이 국제적으로 확산되고 이 영향을 정도가 일정 수준을 넘을 경우, 이는 국제금융시장에 영향을 미치는 글로벌 환경으로 간주할 수 있다. 예를 들면, 2008년 서브프라임 모기지 사태를 기점으로 불어 닥친 국제금융시장의 혼란은 모든 나라들의 금융과 실물경제에 영향을 미쳤다. 제시된 자료 중 원/달러 환율의 변동을 보면 이때의 금융시장의 혼란이 어느 정도였는지를 가늠할 수 있다. 2008년 하반기부터 2009년을 거치면서 환율이 급등(원화의 평가절하)하는 것을 확인할 수 있다. 또한 다른 자료를 통해서도 이 당시의 상황을 가늠해 볼 수 있다. MSCI Inc.에서 제시한 전세계지수에서도 2008년 금융위기 시 주가지수가 전세계적으로 급락한 것을 확인할 수 있다.

그림 2-9 미국 물가상승률을 반영한 MSCI 전세계지수

(1987년 12월 31일 = 100, 자료: 블룸버그)

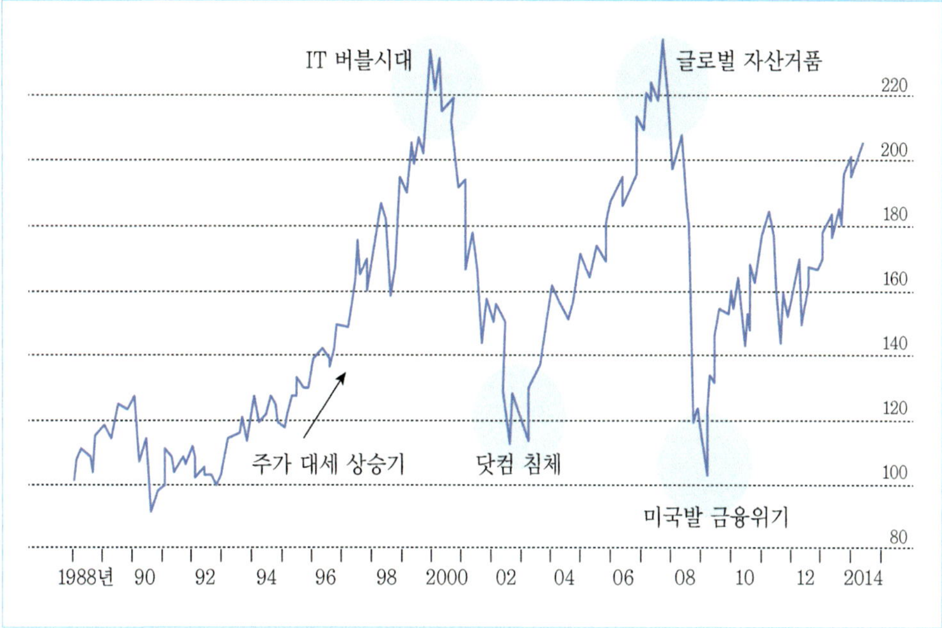

자료: 주가 연일 최고치 과열 논란, 닷컴 버블 때와는 달라, 중앙일보 2014.07.25.

4. 세계무역질서 변화는 시장에 어떤 변화를 가져오는가?

WTO 체제의 형성은 과거 느슨했던 국제무역거래 규범을 정비하고 무역이 더 자유롭게 이루어질 수 있는 기반을 마련하였다. 이 국제적 규범의 제정으로 인해 각국의 수출과 수입 그리고 해외직접투자 등이 지속적으로 증대하였다. 최근에는 FTA 협정 체결이 증대되면서 무역질서의 변화가 더 증대하고 있다.

세계 무역은 GATT 초창기인 1950년에 비해 41배 정도의 성장을 보이고 있으며, 가치로는 304배 이상의 증가가 있었다. 그래프는 제품교역을 보여주고 있는데 제품교역이 1995년 WTO 형성 이후 급속히 성장하고 있음을 알 수 있다.

WTO 체제의 형성은 세계무역질서의 변화에 많은 영향을 주고 있으며, 앞으로도 많은 영향을 미칠 글로벌 환경 요소이다.

그림 2-10 Evolution of trade under the WTO: handy statistics

- 2020년 기준, 세계 교역량과 평가가치는 1995년 WTO 설립 이후 각각 평균 4%, 5% 확대되었다.
- 현재 전세계의 MFN 적용 관세는 평균 9% 수준이다.

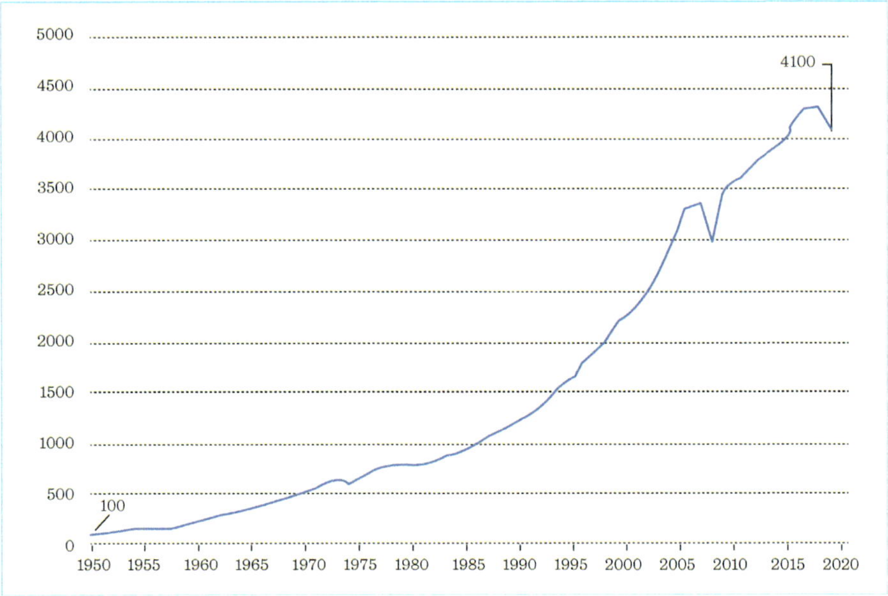

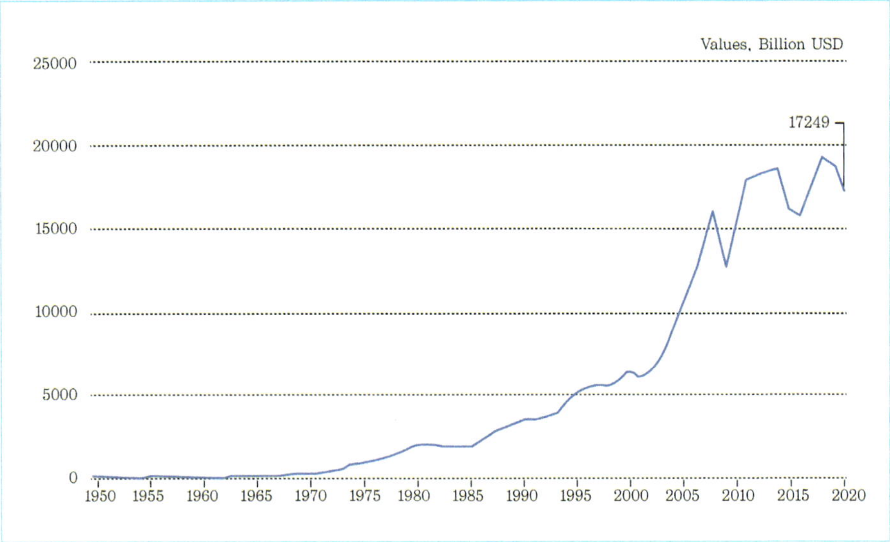

CHAPTER 3

경제적 환경은 시장을 어떻게 변화시킬까?

1. 경제적 환경이란 무엇인가?

일국의 경제적 환경은 그 국가의 잠재적 성장가능성, 시장의 크기, 시장의 안정성 및 시장으로서의 가치 등 중요한 정보를 제공해 준다. 주로 활용되는 일국의 경제적 환경 관련 지표로는 GDP, 물가, 이자율, 인구, 환율 등이며, 이외에도 목적에 따라 필요로 하는 정보가 달라진다.[8)]

기업의 입장에서는 경제적 환경은 시장의 진입, 발전전망 등 여러 형태로 해석될 수 있기 때문에 아주 중요한 정보를 제공해 준다. 문제는 이 정보를 어디서 얻을 수 있으며, 어떻게 해석하고 활용할 수 있는가를 파악하는 것이다. 이 책을 통해 여러분들은 그 과정을 상세히 접근하게 될 것이며, 응용할 수 있는 능력도 함양하게 될 것이다.

2. 경제적 환경의 구성요소는 무엇인가?

1) 경제에 대한 정부의 개입 정도

경제에 대한 정부의 개입은 현대 경제체제에서는 상당히 광범위하게 이루어지고 있다. 하지만 어느 정도로 정부의 영향이 경제체제 혹은 시장운영에 영향을 미치는가에 있어서는 국가별로 다른 경향을 보여주고 있다. 정부의 개입이 과도한 경우 해외기업의 입장에서는 여러 문제를 야기하게 된다.

첫째, 기업의 경영활동에 많은 제약을 받게 된다. 경제적으로 자유로운 시장경제의 핵심은 소비자가 무엇을 어떻게 수요할 것인가를 결정하는 소비자 의사결정의 자유와 시장 내 공급을 담당하고 있는 기업이 자유롭게 경영활동을 할 수 있는 자유가 보장되는 것이다. 이들의 활동의 자유가 보장된 상태에서 경제주체들은 수요과 공급의 원리에 의해 결정되는 가격을 받아들이게 되며, 자원도 효율적으로 배분하기 위해 노력하게 된다. 하지만 정부의 개입이 많아지게 되면 소비자의 의사결정과 공급자인 기업들의 경영활동에 제약이 가해진다. 예를 들면, 노동과 관련된 규정이 복잡하고 노동자들의 권익이 중요시되는 정책이 과도한 국가에 대해서는 외국기업들이 시장 진입에 어려움을 느끼게 된다.

둘째, 협상력에 영향을 미칠 수 있다. 시장에 대한 정부의 개입이 강하고 많은 부분을 통제한다면 기업의 시장에서의 협상력이 약화될 가능성이 높다. 기업의 협상력은 이익의 실현과 밀접한 연관이 있기 때문에 협상력이 약해지게 된다면 기업은 시장 진입을 주저하게 될 것이다.[9)]

셋째, 정부의 정책 방향에 따라 기업들이 받게 되는 영향이 다르며, 특히 해외기업들의 경우 더 불리한 위치에 설 가능성이 높다. 따라서 정부가 개방적이면서도 자유로운 경제정책을 우선할 경우 외국기업들은 진입위협이 줄어들게 된다. 하지만 그 반대로 보호적인 정책을 우선할 경우 현지 경영비용이 늘어나게 되며, 그만큼 위험이 커지게 된다.

표 3-1 미국의 對한국 수입규제 대표사례(2019)

	유형	품목	비고
1	1962년 무역확장법 232조 조치	철강	국가안보위협을 근거로 한 수입규제
2	반덤핑 조치	유정용 강관	특별시장 상황(PMS) 적용 첫 사례
3	반덤핑상계관세 조치	세탁기	반덤핑 조사방식을 둘러싼 WTO 분쟁
4	세이프가드 조치	세탁기	미국의 수입규제와 對美 투자
5	반덤핑	변압기	불리한 이용가능 사실(AFA) 적용 사례
6	세이프가드 조치	태양광 셀모듈	미국의 對중국 견제에 따른 리스크
7	반덤핑	인동	중소기업에 대한 수입규제

| 표 3-2 | 세탁기에 대한 1974년 통상법 201조 세이프가드 조치
- 미국의 수입규제와 對美 투자 -

품목	세탁기(Large Residential Washers)	
HS Code	8450.20.00, 8450.11.00, 8450.90.20, 8450.90.60	
제소일	2017. 5. 31.	
주요일지	2017. 6. 5.	ITC 조사 개시
	2017. 9. 7.	피해판정 공청회
	2017. 10. 5.	산업피해 긍정판정
	2017. 10. 19.	구제조치 공청회
	2017. 11. 21.	ITC 구제조치 권고안 발표
	2017. 12. 4.	ITC, 미국 대통령에 구제조치 보고서 제출
	2018. 1. 22.	미국 대통령, 조치 결정
	2018. 1. 24.	한국 정부, 양자협의 요청
	2018. 2. 7.	세이프가드 조치 부과
	2018. 4. 6.	한국정부, WTO 상품 이사회에 양허정지 통보
	2018. 5. 14.	한국정부, WTO 분재해결절차(DSB)에 회부

자료: 수입규제통합지원센터(antidumping.kita.net)
한국무역협회 한미 통상현안 사례분석집
https://www.kita.net/asocGuidance/nesDta/nesDtaDetail.do?pageIndex=1&sNo=8465

2) 올바른 정부 정책의 방향성

올바른 정부 정책이란 어떤 정책을 의미할까? 이에 대한 명확한 답은 없다. 다만 어떤 방향으로 가는 것이 좋고, 잘 균형 잡힌 정책 방향이 될 가능성이 높은가를 두고 평가하는 수밖에 없다. 그렇다면 어떤 정책이 기업의 경쟁력을 높일 수 있고 활성화시킬 수 있는가?

첫째는 그 국가 경제가 보유하고 있는 생산수단이 정부보다는 기업과 개인에 의해 더 많이 소유되고 있어야 한다. 따라서 정부가 생산수단 보유를 늘이는 방식 보다는 사적영역인 사기업과 개인이 생산수단을 더 많이 보유하여 이를 활용할 수 있도록 하는 것이 좋다. 이는 사적영역이 생산수단을 보유할 경우 비용을 적게 들이면서도 생산성을 높이는 활동들을 활발히 하여 정부의 보유에 비해 효율성을 높이기 때문이다.[10)]

둘째는 시장이 자유롭고 경쟁적인 방향으로 정책 수립이 이루어져야 한다. 경쟁 제한적인 정부의 조치는 기업 활동을 위축시키며 궁극적으로는 경쟁력을 감소시키게 된다. 이와 관련된 논의에서 혼동해서는 안 되는 것은 시장 내 대기업들이 우월적인 지위를 활용해 중·소기업들의 진입을 막는 것에 대해 정부가 개입하는 행위자체를 경쟁 제한적인 행위로 봐서는 안 된다는 것이다. 단지 정부가 해야 하는 역할은 공정한 경쟁이 일어나도록 질서를 유지하는 것이다. 공정한 경쟁이 자유롭게 이루어지는 경제는 혁신을 추구하는 기업들이 많이 생겨나게 되고 이 과정에서 기업의 경쟁력도 높아지게 된다.

셋째는 거시경제가 안정적으로 운영되어야 한다. 기업들이 외부 환경의 변화에 대해 불안감을 가지는 것은 외부 환경이 예측하지 못한 방향으로 변화될 때 기업이 잘못 대처하여 손실을 보거나 경쟁력을 잃을 수 있기 때문이다. 예를 들면 물가상승률이 너무 높아서 자국 화폐를 기반으로 한 거래가 상당히 불안정한 경우 기업 활동은 많은 제약을 받게 된다. 일단 자국화폐를 기반으로 거래하게 되면 시간이 지날수록 가치는 떨어지게 되어 기업은 손해를 보게 된다. 이러한 상황은 환율의 변동성이 심해도 일어나게 되며, 이러한 거시 경제지표들은 모두 연동되어 있기 때문에 전체적 경제의 안정적 운용이 기업에게 상당히 중요한 영향을 미치게 된다.[11)]

넷째는 개별 기업과 개인이 자신의 투자에 대해 안정성을 보장받을 수 있어야 한다. 투자에 대해 안정성을 보장받는다는 의미는 자신의 노력에 따라 얻게 되는 수익이 다른 외부적 압력에 의해 침해당하지 않는다는 것이다. 개별 기업이 자신의 노력에 따라 성과를 얻을 수 있고, 자신의 사업 역량에 따라 기업을 성장시켜 나갈 수 있는 경제는 강한 중소기업들을 많이 육성할 수 있고, 궁극적으로는 세계적으로도 경쟁력 있는 기업들이 많이 생겨날 수 있다.

3) GDP/GDP per capita, GNI

국가의 국내총생산(GDP)/1인당 국내총생산(GDP per capita), 실질국민소득(GNI) 등의 자료는 중요한 정보를 제공하는 자료이다.[12] 이 자료는 모든 연구자와 시장에 대해 관심 있는 관계자들이 모두 관심을 가지는 자료이기 때문에 그만큼 많은 정보가 노출되고 있다. 여러분은 이 자료들을 활용해 어떤 정보를 얻을 수 있을까?

이 자료들을 통해 우선적으로 파악할 수 있는 정보는 경제규모 혹은 시장의 크기와 소비자들의 구매력 등에 대한 내용을 간접적으로 확인할 수 있다. 그래서 기업이나 개인 뿐 아니라 국가 차원에서도 어떤 국가에 대해 관심을 가지게 될 때 가장 먼저 보게 되는 자료가 바로 이 자료들이다.

예를 들어 중국의 개혁개방이 이루어지고 많은 기업과 국가들이 중국과 관계를 맺기 위해 노력했던 것은 무엇 때문일까? 이는 중국이 가진 많은 인구와 발전 잠재성 때문이었다. 인구는 두 가지 의미에서 중요한 역할을 한다. 하나는 인구가 많다는 것은 그만큼 소비시장이 크다는 것을 의미한다. 현재도 많은 인구를 가진 국가들이 국제경제에서 중요한 위치를 차지하고 있으며, 경제의 발전이 이 국가에서 이루어진다면 많은 관심을 받는 것을 볼 수 있다. 다른 하나는 풍부한 노동력이 있기 때문에 생산기지가 될 수 있는 기초가 될 수 있다. 중국 개방 초기 많은 기업들이 중국에 투자한 것은 현지 시장에 대한 관심 때문도 있지만 저렴한 노동력을 활용하기 위한 목적도 있었다. 현재 이러한 목적의 투자는 인도, 베트남을 비롯해 새롭게 떠오르는 아프리카 국가들로 이동하고 있다.

GDP/GDP per capita 자료는 조사대상 국가의 경제 상황을 가장 잘 보여 줄 수 있다. GDP/GDP per capita가 경제규모와 구매력을 가늠할 수 있는 자료로 활용될 수 있음은 앞에서 언급하였다. 이 자료와 함께 중요한 것은 연도별로 어떻게 변화되고 있는가이다. 중국이 급속한 성장을 하던 1990년대와 2000년대 초반까지 중국의 GDP 성장률은 13% 정도였다.

따라서 많은 기업들은 중국 경제의 잠재성에 관심을 두었고, 중국 소비자들에 대해 접근하기 위해 시장 진입을 시도하였다. 빠른 경제성장은 시장의 규모를 급격히 확대시키는 것과 의미가 같다. 즉, 소비자들의 소득이 경제성장에 따라 높아지면서 시장에서 제품에 대한 수요 및 이를 소비할 수 있는 능력이 높아지게 되는 것이다.

그림 3-1 Foreign direct investment, net inflow(% of GDP) – Vietnam, Sub Saharan Africa –

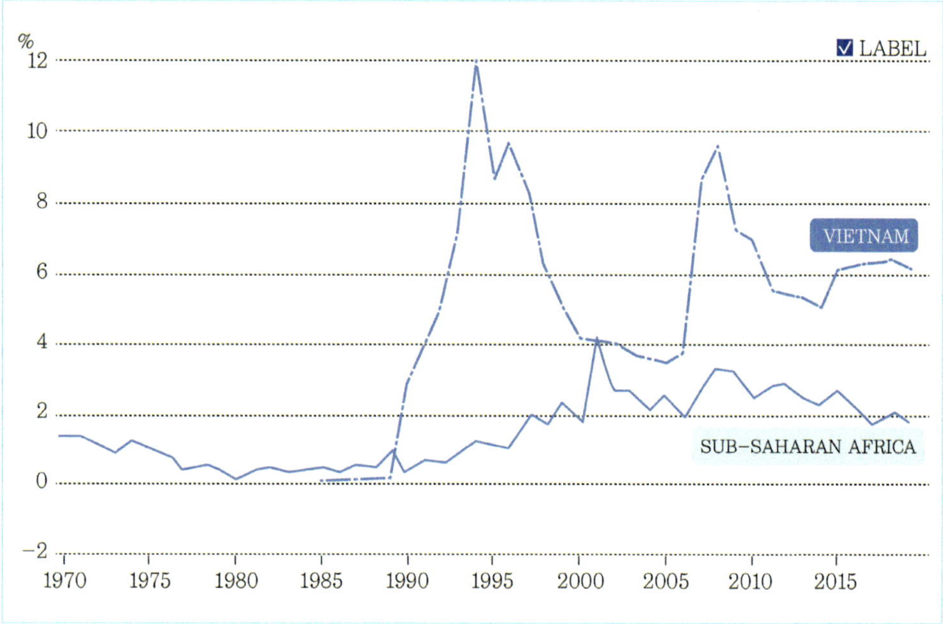

자료: The World Bank Data
https://data.worldbank.org/indicator/BX.KLT.DINV.WD.GD.ZS?locations=VN-ZG

여기서 살펴봐야 할 것은 '이 과정에서 모든 기업들이 성공하였을까?'이다. 물론 아니다. 시장에 기회가 있다고 해서 모든 기업들이 진입하고 성공할 수 있는 것은 아니다. 그렇다면 왜 어떤 기업들은 성공하고, 어떤 기업들은 실패하는가? 여러 이유들이 있지만 가장 기본적으로는 시장 환경에 대한 올바른 조사가 선행되어야 하고, 기업이 보유하고 있는 능력을 잘 분석하고 이를 바탕으로 적절한 전략을 형성·실현한 기업들은 성공했을 가능성이 높다. 우리가 이 과정을 통해 독자들에게 전하고 싶은 것도 시장 환경을 어떻게 조사하고 이를 정보로 만들어 기업들에게 유용하게 활용될 수 있도록 할 것인가이다.

사례 1

해외투자성공, 기본에 충실한 현지화전략이 중요
2011 해외투자진출 유공자 및 성공실패사례 시상식 등

JE-C Tech(대표 남기수) : 베트남 호치민, 건설공사업 진출

1. 사례의 특징
   - 각각 다른 업종에 대한 2번의 사업 실패 후 3번째 사업만에 재기에 성공한 사례로 실패원인을 파악한 후 베트남 현지인들과 혼연일체가 되어 이루어낸 성공기*

     *시행착오를 낳은 문제점을 극복한 성공사례
   - 2번의 실패 후 소자본 업종을 찾던 중 현지에 진출한 한국 시공업체가 거의 없음에 착안하여 건설 마무리 공사인 페인트 시공·방수업으로 성공

2. 경영성과 요약
   - '07.1월 현지 단독법인 설립 후 4년만인 금년 매출 3백만불 달성

3. 사례에서 배우는 해외투자 기업의 시행착오
   - **막연한 자신감만을 가지고 사업에 대한 철저한 사전조사 미흡으로 인한 전문성 결여**
   - 베트남에 대한 선입견(후진국)에 기인한 현지 문화의 이해 부족으로 베트남 직원과의 갈등 초래
   - 사업의 파트너로 신뢰했던 한국 관리인의 능력 미달로 무리한 사업 확장 실패

4. 시행착오의 극복
   - **베트남어의 체계적인 습득과 베트남 역사, 문화, 관습 등에 대한 공부를 통한 베트남에 대한 이해 제고**
   - KOTRA 호치민 무역관의 자문과 조언을 통해 사업의 진척도 향상
   - 한국의 전문 기술자와의 동업을 통한 기술력 제고

자료: 대한민국 정책브리핑
https://www.korea.kr/news/pressReleaseView.do?newsId=155803637

4) 인플레이션율과 이자율, 환율

인플레이션율과 이자율, 환율은 앞에서 제시한 경제요인들과 밀접한 연관성이 있다.[13] 적정수준의 인플레이션은 경제에 긍정적인 영향을 미친다. 안정적인 경제 상황에서 적정 수준의 인플레이션은 경제가 더 활성화 될 수 있도록 윤활제와 같은 역할을 한다. 따라서 대부분의 선진국들은 너무 높지는 않지만 일정 수준의 인플레이션이 일어나도록 경제를 운용하는 것을 볼 수 있다.

| 그림 3-2 | OECD 국가들의 인플레이션율

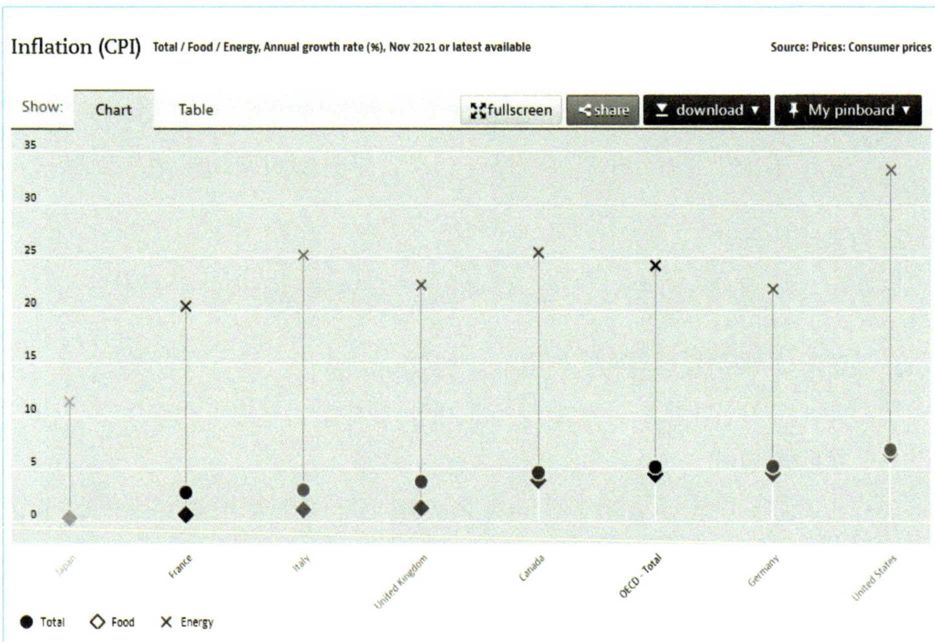

자료: https://data.oecd.org/price/inflation-cpi.htm

하지만 인플레이션이 높으면 경제에 여러 가지 나쁜 영향을 미친다. 어떤 나쁜 영향이 예상되는가? 그리고 이런 영향이 외국기업들에게는 어떤 의미를 가질까?

먼저 경제적 안정성과 신뢰도에 문제를 준다. 경제가 안정적으로 운영되고 신뢰가 형성되는 것은 어찌 보면 외국기업들의 입장에서는 가장 기본적인 조건이다. 이는 기업들이 현지에서 거래활동을 통해 얻은 이익을 적법한 절차에 따라

회수할 수 있으며, 예견될 수 있는 안정적인 환경 하에서 기업 활동을 할 수 있도록 해 주기 때문이다.

인플레이션의 또 다른 역효과는 실질소득을 낮추며, 자본의 흐름을 방해한다는 것이다. 인플레이션이 높은 국가의 경우 국민들의 실질소득이 낮아지도록 함으로써 실제 소비할 수 있는 금액을 줄이게 된다. 이를 경제학 용어로는 '유효수요의 감소'라고 한다. 우리나라의 노동계에서도 임금인상을 주장할 때 최소 인플레이션이 일어나는 것 이상의 임금을 인상해 줄 것을 요구한다. 이는 인플레이션이 일어난 후에도 자신들의 임금수준이 인플레이션 이전 수준과 같아지도록 보정하려는 요청이다. 만일 거래하고 있는 상대국이 인플레이션에 정도에 비해 임금의 상승이 이루어지지 않았다면 그 국가는 그만큼 실질임금이 감소된 것이고, 더 나아가 쓸 수 있는 여유 금액이 줄어들게 된다. 이런 상황이 지속된다면 그 국가는 점차 시장으로서의 매력이 줄어들게 될 것이다.

인플레이션율을 조절하기 위해 정책적으로 활용할 수 있는 거시경제 도구는 이자율이다. 여러분은 우리나라의 한국은행이 주기적으로 기준금리를 결정해 공표하는 것을 알고 있다. 이 결정은 금융시장에도 영향을 미치지만 실물경제에 있어서도 인플레이션율을 조절하는 역할을 한다. 그래서 인플레이션율이 높으면 이자율을 높여서 인플레이션율이 더 높아지지 않거나 약간 낮아지도록 유도하고, 인플레이션율이 낮아서 경기를 진작시킬 필요가 있다고 판단한다면 이자율을 낮춰 조절한다.

인플레이션율과 이자율, 환율은 밀접한 연관성이 있다. 일국의 달러대비 환율이 높고 낮은 것도 문제가 될 수 있지만 더 큰 문제는 환율의 변동성이다. 변동성이 높아지게 된다는 의미는 환율이 자주 그리고 큰 폭으로 변동된다는 의미이다. 이렇게 되면 기업들은 국제거래와 관련된 사업계획을 수립하는데 있어 어려움을 겪게 된다. 예를 들어 다음 해 사업 수행 여부를 결정하기 위한 예상 수익 계산에서 환율의 변동성은 기업의 수익 구조에 상당한 영향을 미치게 된다.

생각해보자. 여러분들이라면 지금 한국의 달러대비 환율 수준에 비해 내년 환율을 어떻게 전망할 것인가? 어떻게 전망하는가에 따라 기업이 얻을 수 있는 수익이 달라지거나, 투자에 대한 결정이 바뀔 수 있다면 어떻게 할 것인가?

5) 국제수지

일국의 국제수지는 여러 정보를 제공해 준다. 이 지표에는 어떤 정보들이 포함되어 있을까? 우선 앞에서 살펴 본 환율과 관계가 있다. 환율의 변동은 단기적으로는 수출 기업들 및 국제무역 당사자들에게 많은 영향을 미친다. 예를 들어, 국제수지 흑자가 지속되면 외국 화폐의 공급이 늘어나게 되고 이는 궁극적으로 자국 화폐의 가치가 상승하도록 (평가절상) 압력을 가하게 된다. 이런 상황에서는 수출 기업들은 외국 제품에 비해 가격이 인상되는 효과를 가지게 되어 가격 경쟁력 약화를 우려하게 된다. 국제무역에 참여하고 있는 당사자들은 국제수지 변동으로 인한 환율의 변동 위험에 항상 노출되어 있다.

국제수지의 지속적 흑자나 지속적 적자는 일국의 경제정책의 방향에 영향을 미칠 수 있다. 지속적 흑자를 기록하는 경우에 비해 지속적 적자를 실현하는 경제는 이 구조를 바꾸기 위해 정책적 노력을 기울여야 한다.

미국이 일본에 대한 무역적자가 심했던 당시 미국이 일본에 대해 이행했던 조치를 예시로 들면 다음과 같다.

사례 2

1985년 플라자 합의

미국은 1980년대 초중반 달러의 강세 문제를 해결하기 위해 1985년 9월 뉴욕에서 G5 재무장관회의를 열었고, 합의가 채택되자 달러는 약세로 돌아섰고 독일 마르크화, 일본 엔화는 강세로 전환

1. 배경

- 미국은 경상수지 적자를 막고, 1980년대 초반 시작된 경제 위기를 극복하고자 달러 평가 절하를 추진

2. 미국 경제 상황

- 재정수지와 경상수지가 악화되는 쌍둥이 적자 문제가 발생했고, 달러화 가치는 지속적으로 상승
- 미국은 달러화 가치를 하락시켜 경상수지 적자를 축소하기 위해 노력

3. 세계 경제 영향

- 이로 인해 일본 엔화와 독일 마르크화 환율이 절상되었으며, 특히 일본의 경상수지 흑자폭이 축소되었음
- 이후 일본은 버블 경제의 붕괴로 장기침체기에 접어들게 되었음

자료: 현대경제연구원, 과거 미국發 무역전쟁 사례와 시사점(2018)

6) 부의 분배구조와 인구

인구의 중요성에 대해서는 GDP per capita를 설명하면서 이미 언급하였다. 이와 함께 중요한 것은 인구가 가지고 있는 부의 분배구조다. 예를 들어 인구가 많기만 하고 대다수의 국민이 구매력이 없는 절대빈곤층이라면 이 국가가 매력적인 시장으로 평가될 수 있을까? 이 국가가 발전해서 많은 국민들의 구매력이 상승하기 전까지는 매력적인 시장이 될 수 없을 것이다. 하지만 많은 인구를 보유한 국가는 언제든 이런 발전의 가능성을 지니고 있기 때문에 다른 국가들이 예의 주시하는 잠재시장이 되는 것이다.

다시 부의 분배구조로 논의를 돌려보자. 여러분들은 어떤 형태의 부의 분배구조를 갖춘 국가가 매력적인 시장으로 평가될 것이라 생각하는가? 이에 대해 분명한 답은 없다. 하지만 한 가지 분명한 것은 부가 너무 한 쪽으로 편중된 국가는 매력적인 시장으로 평가되기 어렵다는 것이다. 앞서 예를 든 바와 같이 소수에게 부가 집중되어 있고 대다수는 빈곤의 상태에 있다면 이런 국가는 매력적인 시장이 될 수 없다. 반면 어느 정도 이상의 구매력을 보유한 인구가 많은 국가는 아주 매력적인 시장으로 평가된다.

표 3-3 Distribution of wealth for selected countries, 2019

Country	Wealth Range (USD)					Gini (%)
	Under 10,000	10,000–100,000	100,000–1million	Over 1 million	All ranges (%)	
Australia	1,247	5,155	11,074	1,180	18,655	65.6
China	268,511	708,311	108,963	4,447	1,090,231	70.2
Germany	27,465	14,190	23,825	2,187	67,668	81.6
Indonesia	141,115	29,919	1,768	106	172,908	83.3
Japan	4,828	44,764	52,345	3,025	104,963	62.6
Korea	-	27,923	13,056	741	41,721	60.6
New Zealand	326	1,295	1,719	185	3,525	67.2
Russia	88,139	20,130	2,965	246	111,481	87.9
Singapore	649	1,697	2,083	207	4,637	75.7
South Africa	23,262	11,609	1,110	46	36,027	80.6
United States	65,949	75,993	84,584	18,614	245,140	85.2

자료: Global wealth databook 2019, Credit Suisse.

7) 기타 경제적 요인들

앞서 제시된 요인들 외에도 세부적으로는 기업 활동에 영향을 미치는 경제적 요인들은 많다. 가장 많이 인용되는 경제적 요인으로는 인프라스트럭처, 임금수준, 외채, 경제구조 등이다. 이 외에도 진출 대상 국가의 경제적 특징이 기업 활동에 영향을 미칠 경우 이 환경은 중요 환경에 포함시켜 분석을 진행하면 된다. 인프라스트럭처와 관련된 내용은 많은 설명이 필요 없다. 인프라스트럭처가 잘 갖추어져 있으면 여러 비용들을 낮추는 역할을 하여 시장 참여자들의 비용을 줄여주는 순기능을 하게 된다. 흔히 인프라스트럭처가 잘 갖추어지지 않은 지역 혹은 국가들에서는 도로사정이나 전력사정이 좋지 않아 예상했던 것보다 더 많은 비용을 지불해야 하는 경우도 있다. 즉, 인프라스트럭처가 제대로 갖추어지지 않은 지역 혹은 국가에 풍부한 노동력만을 매력으로 느끼고 진출하는 많은 기업들이 흔히 겪게 되는 상황이다.

임금수준의 경우에도 기업이 어떤 목적을 가지고 이 요소를 분석하는가에 따라 방향이 달라진다. 예를 들어 공장설립을 통해 현지진출을 추진하고 있는 기업에게 임금수준이 주는 의미는 공장에 고용한 노동력에게 어느 정도의 비용이 소요되는가를 판단하는 기본 자료가 된다. 이와는 달리 현지국에 제품을 수출하려는 기업들에게 현지국 근로자들의 평균적인 임금수준의 구매력을 가진 일반 소비자가 얼마나 될 것인가를 판단하는 기초가 될 수 있다.

외채는 국가가 외국에 대해 지고 있는 부채를 의미한다. 외채 규모가 경제규모에 비해 일정수준을 유지하고 있으면 별 문제가 없다. 하지만 과도하게 많은 외채를 지고 있거나 외채 수준이 급격히 늘어나고 있는 상황이라면 문제는 달라진다. 이 경우 외국 자금의 급속한 이탈이 생길 경우 국가가 외국에 대해 채무를 갚지 못하게 되는 상황이 발생할 수 있다. 즉, 국가가 부도나는 것이다. 우리는 이미 역사적 경험을 통해 이런 상황을 겪었다. 1997년 외환위기는 우리나라의 외환보유고가 많이 줄고 국가채무를 갚기 위해 외국으로 빠져나가는 자금은 늘어나면서 문제가 생겼고, 결국에는 IMF로부터 채무를 갚기 위한 돈을 빌려오는 상황에 내몰리게 된 것이다.

이런 극심한 혼란은 경제주체들에게 많은 대가를 치르게 한다. 이 당시 많은 기업들이 채무를 감당하지 못하고 도산하였으며, 또 다른 기업들은 살아남기 위해 구조조정을 해야 했다. 이 구조조정의 와중에 실업이 늘어났으며, 사회적으로도 많은 혼란이 있었다. 이런 경제적 환경의 변화는 일반 근로자들이 가지고 있던 직업에 대한 가치관을 바꿔 놓았다. 이런 변화 이전에는 이른바 '종신고용제'의 가치가 대부분의 노동자들이 가지고 있던 직업관이었다. 하지만 외환위기로 인해 구조조정에 내몰린 노동자들은 더 이상 종신고용제 가치관을 가지지 않게 되었고, 현대의 노동자들은 이 가치가 예전에 비해 상당히 줄어든 것을 확인할 수 있다. 반면 같은 종신고용제의 전통을 유지했던 일본의 경우 물론 과거에 비해 그 정도의 변화는 있겠지만 아직도 많은 노동자들은 이 가치관을 더 많이 따르고 있다.

CHAPTER 4

정치적 환경은 시장에 어떤 영향을 미칠까?

1. 정치적 환경의 분석 대상은 무엇인가?

1) 정치적 환경과 시장 그리고 무역

무역과 시장에 대해 공부하려는 학생들에게 정치에 대해 언급하면 다소 생소한 느낌을 가질 수 있다. 무역과 시장 그리고 기업 활동이 정치와 어떤 연관성이 있는지 생각하기 쉽지 않기 때문이다.

'정치는 그저 정치학 쪽에서 접근하면 되는 것이고 무역은 연관성이 별로 없을 것'이라고 혹은 '연관은 있지만 아주 멀리 느껴지는 연관성'을 생각하게 된다. 그런데 그렇지 않다.

어떤 정치적 사건인가에 따라 직접 혹은 간접적으로 기업 활동에 영향을 미친다. 예를 들어, 무역을 하는 A기업이 있다고 하자. 이 기업과 거래하는 상대국에 전쟁이 발발했다면 A기업은 정치적 위험에 노출된 것이다. 만일 A기업이 이 국가와 많은 양의 거래를 하고 있다면 이런 상대국의 정치적 사건은 A기업의 경영 활동에 큰 영향을 미치게 된다. 이런 경우는 기업이 정치적 환경의 직접적 영향을 받게 된다.

또한 정치적으로 혼란을 겪고 있는 나라의 경우 경제적으로도 침체를 겪게 되는데 이는 이 나라와 무역을 하는 기업에게 간접적으로 정치적 사건이 영향을 미친 것이다. 예를 들면, 구소련으로부터 독립한 신생독립국들(Commonwealth of Independent Countries: CIS)의 경우 국가별로 독재, 정치적 무질서, 정치적 혼란 등 많은 어려움을 겪었으며, 이와 더불어 경제적으로도 많은 어려움을 겪고 있다. 이들 국가의 기업들과 거래를 하고 있는 기업들은 직접적으로 정치적인 사건의 발생으로 인한 영향을 받지는 않았지만 간접적으로 영향을 받게 됨을 보여준다.

일반적으로 정치적 위험은 발생할 가능성이 높지는 않다. 하지만 중요한 것은 정치적 사건이 발생하게 되면 기업 활동에 큰 영향을 미칠 수도 있다. 이런 이유 때문에 지금도 기업들이 해외직접투자를 계획하거나 해외에서 큰 프로젝트를 진행할 때 현지국 정치적 환경의 안정성을 평가하기 위해 많은 비용을 지불하고 있다.

2) 기업 관점에서 정치적 환경의 파악

우리가 생각해야 할 것은 '기업의 관점에서 접근할 때 정치적 환경을 어떻게 파악할 것인가?'이다. 이 질문에는 여러 측면의 의미가 내포되어 있다. 가장 먼저 생각해야 할 것은 '정치적 환경을 어떻게 정의하고, 기업의 입장에서 무엇을 분석해야 할까?'이다. 앞서도 언급하였지만 너무 많은 정보를 분별없이 가지는 것은 기업 입장에서 비용도 많이 들 뿐 아니라 분석에 혼란을 줄 수도 있기 때문에 오히려 비효율적이다. 그렇다면 여기서 정치적 환경에 대해 정의해야 한다고 하는 것은 기업 입장에서 적절한 정보를 선택하고 이를 활용할 수 있도록 의미를 정확히 부여하는 것이다.

또한 정의를 명확히 한다는 것은 분석대상과 목적을 정확히 하는 것에 도움을 준다. 예를 들어 설명해 보자. 어떤 기업이 미국과 거래를 하는 경우와 미얀마와 거래를 하려는 경우 이들 국가의 정치적 환경에 대한 분석 요소가 같을까? 이런 질문에는 거의 대부분이 '아니다'라는 답을 할 것이다. '그럼 어떻게 달라져야 할까?'라는 질문에 대해서는 여러분은 어떻게 생각하는가? 그렇다. 여기서부터 시작이다. 정치적 환경을 분석한다고 하더라도 같은 요소를 반복적으로 분석하는 것 보다는 기업의 목적과 분석의 목적에 맞도록 잘 정의하고 필요한 내용을 정확히 분석하는 것이 첫걸음이다.

먼저 기업 입장에서 미국의 정치적 환경에 대해 조사한다고 할 때 무엇을 조사할 것인지 리스트를 만들어본다고 가정하자. 여러분이라면 어떤 정치적 환경을 조사할 것인가? 예를 들면 다음이 그 내용이 될 것이다.

- 우리가 속한 산업에 대한 공화당과 민주당의 정책적 방향
- 현 정부(대통령)의 무역 및 투자에 대한 태도
- 현 미국 행정부와 우리나라와의 외교적 관계 및 향후 전망
- 미시적으로는 로비 대상 정치인과 우리 기업과의 관계 등이다.

반면 미얀마의 정치적 환경과 관련하여 어떤 내용을 분석할 것인가?

- 군부의 정치에 대한 영향력과 군부 세력의 구조
- 군부 쿠테타에 대한 미얀마 국민들의 저항과 전개
- 군부 및 정치인들의 부패 정도
- 군부 간 권력 다툼 가능성 및 이로 인한 내란 가능성 정도
- 기업에 대한 정부의 간섭 정도 등이다.

위 제시된 내용을 보면 같은 정치적 환경을 분석한다고 하지만 대상 국가에 따라 분석 내용은 완전히 달라지는 것을 확인할 수 있다.

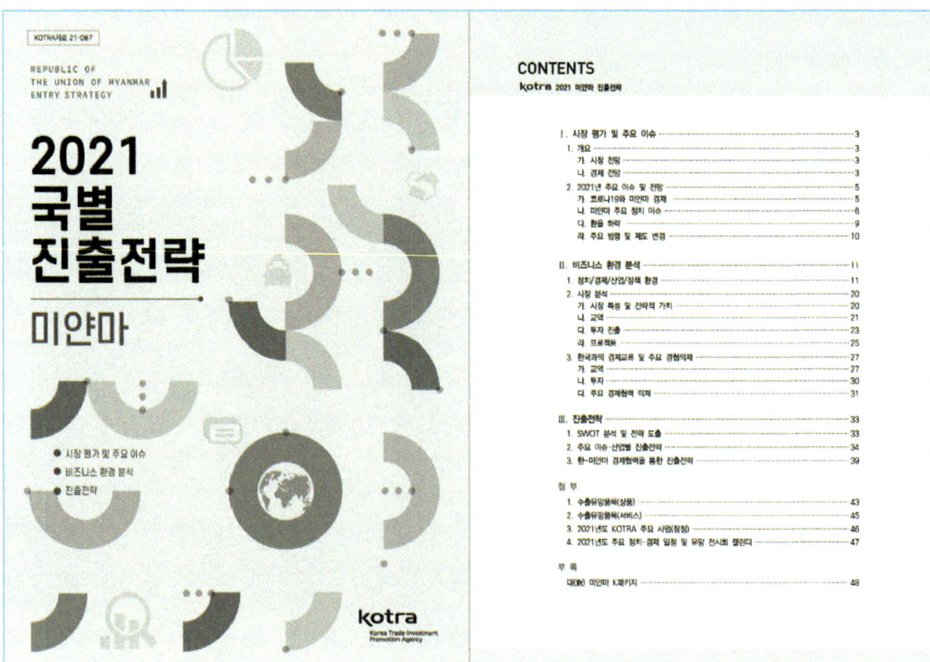

자료: KOTRA 해외시장뉴스 〉 국가지역정보 〉 진출전략 〉 미얀마

2. 정치적 위험은 무엇이며 비교가 가능할까?

1) 지수 구조 이해의 중요성

정치적 위험에 대한 기업들의 관심이 높았던 시기는 1960년대 말부터 1970년대 초까지 쿠바혁명, 이란혁명 등 급격한 정치적 변혁을 거치면서 기업들이 현지에 투자했던 자산을 국유화 당하면서부터이다. 물론 이전에도 정치적 위험에 대한 논의들이 있었지만, 이 변혁의 과정을 거치면서 정치적 환경에 대한 분석의 필요성은 높아졌다.

현대에는 과거에 비해 많은 정보들이 개방되어 있고, 정보에 대한 접근 가능성도 높다. 하지만 아직도 많은 기업들은 관심의 대상이 되는 국가들의 정치적 위험에 대한 평가를 외부 기관에 의존하는 경우가 많다. 특히 아프리카 국가들, 동남아시아의 라오스, 미얀마, 캄보디아 등의 국가들, 투르크메니스탄, 타지키스탄, 키르키즈스탄 등 신생독립국들에 대해서는 기업들이 가진 정보가 많지 않다. 따라서 이들 국가에 관심을 보이는 기업들의 경우 전문 분석기관에 의존하게 된다.

외부 분석기관의 자료와 지수를 활용할 때 지수의 형성 구조를 파악하는 것은 중요하다. 때로는 분석기관에서 종합지수만 제공하거나 부문별 지수를 제공하더라도 어떻게 측정되었는지를 알려주지 않는 경우가 많다. 만일 기업에서 전문기관이 제공해 주는 종합지수만 활용하고 있다면 제대로 된 정치적 환경의 구조를 파악하지는 못한 것이다.

2) 세계 3대 국제신용평가기관

영국의 Fitch IBCA, 미국의 Moodys와 Standard & Poor's로 세계금융시장에서 차지하는 영향력이 매우 크다. 이들 기관은 세계를 대상으로 채무상환능력 등을 종합평가하여 국가별 등급을 발표하고 있다.

Moodys는 상환기간이 1년 이상인 장기채권에 적용하는 '장기신용등급'의 경우 'Aaa'부터 'Baa'까지를 투자 적격 등급으로, 'Ba' 이하는 투자부적격등급으로 상정하며, 동일 등급 내에서 1, 2, 3으로 우열을 표시한다. 상환기간 1년 미만인 단기채권에 적용하는 '단기신용등급'은 prime 1(P-1), prime 2(P-2), prime 3(P-3), not prime(NP)로 구분한다.

* Moody's Ratings https://www.moodys.com

Standard & Poor's는 상환기간 1년 이상인 장기채권에 적용하는 '장기신용등급'의 경우 'AAA'부터 잠재적 불안정상태인 'BBB-'까지가 투자적격등급이며, 'BB+' 이하부터 투자부적격등급으로 분류한다. 또 동일 등급 내에서 '+'와 '-', 일반으로 우열을 표시한다. 상환기간 1년 미만인 단기채권에 적용하는 '단기신용등급'의 경우 A-1, A-2, A-3, B, C, D로 구분한다.[14)]

* S&P Global Ratings https://www.spglobal.com/ratings/en/

피치는 상환기간 1년 이상인 장기채권에 적용하는 '장기신용등급'의 경우 'AAA'부터 잠재적 불안정상태인 'BBB-'까지가 투자적격등급이며, 'BB+' 이하부터 투자부적격등급으로 분류하고 있으며, 또 동일 등급 내에서 '+'와 '-', 일반으로 우열을 표시한다. 상환기간 1년 미만인 단기채권에 적용하는 '단기신용등급'의 경우에는 F-1, F-2, F-3, C, D로 구분한다.

* FitchRatings https://www.fitchratings.com/latest-rating-actions/

3. 정치적 환경에는 어떤 요소들이 있을까?

여러 정치적 환경이 기업 활동에 영향을 미치지만, 정치적 환경의 주요 요소들을 정리해보면 아래와 같다. 다만, 이 요소들에 대해 논의하기 전 독자들이 명심해야 할 것은 이 요소들이 모든 나라에 공통적으로 중요한 것은 아니라는 점이다. 각 나라별로 현재의 정치적 상황이 있고 그러한 상황이 발생한 배경이 있으며, 독특한 방향으로 일이 전개될 수 있는 가능성이 있다. 따라서 여기서 제시되는 요인들과 그 내용을 지침의 성격으로 이해하고 이를 바탕으로 국가별 특수한 상황을 감안한 분석을 할 수 있어야 할 것이다.

1) 정치이념

정치이념과 이를 바탕으로 한 정권의 변화는 기업에게 큰 영향을 미칠 수 있다. 기업의 입장에서는 항상 안정적인 경영이 이루어지기를 원한다. 자신들이 경험했던 범주 내에서 경영활동이 이루어지고 이를 통해 안정적인 수익을 얻을 수 있기를 원할 것이다. 하지만 외부 환경은 변화된다. 정치이념도 마찬가지로 세대를 거치면서 이념이 변화되고, 과거에는 환영받지 못했던 정치적 사상과 이념이 현대에는 다시 부각되는 상황을 종종 보게 된다.

정치이념은 경제구조 및 운용과 깊은 관련성이 있다. 사회주의와 자본주의로 대표되는 경제적 개념이 다른 측면에서는 정치이념으로 받아들여지기도 한다. 즉, 경제체제에 대한 이념의 실현 자체가 정치적 행동과 정치적 집단 형성으로 연결되고 정치이념화 되는 것이다. 기업의 입장에서 볼 때 상대국이 어떤 정치이념적 성향이 강한 정권인가에 따라 현지 기업들과의 거래나 현지에 대한 투자전략이 변화되게 될 것이다. 특히 현지에 대한 투자를 계획하는 기업의 경우 현지국 정부의 정치이념은 매우 중요하다. 일반적으로 사회주의적 성향이 강한 국가들은 현대에 들어 경제를 자본주의적 형태로 운영한다 하더라도 정부의 경제에 대한 통제력은 상당히 높다. 따라서 투자를 계획하는 기업은 정부의 시장 개입 방식과 개입 정도에 대해 파악하고, 이에 대응할 수 있는 수단도 마련해야 할 것이다.

2) 정권의 잦은 교체나 급작스러운 교체

미국 대통령 선거가 있는 때이면 우리나라 뉴스에서 일제히 누가 더 당선 확률이 높은가에 대해 보도를 한다. 그만큼 누가 대통령이 되는가에 따라 우리나라가 받는 영향이 다르기 때문일 것이다. 이러한 상황은 중국의 경우에도 마찬가지다. '시진핑' 정권이 들어서기 직전 중국의 차기 지도자가 누가 될 것인가와 관련해서 많은 보도가 있었다. 이는 정치적인 영향뿐 아니라 경제, 외교, 교류 등 모든 면에서 영향을 받게 되기 때문이다.

이처럼 누가, 혹은 어떤 정치적 이념을 가진 당이 정권을 차지하는가에 따라 국내의 이해관계자들뿐 아니라 해외의 이해관계자들도 영향을 받는다. 정권의 교체가 평화적이면서도 그 국가에서 정한 제도적 절차에 따라 이루어진다면 부정적인 효과는 많이 줄어든다. 기업의 입장에서도 새로운 정권의 성향에 따라 영향을 받게 된다. 이렇게 중요한 정권이 너무 자주 교체되게 되면 기업의 입장에서 외부 환경이 자주 변화되는 결과가 되어 기업 운영의 안정성을 헤칠 수 있다. 또한 정권의 예상하지 못한 급격한 교체도 기업에게 충격을 줄 수 있다. 특히 정치시스템이 불안정한 국가들의 경우 급격한 정권의 교체가 있게 되면 기업에게 더 큰 충격을 줄 수 있다.

쿠데타 발생 이후 해외투자 중단된 미얀마

2021.03.09 미얀마 양곤무역관 | KOTRA 해외시장뉴스

미얀마 투자위원회(MIC)는 2021년 2월 해외직접투자가 전무한 것으로 발표

쿠데타 이후 미얀마 투자 현황

미얀마 투자위원회(MIC)에 따르면 2020년 10월부터 2021년 1월까지 해외직접투자(FDI) 승인액은 총 6억7259만 달러로 지난해 같은 기간보다 70%가 하락했다. 또한 2021년 2월 해외투자 승인액은 없다고 발표했다.

미얀마 투자청(DICA)에 의하면 2021년 1월에는 2억2000만 달러의 외국인 투자가 승인됐으나 2월 1일 비상사태 발생으로 인해 2월에는 투자액이 전무했다. 미얀마 국내 투자도 크게 감소했는데, 2021년 미얀마 현지 신규 기업등록건수가 2월까지 180개에 불과하다. 지난해 월 평균 1,000~1,700개의 기업이 DICA가 관리하는 미얀마 온라인 기업등록 시스템(MyCO: Myanmar Companies Online)에 등록한 것과 비교했을 때 크게 감소한 수치이다.

자료: KOTRA 해외시장뉴스 https://news.kotra.or.kr

3) 정치적 이익집단 간 끊임없는 다툼

한 나라의 정치가 불안정하게 되는 여러 이유 중 하나가 정치적 이익집단 간 끊임없는 이익 다툼이다. 정치는 원래 다수의 민중들의 의사를 대변해서 소수의 대표자들이 의사결정을 하는 구조이다. 하지만 이들이 이익집단화 되면 자신들의 이익에만 몰두하게 되고 다수의 국민들의 이익은 중요하지 않게 되어 정치적 혼란이 생기게 된다. 이런 정치적 혼란은 기업 활동에 부정적인 영향을 미친다. 혹은 어떤 기업들이 단기적으로는 정치적 이익집단과의 이해관계가 맞아 이익을 실현하더라도 이런 이익 관계는 오래 지속되지 못하는 것이 일반적이다.

4) 정치적 소수집단의 무장 세력화

현대 사회에서도 일부 국가에서는 무장 세력들이 존재하고 있으며, 이 국가들의 정치적 안정성을 위협하는 중대한 요인으로 작용한다. 이들의 목적이 정치적 목적의 실현에 있다면 무력으로 정권을 교체하려는 시도를 할 것이다. 하지만 많은 경우에 있어서는 단지 자신들의 생존과 소수 집단 이익의 추구를 시도한다. 우리가 흔히 접하게 되는 기업인 및 근로자의 납치와 이들에 대한 몸값 요구 등은 이 상황을 보여주는 대표적인 사례이다.

5) 전쟁과 내란의 가능성

전쟁의 가능성이 높은 국가와 누가 교역을 하려고 할 것인가? 혹은 누가 투자를 하려고 할 것인가? 아마 합리적인 의사결정을 하는 집단 혹은 개인이라면 이런 국가들과는 거래를 하지 않으려 할 것이다. 하지만 가능성이라는 것은 아직 발생하지 않은 상태이며, 향후 발생할 수도 발생하지 않을 수도 있다는 의미이다. 일반적으로 위험의 수준이 높을수록 수익도 높아진다. 이 때문에 높은 위험에도 불구하고 높은 수익을 추구하는 기업들은 전쟁의 가능성이 높은 국가와도 교역을 한다. 하지만 위험을 회피하는 기업들은 이런 국가의 기업들과 거래를 보류하거나 중단하는 것이 일반적이다.

내란의 경우 국가 내에서 정권을 차지하기 위해 정치 세력 간 무력 충돌이 발생하는 것이다. 중동과 북아프리카 지역의 국가들 중 정치가 안정화되어 있지 않거나 독재 정권이 정권을 장악하고 있는 경우 내란이 발생하는 경우를 목격하곤 한다. 전쟁과 마찬가지로 내란이 발생하는 경우 일반적인 기업들은 거래를 보류하거나 중단하려고 할 것이다.

6) 외교 관계의 변화

거래 상대국과 외교 관계가 평상적이고 좋을 때는 기업의 활동에 아무 문제가 없다. 하지만 외교 관계가 나빠지게 되면 기업 활동에도 직·간접적 영향을 미치게 된다. 실제로 우리나라에 사드(THAAD)가 배치되었을 때 중국과 우리나라의 외교 관계는 상당히 나빠졌고, 많은 기업 거래에 불이익이 있었다. 일본과의 관계에서도 위안부 문제로 촉발된 관계 악화가 기초소재 부품의 무역거래중단이라는 상황에 직면하게 되었다.

"사드 보복으로 한국 관광 18조원 손실, 일자리 40만개 타격"

현대경제연구원 보고서

사드(THAAD·고고도 미사일 방어체계) 배치를 둘러싼 한·중 갈등이 6개월째에 접어든 가운데, 이로 인한 우리나라 관광산업의 직접 손실규모가 연 18조원에 달할 것이라는 전망이 나왔다. 일자리는 40만개가 타격을 입을 것으로 추산됐다.

현대경제연구원은 15일 '사드 갈등 장기화에 따른 국내 관광산업 손실규모 추정' 보고서를 내고 올 3월부터 7월까지 중국인 관광객이 전년 동월 대비 40% 감소해 이런 추세대로라면 연간 관광산업 손실액이 18조1000억 원 수준에 달할 것이라고 추정했다.

자료: ChosunBiz 2017.09.15.

이런 관계의 변화는 개별 기업이 대응하기 어려운 외부적 충격이다. 이런 갈등의 상황이 되면 기업들의 대처는 상황에 주로 순응하게 되는데 이 과정에서 많은 피해를 입는 기업들도 생겨나게 된다.

앞에서 제시한 환경 외에도 많은 정치적 요인들이 시장과 기업의 활동에 영향을 미친다. 중요한 것은 이런 정치적 요인들이 발생할 때 왜 발생하였으며, 이 발생이 기업에게 미칠 영향에 대해 정확히 파악하는 것이다. 이를 위해서는 요인들이 어떻게 변화될 것이며, 그 변화가 기업 활동 및 성과에 어떻게 영향을 미칠 것인지, 그리고 기업은 이에 대해 어떤 대응을 할 수 있는가에 대해 명확한 분석이 필요하다.

사례

중동 국가 간 분쟁의 많은 원인은 시아파와 수니파의 갈등에 의한 것으로 분석됨

□ 수니파–시아파 간 종파 갈등과 그 이면의 대립

- 중동 국가 간 분쟁의 많은 원인은 시아파와 수니파의 갈등에 의한 것으로 분석됨. 시리아, 이라크, 레바논 등지에서 발생한 유혈투쟁의 원인으로 종파갈등이 꼽혀 왔음.
  - 이라크의 분열은 2003년 수니파였던 후세인 정권이 붕괴한 이후, Maliki 총리가 이끄는 시아파 정부가 수니파에 대한 차별적인 정책을 유지하면서 발발함.
  - 시리아에서는 Bashar Hafez al-Assad 대통령이 이끄는 정부군과 여러 반군세력이 대치하고 있음. al Assad 대통령이 시아파인데 반해, 반군 대부분은 수니파임. 이에 따라 사우디를 포함한 수니파 국가들은 시리아 반군에 자금 및 무기를 지원해왔던 것으로 알려짐.
- 그러나 중동에서 가장 큰 대립의 축인 사우디-이란의 대립은 수니파 종주국-시아파 종주국의 대립에 의한 것만은 아님.
  - 미국의 브루킹스 연구소(Brookings Institution)는 사우디와 이란이 종

파갈등을 정치적으로 이용하고 있다고 분석함.

- 브루킹스 연구소의 보고서에 따르면, 양국 정부는 군사적으로 대립하기 보다는 중동 내에서 정권이 약한 국가들에 정치적으로 개입함으로서 주변 동맹국에서 자국의 영향력을 넓혀가는 권력게임을 벌이고 있음.
- 때문에 현재 아랍의 갈등상황을 단순한 종파갈등으로 판단해서는 이란과 사우디 정부의 의도를 파악하는 데 어려움이 있을 수 있다고 밝힘. 단순 종파갈등으로 이해할 경우에 무슬림형제단에 대한 사우디 정부의 적의를 설명할 수 없음.

| 중동 국가별 수니파, 시아파 인구 비율 |

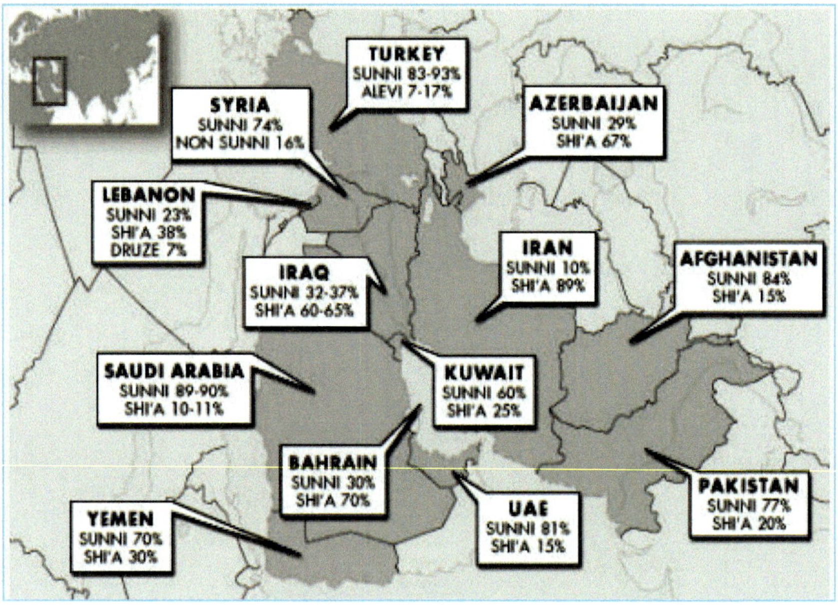

자료: arabnyheter.info

자료: 에너지경제연구원 http://www.keei.re.kr
WORLD ENERGY MARKET Insight Weekly 주간 포커스
세계 에너지시장 인사이트 제14-34호 2014.9.26.

4. 정치적 환경이 변화하면 어떤 위험들이 발생할 수 있을까?

여러 환경 중 정치적 환경으로 인해 발생할 수 있는 위험은 기업에게 상당히 치명적인 영향을 줄 수도 있다. 특히 급격한 정권의 변화와 새로운 정권이 기존 정권을 전복하는 형태로 권력을 획득하게 되면 기존 정권과 깊은 이해관계를 가졌던 기업들에게는 국내·국외를 막론하고 좋지 않은 태도를 가질 가능성이 높다. 이러한 태도의 결과로 나타날 수 있는 위험의 유형은 중대한 위험부터 거래에 제한을 두는 위험까지 다양하다.

1) 몰수와 수용

국제적 거래와 투자를 하는 기업이 정치적 격변이 있을 때 가장 두려워하는 발생위험은(중 하나가) 몰수와 수용이다. 정권의 급격한 변화가 있고 새로운 정권이 기존 질서 및 관계를 인정하지 않을 경우 투자되어 있는 자산의 몰수와 수용의 위험이 높아진다. 현대 국제정치 환경에서는 이런 위험이 발생할 가능성이 낮다. 이는 과거에 비해 국가 간 정치적 대립이 심각한 상황으로 치닫는 경우가 적고, 이미 투자가 어렵거나 위험 발생가능성이 높은 국가에 대한 정보가 많이 알려져 있기 때문이다. 하지만 아직도 우리가 경제적으로 관심을 기울이지 않고 있는 일부 국가들에서는 이런 급격한 변화와 이로 인한 위험이 발생할 여지가 있다.

몰수와 수용은 정부가 사유재산을 인정하지 않고 이를 정부의 것으로 만드는 국유화 과정에서 일어난다. 국유화를 하면서 상대편에게 그 자산의 대가를 지불하지 않고 일방적으로 사유재산을 정부의 소유로 하는 것을 몰수라 한다. 이에 비해 자산의 대가를 일부 지불하면서 정부가 자신의 소유로 변경하는 행위를 수용이라 한다. 일반적으로 몰수와 수용은 같은 의미로 혼용되어 많이 쓰이는데 이는 수용의 과정에서 기업이나 개인 등 사유재산의 소유자에게 적절한 보상이 이루어지는 경우가 거의 없고 대부분이 극히 일부의 보상만 이루어지기 때문이다.

국가 위험(Country Risk)

과거, 대부분의 국가 위험은 식민지 국가의 독립, 내전 및 혁명 등의 과정에서 외국투자자산을 국유화하는 형태로 발생하는 경우가 많았다. 80년대 중반까지만 해도 전세계적으로 대략 2천 건 이상의 자산 국유화 및 몰수가 이루어진 것으로 알려지고 있다. 1973년 제4차 중동 전쟁이 막바지에 이르렀을 즈음, 아랍의 주요 산유국들은 이스라엘을 지원하는 미국과 서방 국가들에 대한 응징 차원에서 해상 석유 운송을 제한하고 석유 채굴권을 국유화 하였다. 또한 80년대 초, 인도의 보수 집권당은 첨단 기술 및 제조 공법을 공유하지 않는다는 이유로 IBM, Coca-Cola 등 외국기업들을 강제축출하기도 했다.

자료: LG경제주간(2003.04.02) http://www.lgeri.com

2) 재산 또는 인명의 피해

정치적으로 불안한 국가에서는 기업들이 재산이나 인명피해를 입게 되는 경우가 있다. 이런 상황은 전쟁, 내란, 정치적 반대집단의 무력행사 등 다양한 요인에 의해 발생할 수 있다. 일단 이런 상황이 발생하면 기업들은 후속조치만을 할 수 있을 뿐이다. 대부분의 경우 정치적 불안으로 인해 벌어지는 재산이나 인명피해에 대해 현지국이 보상해 주는 경우는 거의 없다. 따라서 이런 피해는 고스란히 거래를 하고 있는 외국기업들의 몫으로 돌아가게 된다.

3) 이전자유의 제한

이전자유의 제한이란 기업이 현지국 기업이나 개인과 거래하여 발생한 수익을 자유롭게 자국으로 가져갈 수 없도록 통제하는 것을 의미한다. 이 제한조치는 정치적 환경보다는 경제적 환경의 불안으로 인해 발생하는 경우가 더 많다. 즉, 경제적 불안으로 인하여 자국에 있는 외국 화폐가 많이 빠져나가게 되면 자국 화폐의 가치가 더 하락하여 경제적 불안이 심화될 수 있다. 이런 상황을 방지하기 위해 경제적 불안이 있는 국가들은 외화의 송금이 제한되어 있는 경우가 많다. 이 조치는 물론 원인은 경제적 요인으로 인해 발생하지만 정부의 정책과 정치적 이해관계자들의 영향에 의해 이 정책이 실행되는 경우도 많다.

일단 이런 정책이 실행되고 있는 국가에서는 기업들이 활동에 제약을 받게 된다. 이는 기업들이 자신의 경제 행위에 대한 보상을 자유롭게 활용할 수 있는 여지를 제약하기 때문이다. 또한 국제적으로 활동하는 기업들이 자신의 자산을 효율적으로 활용할 수 있는 여지를 축소하기 때문이기도 하다.

4) 운영상의 규제

정치적 목적과 경제적 목적이 결합하여 외국기업의 운영에 규제를 한다면 이는 중대한 영향을 미치는 것이 된다. 대표적인 예가 단독투자를 허용하지 않는 것인데, 이는 기업이 자신의 독점적 기술이나 운영 노하우를 바탕으로 지속적 우위를 누리기 위한 노력을 포기하도록 현지국 정부가 압력을 가하는 것이기 때문에 기업에게는 중대한 압력으로 작용한다.

WTO 체제의 출범과 FTA의 확산으로 운영상의 규제를 취하는 국가가 많이 줄어든 것은 사실이다. 하지만 아직 후진 개발도상국이나 후진국들은 이런 운영상의 규제의 일부가 남아 있는 국가들이 있다.

중국 2020년 12월 1일부 '수출통제법' 시행

지난 10월 17일 중국 입법기관인 전인대 상무위는 〈수출통제법(出口管制法)〉을 통과하고 오는 12월 1일부 시행키로 했다. 입법목적은 ▲전략물자(제품·기술·서비스 등 포함)에 대한 수출 통제 강화 ▲중국 국가안보를 위협하는 외국기업과 개인 제재 ▲대중 수출규제 강화에 필요한 조치를 취할 수 있는 법적·제도적 장치를 마련하는 데 있다.

1. 주요 내용

〈수출통제법〉은 총 5개 장, 49개 조항으로 구성됐다. 중국 국가안보와 관련된 제품·기술·서비스에 대한 수출통제 강화 및 '수출금지대상 리스트' 도입을 골자로 한다.

* 링크: http://www.gov.cn/xinwen/2020-10/18/content_5552119.htm

2. 수출 통제 품목

수출 통제 대상은 무기 등 군수품과 핵, 기타 국가안보와 관련된 물품, 기술과 서비스이다. 군수품 이외에도 군사용도와 군사력 향상에 사용되는 군·민 양용 물자와 기술, 서비스에도 적용된다. 일반 기업도 '국가안보·이익 관련 물품, 기술과 서비스' 수출 시 법 규정을 따라야 하며 법규 위반 시 제재대상이 될 수 있다.

수출 통제 품목은 중국 국무원과 당 중앙군사위에서 결정하며 '수출 통제 품목 리스트'와 수출허가제를 통해 관리한다. (생략)

자료: KOTRA 해외시장뉴스 https://news.kotra.or.kr

5. 정치적 위험에 기업은 어떻게 대응할 수 있을까?

기업이 현지국에 진출하거나 현지 기업과 거래하기 전에 정치적 위험에 대해 분석된 내용을 바탕으로 대응 전략을 형성해야 한다. 일단 정치적 환경 변화에 의한 정치적 위험이 발생해 버리면 기업으로서는 돌이킬 수 없는 위험에 빠지게 되기 때문에 위험 상황에 대비한 방법을 미리 형성해 둬야 한다. 기업이 정치적 위험에 대응할 수 있는 상황은 시간적으로는 현지국에 진출하거나 현지기업과 거래가 일어나기 전과 진출하거나 거래가 일어난 후에 할 수 있는 방법으로 구분할 수 있다.

1) 해외시장 진출 전

아직 해외시장과의 거래가 이루어지지 않았거나 진출한 것이 아니라면 기업들이 위험에 대비할 수 있는 방법이 다양하다. 가장 적극적인 방법으로는 진출을 철회하거나 정치적 상황이 안정될 때까지 보류하는 방법부터 시작해서 정부를 이용하는 방법, 그리고 지분참여 방법의 조절 등의 방법이 있다.

(1) 진출 철회 혹은 보류

이미 진출을 계획했다 하더라도 정치적 환경의 변화가 예측 불가능하고 그 예상되는 파급효과가 커서 기업에게 심각한 손해를 미칠 것으로 예상되는 경우 진출을 철회하거나 보류할 수 있다. 대부분의 기업들은 진출이나 거래를 계획했을 경우 철회 보다는 진출 시점을 조정하며 보류하는 방식을 택한다.

다음의 경우에 기업은 철회를 결정할 수 있다.

- 기업 입장에서 보류하고 기다릴 수 있는 시간적 여유가 없이 빠른 시간 내에 대안을 마련하여 시행해야 하는 경우
- 진출 혹은 거래 대상으로서 대안이 될 수 있는 유력한 국가가 있을 경우
- 정치적 변화가 너무 커서 어느 정도의 기간이 경과하더라도 진출 혹은 거래할 수 있는 환경이 갖춰지지 않을 것으로 예상되는 경우 등을 들 수 있다.

철회 혹은 보류가 이루어지게 되면 기업의 입장에서 발생할 수 있는 위험에 적극적으로 대처하여 발생 가능한 손실을 미연에 방지하는 효과를 누릴 수 있다. 반면 현지국의 정치적 안정화가 이루어진 후 시장기회가 생겼을 때 시장을 선점할 수 있는 효과는 누릴 수 없다. 또한 현지국의 정서가 투자를 철회한 기업들에 대해 나쁘게 형성되어 차후 진출 시 부정적 영향을 미칠 가능성도 배제할 수 없다.

[인사이드 스토리] 롯데마트 매각철회? … 뒤집어 보니

(중략) 얼핏 들으면 잘 이해가 가지 않습니다. 중국 관련 사업을 어렵게 했던 최대 악재가 없어질 수도 있다는 소식에도 롯데마트 철수를 진행하겠다고 공식

입장을 밝혔습니다. 왜일까요?

롯데그룹은 지금 상황에서 롯데마트 중국사업을 유지하는 것보다 철수하는 것이 낫다는 판단입니다. 그동안 롯데마트의 중국 손실이 너무 컸기 때문입니다. 한국 롯데마트에서는 소폭의 이익이 나고 있지만 중국에서 이를 까먹는 바람에 롯데마트의 실적은 매년 적자였습니다.

그럼에도 지금껏 롯데마트를 유지하고 있었던 것은 그동안 투자했던 비용이나 중국시장의 잠재력, 유통망 등 때문이었습니다. 하지만 사드 후폭풍으로 중국 롯데마트 유통망 등이 모두 무용지물이 된 것으로 보고 있습니다. 설사 매각을 철회하고 다시 영업을 재개한다고 하더라도 현상태로 복구하는 데에는 1년 이상이 걸릴 것으로 추산하고 있습니다. 여기에 들어가는 비용을 감내하는 것보다는 차라리 이를 다른 곳에 투자하는 것이 낫다는 결론을 내린 겁니다.

정재웅 기자 polipsycho@bizwatch.co.kr, 2017.11.06(월) 17:34
http://news.bizwatch.co.kr/article/consumer/2017/11/06/0021

(2) 정부기관의 이용

외국과의 교역에 있어 가장 신뢰성 있는 보증자의 역할을 하는 것은 정부이다. 이 경우 현지국 정부를 이용하는 경우와 투자국 정부를 이용하는 경우로 나누어 볼 수 있다. 기업이 해외에 진출하려고 할 때 현지국 정부의 투자보증을 유도할 수 있다. 이런 보증은 일반적으로 현지국이 경제적으로 낙후되어 있고 경제발전을 위해 외국기업의 유입을 적극적으로 추진해야 하는 국가에서 해 주는 경향이 높다. 최근 정부가 투자에 대해 적극적인 장려책을 쓰는 경우는 자국 산업의 발전에 도움이 되는 산업분야에 한정되는 경우가 많다.

본국 정부를 활용하여 해외투자 및 거래에 대해 보장을 받으려는 경우로는 외교적 노력을 통해 국가 간 협정의 체결을 유도하는 활동을 들 수 있다. 이는 정부가 나서서 기업의 이익을 보호해주는 효과를 보일 수 있다. 하지만 국가가 한 기업의 입장만을 위해 움직이기 어렵기 때문에 국가의 이해관계가 걸려있는 상황이 아니라면 정부가 직접 외국 정부와 협정을 체결하는 등의 외교적 노력을 기대하기는 힘들다. 특히 국가적 이해관계가 적은 중소기업들의 해외 거래 및 진출과 관련해서는 정부의 협조를 얻기가 어렵다. 이런 한계를 극복하기 위한 또 다른 대응 방식은 보험의 이용이다.

정부, 8兆 규모 체코 원전사업 수주 적극 지원
체코, 두코바니에 원전 1기 건설 추진…연말에 사업 입찰

정부가 한수원이 추진하는 사업비 8조원 규모의 체코 원전사업 수주를 적극 지원하고 나섰다. 체코 정부엔 첫 도입에서 수출까지 불과 30여년 만에 이룬 국내 원전산업의 경쟁력이 높다는 점을 강조했다.

성윤모 산업통상자원부 장관은 19일과 20일 각각 카렐 하블리첵 체코 산업통상부 장관, 야로슬라브 밀 원전특사와 릴레이 화상면담을 진행했다.

산업부는 "이번 릴레이 면담은 체코 신규원전 사업 입찰을 앞두고 원전사업 관련 핵심 인사인 산업부 장관과 원전특사를 대상으로 우리나라의 참여 의지를 적극 표명하기 위한 자리였다."고 설명했다.

이어 "원전 설계, 기자재·부품 제작, 시공, 핵연료 분야 등에서 양측이 다수의 업무협약(MOU)을 체결한 만큼, 협업기반은 이미 마련됐다."고 평가했다. (중략)

산업부 관계자는 "정부는 금번 면담을 계기로 양국 간 협력대화를 지속 이어 나가기로 했다."며 "체코 원전사업 발주 대응과 수주 경쟁력 강화를 위해 한국수력원자력 중심으로 관련 기업들이 참여하는 팀코리아의 활동을 적극 지원할 계획"이라고 덧붙였다.

박영민 기자 입력 :2020/08/20 17:30
https://zdnet.co.kr/view/?no=20200820154133

(3) 보험의 이용

기업이 예측하기 어려운 환경의 변화에 대응하기 위해 위험의 발생 이전에 선제적으로 위험에 대한 보상을 보장받을 수 있는 수단이 바로 보험이다. 기업은 해외 거래처와의 거래를 하기 이전에 해당 거래를 기반으로 보험계약을 하고 거래를 수행하게 된다면, 환경의 변화로 인해 발생하는 위험에 대해 보상받을 수 있다. 하지만 보험을 가입한다고 하더라도 발생한 피해 전액을 보상받지 못하는 경우가 많으며, 시간도 소요된다는 불리함이 있다. 또한 보험료도 기업이 납부해야 하므로 기업의 금전적 부담이 있다. 우리나라의 경우 개별 기업이 무역과 관련된 보험을 보장해 줄 수 있는 기반이 약했기 때문에 국가주도의 '한국무역보험공사'를 설립하여 무역이 원활하게 진행될 수 있도록 도움을 주는 역할을 수행하고 있다.

그림 4-1 한국무역보험공사 홈페이지 https://www.ksure.or.kr

그림 4-2 한국무역보험공사 무역보험제도 소개 https://youtu.be/S3wb64ZEnmU

그림 4-3 한국수출입은행 https://www.koreaexim.go.kr

그림 4-4 한국산업은행 https://www.kdb.co.kr/index.jsp

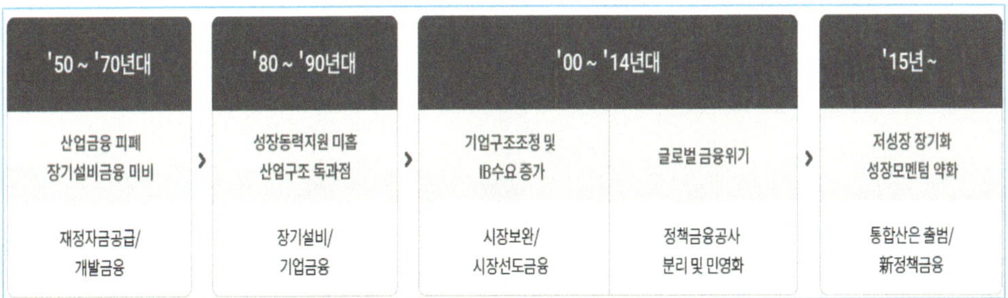

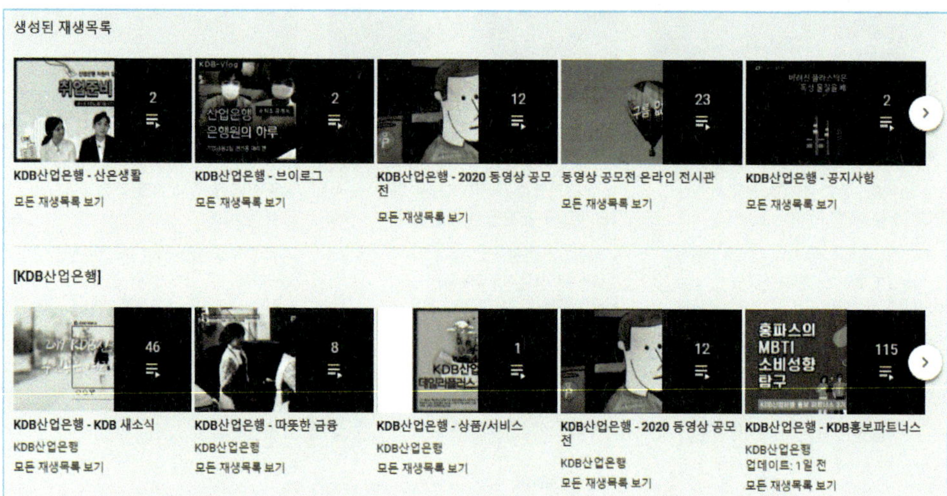

(4) 현지자금조달 및 합작투자

만일 현지와 거래를 하거나 투자를 하는 기업에게 현지자금을 조달할 수 있는 기회가 있다면 이를 이용하는 것이 기업에게 유리한 면이 많다. 만일 현지국에서 위험이 발생하여 기업이 위험에 처하게 될 경우 현지국도 동시에 손실을 볼 수 있기 때문에 이 기업이 위험에 빠지도록 두기 힘들어진다. 이는 기업이 현지국

금융을 많이 쓸수록 현지국에 대한 협상력이 높아지도록 만든다.

현지국 기업과 합작을 하거나 거래 과정에서 투자를 받는 경우도 위험을 경감시킬 수 있는 수단이 된다. 합작투자를 하는 기업들이 가지게 되는 중요한 이점 중 하나가 위험을 경감시킬 수 있고, 현지국에 대해 협상력을 더 가질 수 있다는 점이다. 이런 이점을 충분히 활용할 수 있는가 여부는 투자 기업이 보유하고 있는 능력 뿐 아니라 현지 기업이 어느 정도 충실히 협력관계를 유지하기 위한 노력을 하는가에 달려 있다. 기업이 자신의 자본을 투입하지 않고 현지에 진출하기 위해서는 일반적으로 기업이 가진 다른 능력들이 필요하다. 많은 경우에 있어서는 해외로 진출하려는 기업들이 기술적인 우위를 가지고 있거나 경영상에서의 우위를 바탕으로 이런 형태의 접근을 하는 경우가 많다.

2) 현지국 진출 후

현지국에 진출한 후 정치적 환경이 변화될 때 기업이 위험에 처할 가능성을 낮출 수 있는 방법은 기업의 이미지 제고, 보유자산 및 지분의 매각, 현지국·본국 정부와의 협상 등을 들 수 있다.

(1) 기업의 이미지 제고

현지국에 진출한 후 기업이 현지국 국민들에게 기업의 사회적 공헌을 부각시키고, 기업이 현지국의 발전을 위해 공헌하고 있다는 점을 깊이 각인시키면서 기업의 이미지를 제고하는 방법이 있다. 이 방법은 긴 시간과 많은 노력이 필요하지만 일단 좋은 이미지가 구축되게 되면 긍정적인 효과를 볼 수 있다. 또한 정치적 환경의 변화에 대해서 뿐 아니라 경제, 사회문화적 환경의 변화에 대해서도 효과적으로 대응할 수 있는 방법이기도 하다.

학술적으로는 이 방식을 기업의 사회적 공헌(Corporate Social Responsibility: CSR)이라 칭하며 많은 연구들이 이루어지고 있다. 결과적으로 보면 기업의 사회적 공헌은 기업이 더 높은 성과를 성취하는데 긍정적인 영향을 미친다는 연구결과들이 많다. 즉, 기업의 사회적 공헌이 많으면 이 공헌에 대해 소비자들은 기업에 대한 좋은 이미지를 가지게 되고 이는 궁극적으로 기업의 이익에도 긍정적 영향을 미친다는 것이다. 굳이 물리적 이익만이 아니라 심리적으로 사회적 공헌이 많은 기업에 대해 좋은 이미지를 가지게 된다면 환경의 변화로 위험이 닥쳐올 때 기존에 축적된 기업이미지를 바탕으로 위험을 극복해 갈 수 있다. 많은 기업들이 재난(홍수, 태풍, 지진 등) 상황이 되면 재난을 당한 국민들에게 구호의 손길을 내미는 경우도 이런 활동의 일환이다.

정부 차원에서도 국가의 이미지를 좋게 하여 우호적 외교 관계를 가질 뿐 아니라 진출하려는 기업들에게도 도움을 줄 수 있는 여러 활동들을 한다. 예를 들면, 대부분의 선진국들은 공적개발원조(Official Development Assistance: ODA)로 불리는 후진국을 돕는 자금을 보유하고 있으며, 이를 통해 정부 간 관계를 원활히 하기도 한다. 이 방식을 적극적으로 활용하여 외교를 하는 국가 중 하나가 중국이다. 중국은 아프리카 국가들과 중남미 일부 국가들에 대해 많은 공적개발원조 자금을 지원하면서 정부 간 관계를 돈독히 하고 있으며, 이 국가에 진출하려는 자국 기업들에게도 도움을 준다.

| 그림 4-5 | 대한민국 ODA 통합홈페이지 https://www.odakorea.go.kr

추가자료 / 기사 2

국내 ODA 뉴스

[정책브리핑]녹색기후기금 활용해 우리기업 해외진출 확대 추진			
등록자	국무조정실	등록일	2021-01-22
조회수	15		
출처	정책브리핑 본문참조		

녹색기후기금 활용해 우리기업 해외진출 확대 추진

기획재정부는 "우리나라에 본부를 두고 있는 세계 최대 기후기금인 GCF를 활용해 녹색 분야 우리기업의 해외 진출을 확대하고 개도국의 기후변화 대응에 기여하기 위해 지속 노력해나갈 계획"이라고 밝혔습니다.

□ 정부는 「K-뉴딜 글로벌화 전략」(1.13) 및 「2021년 대외경제정책 추진전략」(1.11)을 통해, 그린뉴딜 해외진출을 위한 GCF 활용방안을 아래와 같이 마련하여 적극 추진중입니다.

〈그린뉴딜 해외진출을 위한 GCF 활용방안(주요내용)〉

- GCF 사업추진 TF*를 활용, 사업발굴부터 타당성 조사, 사업승인(GCF 이사회), 사후관리에 이르는 사업 全단계 밀착지원

  * 관계부처, 산업은행, KOICA, 농어촌공사, 환경산업기술원, 수자원공사, 딜로이트 등 참여

- GCF 사업발굴·관리 인증기구*로 KOICA·수출입은행 등이 신규 승인되도록 지원하여 국내기업·기관의 해외진출 지원

  * Accredited Entity: GCF가 사업발굴·관리 등을 위탁하기 위해 인증한 기구

- WB 녹색성장기금·GGGI*를 활용, 우리 그린뉴딜과 연계한 개도국 기술협력 사업을 발굴하고, GCF 투자사업으로 연계 추진

* 글로벌녹색성장기구: 개도국의 저탄소 녹색성장을 지원하기 위해 한국 주도로 설립('10.6월, 서울)된 국제기구로 정책자문, 경험공유, 사업발굴 등 수행

- 기획재정부는 우리나라에 본부를 두고 있는 세계 최대 기후기금인 GCF를 활용하여 녹색 분야 우리기업의 해외 진출을 확대하고 개도국의 기후변화 대응에 기여하기 위해 지속 노력해나갈 계획입니다.

- 문의 : 기획재정부 개발금융국 녹색기후기획과(044-215-8751)

자료: 대한민국 정책브리핑(www.korea.kr)

(2) 보유자산 및 지분의 매각

진출한 후 현지국의 정치적 환경변화가 발생할 가능성이 높아지고 이와 함께 그 영향이 기업의 지속적 운영과 이익의 획득에 부정적인 것으로 판단된다면 이 기업은 더 오래 기업 활동을 유지하기 힘들어진다. 이 경우 자신들이 보유하고 있는 자산이나 지분을 적정한 대상에게 매각함으로써 적극적으로 자신의 위험을 줄이기 위해 노력해야 한다. 하지만 환경의 변화가 발생할 가능성이 높아지면 어떤 기업이든 환경에 적응하기 위해 여러 조치들을 취하게 될 것이며, 이 기업이 매각하고자 하는 보유자산이나 지분을 구매하려는 기업이 많지 않은 것이 일반적이다. 이런 이유 때문에 많은 경우에는 저렴한 가격에 자산을 매각하거나, 협력 파트너에게 자산을 매각하게 되는 경우가 많다.

(3) 현지국·본국 정부와의 협상

투자액이 비교적 작은 경우에는 현지국 정부 및 본국 정부에 대해 교섭을 할 여지가 줄어들게 된다. 하지만 투자금액이 크고, 기업의 사활이 걸렸으며, 이로 인한 경제적 파급효과가 큰 경우 기업은 현지국 및 본국 정부와 협상을 통해 향후 발생할 가능성이 있는 정치적 위험에 대한 대응을 마련할 수 있다. 하지만 이런 협상을 진행할 수 있는 능력이 있는 기업은 많지 않다.

CHAPTER 5

사회·문화적 환경은 시장을 어떻게 변화시킬까?

1. 사회·문화적 환경이란 무엇인가?

1) 사회·문화적 환경의 개념

사회·문화적 환경에 대한 정의는 학자에 따라 다르지만 개략적으로는 관습과 법률 등 제반 제도와 사회구성원들에 의해 습득되고 일반적으로 행해지는 행위의 복합체이다.[15] 특히 사회·문화적 환경은 지속적으로 변화되는 속성을 가지고 있으며, 다른 환경들과의 상호작용도 많다. 또한 무역과 시장에 미치는 영향도 직접적인 부분이 많으며, 때로는 상당히 큰 영향을 미치기 때문에 기업의 입장에서 중요하게 다뤄야 할 환경이다.[16] 사회·문화적 환경이 가지는 속성에 대해 좀 더 상세히 살펴보자.

우선 변화의 속성이다. 우리나라도 과거에 비해 사회·문화적 환경의 많은 요소들이 변화되었다. 그리고 이 변화는 앞으로도 계속될 것이다. 그렇기 때문에 기업의 관점에서 현지국의 사회·문화적 환경을 조사하고 분석하면서 이 환경이 그대로 머물러 있을 것이라고 생각해서는 안 된다. 어떤 요소들은 천천히 변화되지만 어떤 요소들은 빠르게 변화된다. 또 어떤 요소들은 약간만 변화되지만 어떤 요소들은 많은 변화를 경험하기도 한다.[17]

추가자료 / 기사 1

슬라맛빠기! 인도네시아) 히잡 안 쓰는 무슬림 여성들 "히잡은 억압 아닌 선택"

"무슬림인데 왜 히잡을 안 써요?"

2억7,000만 인구의 87%가 무슬림인 인도네시아에서 가끔 하게 되는 질문이다. 초·중·고교 등하교 길이나 시골에 내려가면 에누리 없이 '히잡의 물결'이지만, 수도 자카르타 등 대도시 도심에선 조금 다른 양상이다. 히잡을 쓰지 않은 20, 30대 무슬림 여성을 쉽게 만날 수 있다. 무슬림 여성의 절대 의무라 알려진 히잡 착용 여부 결정이 상대적으로 자유롭다는 얘기다.

한국일보 2020.07.23.
https://www.hankookilbo.com/News/Read/A2020071415030005684

추가자료 / 기사 2

[차이나 톡] 중국맥도날드 '격세지감'

【베이징=조창원 특파원】 중국 맥도날드(마이당라오)가 최근 사명을 변경했다. 속사정을 들여다보면 '격세지감'이 아닐 수 없다. 기존 '중국맥도날드'에서 '진궁먼'(金拱門·금색아치문)으로 법인명을 바꿨는데 점포 상호는 '마이당라오'를 그대로 유지한다. 처음 중국 진출 당시 서구 문화의 상징이었던 맥도날드에 대한 중국인들의 입맛과 태도가 최근 들어 급변하면서 자구책 차원에서 이 같은 결단을 내린 것이다.

한때 서구 현대화의 상징이었던 맥도날드가 이제는 중국인들에게 싸고 저렴한 음식으로 전락했다. 1975년 홍콩에 맥도날드 매장이 처음 열릴 때 당시

맥도날드 인기는 현지 언론에서 '빅맥 열기'라고 표현될 만큼 새로운 현상으로 인식됐다. 홍콩에서의 열기는 급기야 중국 선전으로 퍼졌고, 1990년 중국 본토인 선전에 첫 매장을 열게 된다. 당시 맥도날드 매장 앞에는 햄버거를

맛보기 위해 긴 줄을 섰고 매장 오픈 첫날 3시간 만에 일주일치 판매량이 동났다.

당시 맥도날드 인기가 워낙 높아서 햄버거 안에 중국 청소년들을 유혹하기 위한 무언가를 몰래 넣었을 것이라 생각하는 일부 중국인 부모들도 있었다고 한다. 맥도날드 인기는 청소년뿐만 아니라 일반 성인 사이에서도 최고였다. 1992년 베이징에 매장을 열었을 때 82세 손님도 있었다. 미국을 방문해 서구의 음식맛과 문화를 누리고 싶은 욕구를 맥도날드 매장에 들러 10위안을 내고 대리만족을 느끼는 게 당시 중국인들이 맥도날드를 대하는 인식이었다.

이토록 중국내에서 인기를 구가하던 맥도날드의 위상이 갈수록 추락하고 있는 것이다. 중국의 경제력이 높아진 게 주된 이유다. 지난 2016년 한 해 동안 1억2,200만 명의 중국인들이 해외여행을 즐겼다. 중국내 맥도날드 매장에서 서구음식문화에 대한 대리만족을 느낄 필요 없이 직접 해외로 나가는 중국인이 늘었다는 것이다.

수많은 유형의 서양 브랜드 식당들이 거대 소비시장인 중국으로 몰려온 것도 맥도날드 위상에 영향을 미쳤다. 게다가 중국의 로컬 브랜드들의 약진도 외국계 프랜차이즈들의 경쟁력을 위태롭게 하는 요인으로 부상하고 있다.

맥도날드가 중국 현지화 전략으로 법인명을 바꾼 것은 바로 이 같은 시장 환경의 거대한 변화에 대응하기 위한 것이다. 이에 앞서 맥도날드는 아침 메뉴의 25%를 중국 죽과 두유로 바꾸는 등 현지 소비자들의 니즈에 맞추기 위한 노력을 해왔다. 중국맥도날드의 경영권이 바뀌면서 현재 2,500개의 매장을 2022년까지 4,500개로 늘린다는 계획 아래 현지화 전략은 더욱 속도를 낼 전망이다.

파이낸셜뉴스 2017.11.09.
https://news.naver.com/main/read.nhn?mode=LSD&mid=sec&sid1=104&oid=014&aid=0003903387

그리고 결정적으로 이 변화는 기업의 활동, 관리, 이익, 전략의 방향 등에 엄청난 영향을 미칠 수 있다.

다음으로는 확산된다는 것이다. 예전에도 인접지역이나 동일 인종은 비슷한 사회·문화적 환경을 공유했었다. 이 구분에는 지리적 환경이 많은 영향을 미쳤다. 큰 산맥이 가로 놓여 있거나, 큰 바다나 사막이 있어 지리적으로 접근이 어려웠던 지역들 간에는 사회·문화적 환경의 단절이 있었다. 따라서 지금도 의복, 생활양식, 가치관, 종교 등 많은 환경 요소들이 지역에 따라 다른 것을 확인할 수 있다. 이런 지리적 환경의 영향을 극적으로 약화시킨 것이 교통·통신의 발달, 인터넷의 발달이다.[18] 이 기술의 발달은 사회·문화적 환경의 확산 속도를 비약적으로 증대시켰다. 만일 통신과 인터넷의 발달이 없었다면 '한류'라는 단어가 생겨났을까? 아마 어려웠을 것이다. 이렇게 금방 세계적으로 확산될 수 있는 매체의 개입이 없었다면 한국 주변의 몇몇 나라에 알려지는 수준에 그치고 말았을 가능성이 높다. 하지만 지금은 우리나라의 사회문화적 현상들도 해외로 쉽게 전파될 뿐 아니라 해외의 것들도 쉽게 전파되어 들어온다. 그리고 그런 현상들이 우리나라의 기존 환경과 잘 접목될 수 있으면 쉽게 우리나라로 확산되게 된다.

변화와 확산이라는 속성 외에도 다른 여러 속성들이 있다. 하지만 여기서는 앞에서 다룬 이 두 속성만 간단히 언급하고자 한다.

추가자료 / 보고서 1

2019 Issue Report 이슈보고서
한류 문화콘텐츠 수출의 경제적 효과

II. 한류 문화콘텐츠 수출의 경제 효과

□ 비용압박 성향 높아 자금부족 만성화 등 시장실패 존재하나, 높은 경제 파급효과·구성원 삶의 질 향상 등 외부 편익 공존

- 보몰의 비용압박 성향 : 제조업과 같이 생산성 혁신을 통해 노동 투입 비중을 줄이며 산출물 가격을 낮추고 이윤도 증대하는 산업과는 달리, 생산성 향상이 어려운 문화산업 등에서는 노동 비용 부담이 지속적으로 상승
- 문화산업은 비용압박 성향 높아 기업은 늘 어려움에 처하지만, 구성원 삶의 질 향상, 경제 파급효과 등 시장 가격을 넘어서는 편익이 있으므로 시장 실패를 보완하기 위한 정부 등 외부 지원 불가피

□ 한류 문화콘텐츠 수출 100달러 증가시 소비재 수출 약 250달러 증가 견인

- 2011~2016년까지 우리나라의 한류 문화콘텐츠 수출액과 화장품, 식품, 의류, 가전 등 소비재 수출액으로 구성된 패널데이터를 회귀 분석한 결과, 한류 문화콘텐츠 수출액 100달러 증가시 소비재 수출액 248달러 증가를 견인하는 무역 창출 효과 유의 검증
- 분야별로는 음악 수출의 견인효과가 가장 높아 음악 수출 100달러 증가시 소비재 수출 1,777달러 증가를 견인하는 것으로 추정

자료: 한국수출입은행 해외경제연구소 https://keri.koreaexim.go.kr/

추가자료 / 보고서 2

한류의 경제적 효과와 시사점

등록일 : 2016.10.10 조회수 : 2185
권호 : 2016년09월호 분류 선택 : 이달의이슈 저자 : 전종근(한국외대 Global Business & Technology 학부 교수)

다운로드 2016 9 issue02.pdf (366.15 KB)

(중략) 문화체육관광부와 코트라(KOTRA)가 2016 3월 발표한 '2015 한류의 경제적 효과에 관한 연구'에 따르면, 지난해 한류의 경제적 효과는 약 15조 6천억 원에 달하는 것으로 나타났다. 이 중 문화콘텐츠의 생산유발효과는 전년 대비 22.7% 증가하였고, 소비재·관광의 생산유발효과는 전년보다 3.6% 증가하는 것에 그쳤다. 한류의 경제적 효과를 체계적으로 관리하기 위해서는 우선 한류 콘텐츠의 품질을 개선하고 한류 유발 소비만족도를 높여야 한다. 한류 관광객 수를 늘리는 일차적 정책보다 한류 관광객이 만족해서 다시 방문할 수 있도록 하는 품질관리 정책이 필요하다.

| 한류의 경제적 효과 추정 과정 |

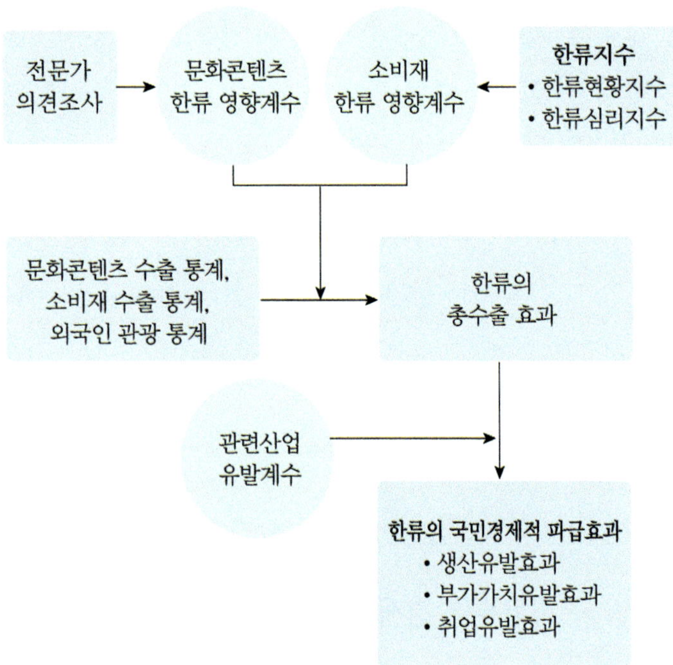

자료: Kotra · 한국문화산업교류재단, 2016.

https://www.si.re.kr/sites/default/files/2016%209%20issue02.pdf

2) 사회·문화적 환경과 시장 그리고 무역

처음으로 기업관점에서 해외시장조사를 하거나 국제마케팅, 국제경영, 경영전략 수립 등에 노출되면 사회·문화적 환경은 기업에게 그리 중요하지 않은 문제로 간주될 수 있다. 결론부터 얘기하자면 전혀 그렇지 않다. 사회·문화적 환경이 시장이나 기업의 경영활동과 동떨어진 개념으로 생각될 수 있지만, 실은 아주 밀접하게 연관되어 있다. 예를 들어, 사회·문화적 환경을 통해 사회구성원들의 가치관 형성에 영향을 준다. 이러한 영향은 다시 조직 구성원들의 업무성취의 형태, 소비자들의 구매형태 등 기업과 관련된 중요한 여러 상황에서 다시 영향을 미친다. 우리나라 직장인들이 가지는 노동에 대한 가치관과 유럽 직장인들이 가지는 노동에 대한 가치관, 그리고 남미의 직장인들이 가지는 노동에 대한 가치관은 각기 다르다. 이는 그 사회의 제도, 문화, 시스템, 역사적 배경 등 여러 사회·문화적 요인들이 동시에 영향을 미치기 때문이다. [19)]

글로벌화의 영향으로 인해 과거에 비해 사회·문화적 환경의 차이가 많이 줄어든 것은 사실이다. 하지만 여전히 지역에 따라 이런 차이는 존재하고 있으며, 이런 차이가 시장의 차이, 생산성의 차이, 소비의 차이, 기업 운영의 차이 등을 만들어 내고 있다. 무역과 해외직접투자 활동도 이 영향을 많이 받으며, 때로는 심각한 영향을 받기도 한다.

사회·문화적 환경과 관련해 어떤 논의들이 기업 활동과 관련해 있어 왔으며, 주로 사회·문화적 환경의 어떤 내용을 중요한 요소로 다루고 있는지 알아보도록 하자.

추가자료 / 홈페이지

World Values Survey(WVS) / 세계 가치관 조사

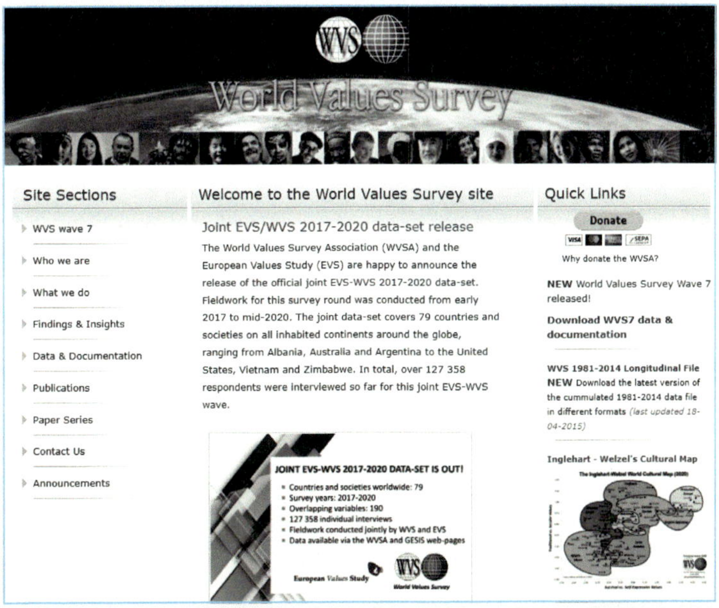

1981년부터 시작되어 현재 80여개국의 사회/문화/정치 등에 대한 가치관과 인식을 연구하는 세계적 조사 프로젝트

- WVS는 전세계의 사회과학자를 주축으로 각 나라와 인종을 대표하는 사람들 1,200여명과의 인터뷰에서 얻은 데이터를 토대로 자료가 생산되었고 이를 토대로 다른 인종을 가진 사람들이 보다 빠르게 삶의 가치나 주관 그리고 다른 사회의 전반적인 흐름을 비교분석 할 수 있도록 하고 있습니다.
- 조사항목 : 삶/가치관, 환경, 일, 가족, 정치, 사회, 문화, 종교, 도덕, 민족성, 사회통계
- 대중을 가장 잘 나타낼 수 있는 80개 이상의 문항을 선전하여 실시된 인터뷰 조사입니다.

EVS/WVS 1981–2020 time-series data-set Composition of the IVS(Integrated Values Surveys)

	IVS	EVS Trend File	WVS Time-Series
Survey period	1981-2021	1981-2021	1981-2021
Number of waves	7	5	7
Number of cases	645.249	223.099	422.150
Number of variables	838	635	728
Countries/ territories	115	49	104
Number of surveys	450	159	291

The Inglehart–Welzel World Cultural Map(2020)

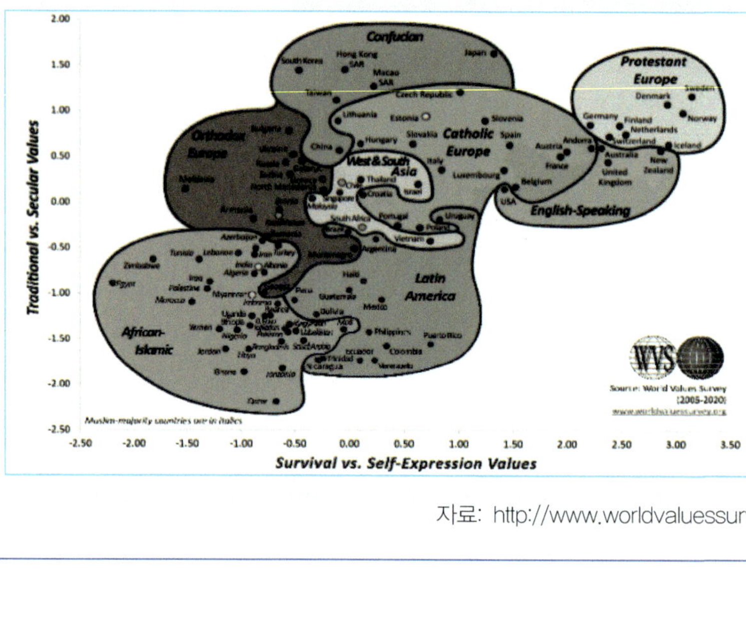

자료: http://www.worldvaluessurvey.org

2. 사회·문화적 환경의 구성요소는 무엇인가?

우리가 사회·문화적 환경을 분석할 때 주로 다루게 되는 요소들을 기업의 관점에서 살펴보고 재해석해 볼 필요가 있다. 사회·문화적 환경의 주요 요소는 학자들에 따라 다르게 구분한다. 중요한 것은 기업이 이 요소를 필요한 정보에 따라 잘 활용하고 해석할 수 있어야 한다는 것이다. 사회·문화적 환경의 주요 요소들은 개념적으로는 이해되지만 수치화하기 어려운 요소들이 많다.

1) 물질문화

물질문화(material culture)란 그 사회의 물질적 풍부함과 이를 뒷받침하는 지식 및 기술의 집합으로 정의될 수 있다. 물질문화와 관련된 기업 측면의 연구는 '인간이 상품을 어떻게 만들며, 누가 만들고, 왜 만드는가'에 대한 답을 찾는 것과 관련되어 있다.[20] 한 사회의 물질문화가 발달되어 있다는 것은 그 사회가 물질적으로 풍부하고 이러한 물질을 만들어 낼 수 있는 제조 및 기술적 기반을 갖추고 있음을 의미한다. 또한 생산되는 물질을 소비할 수 있는 수요가 있으며, 이 물질이 잘 생산되고 유통되어 소비자에게 전달될 수 있는 시장 시스템이 구축되어 있다는 의미도 내포하고 있다.

물질문화를 다른 관점에서 판단한다면 경제적 환경요인으로 판단할 수도 있는데, 이 판단은 어떤 측면에서 접근하는가에 따라 활용 주체가 결정해야 할 것이다. 예를 들어, 경제적 관점에서 시장의 크기, 지속적인 시장의 확대 가능성, 수요의 존재 가능성 및 분포의 정도 등을 판단하기 위해 이를 경제적 환경의 관점에서 분석할 수 있다. 반면 비슷한 내용이더라도 사회와 문화의 수준, 삶의 수준, 물질문명의 발전과 변화 및 이로 인한 사회의 변화 등의 관점에서 접근한다면 이를 사회·문화적 환경으로 파악하고 접근해야 한다. 해당사회의 물질문화 정도를 평가하는데 있어 활용되는 척도로는 경제수준과 기술수준이 있다.

(1) 경제수준

경제수준이란 다른 국가에 대비한 그 국가의 경제적 풍요로움이다. 경제적 풍요로움은 물질에 대한 사회구성원들의 가치관 변화, 생활 및 소비양식의 변화, 경제에 대한 관념의 변화 등을 유발하기 때문에 사회·문화적 환경에 중요한 영향을 미치는 요인이 된다. 이런 경제수준을 파악하기 위해서는 인구, 인구증가율, 국내총생산 수준, 임금수준, 실업률, 1인당 에너지사용량 등 많은 경제적 활동과 관련된 항목들이 필요하다. 경제수준은 포괄적 개념이기 때문에 이런 요소들이 종합적으로 고려되어야 하며, 이를 포괄하여 하나의 수준으로 평가할 수 있는 지표가 필요하다.

경제적 환경 분석에서 이미 언급한 바와 같이 여기서 제시된 경제요소들을 통해 국가의 시장크기와 구매력, 시장의 잠재성, 노동의 질, 부존자원, 개인의 소비 등과 관련된 내용을 파악할 수 있다. 경제수준은 여기서 제시된 요소들이 종합적으로 판단되어야 하며 개별 요소들의 연계성과 의미는 경제적 환경을 다루는 장에서 자세히 다루고 있다.

(2) 기술수준

경영분야에서 혁신을 이야기할 때 많은 경우에 그 국가 혹은 기업이 등록한 특허의 개수, 매출 대비 R&D 투자비용 등을 그 지표로 주로 활용한다. 기업의 혁신은 기술 및 경영 노하우와 밀접한 연관이 있으며, 경영성과에 긍정적인 영향을 미친다고 평가한다. 이러한 논의는 국가 수준으로 확대될 수 있다. 즉 혁신이 많은 국가는 경제성장이나 산업의 생산성이 높아지리라는 기대를 가지게 되며, 이는 실현될 가능성이 높다. 혁신이 많이 일어나는 국가는 그 만큼 혁신을 통해 발전할 수 있는 사회적·경제적 시스템이 잘 갖춰져 있다. 또 이를 통해 수익을 얻을 때 수익을 보장해주고 이런 활동 자체를 장려·진흥하는 사회적 분위기도 잘 갖춰져 있을 가능성이 높다. 이런 시스템과 물질문화의 발달은 서로 선순환 구조를 가지고 있다.

기술이 어떤 경로를 통해 물질문화에 영향을 미치는가를 좀 더 구체적으로 살펴보면 다음과 같다.

첫째, 기술수준이 높아지게 되면 그 물질문화에 속한 경제주체들의 경쟁력이 높아지게 되고 이는 다시 성과에 영향을 미치게 되어 궁극적으로는 물질적 풍요가 더 높아지는 결과를 낳게 된다.[21] 이런 선순환 효과를 많은 국가들은 알고 있기 때문에 제도의 개선을 통해 시스템이 더 자유롭고 발전적으로 운영되도록 만든다면 그 국가의 물질문화는 더 발달될 것이고, 외국기업의 입장에서 시장기회는 더 늘어날 것이다. 기술이 개발되는 것을 장려하고, 이 기술이 잘 보호되어야 하며, 어떤 주체이든 자신이 개발한 기술을 적절한 보상을 받는 시장에서 거래할 수 있는 제도적 정착이 이루어진다면 기술은 더 발전될 가능성이 높아진다.[22]

둘째, 기술이 그 국가 소비자들의 소비욕구를 변화시키는 역할도 한다. 보통 기술과 관련된 혁신을 언급할 때 점진적 혁신(incremental innovation)과 급진적 혁신(radical innovation)으로 구분한다. 점진적 혁신이 기존의 제품을 조금씩 기술적 성능을 개선시켜가면서 제품의 기능, 디자인, 사용 편의성 등을 향상시켜가는 것인데 반해 급진적 혁신은 기존에 존재하지 않던 전혀 새로운 제품을 만들어내거나, 기존에 존재했다고 하더라도 기존 제품으로 인지되지 않을 만큼 아주 많은 변화가 있는 경우를 의미한다. 이 중에서 소비자들의 소비욕구를 극적으로 변화시키는 역할은 급진적 혁신이 많은 영향을 미친다. 급진적 혁신을 통해 개발된 제품의 유형을 예로 들면, 전구, 라디오, 텔레비전, 퍼스널 컴퓨터, 휴대폰 등 많은 제품이 있다.[23] 이 제품들이 처음 출시되었을 때는 기존에 보기 힘들었던 제품의 등장으로 활용하는 소비자들이 적은 것이 일반적인데 그 후 제품의 편의성이 소비자들의 구매 욕구를 자극함으로써 제품의 수요가 본격적으로 일어나게 되면 이 제품은 시장에 안착하게 되는 것이다. 이런 변화는 소비자들이 기존에 없던 여러 욕구를 변화시키기도 한다. 예를 들어, 통신기술이 발달되면서 과거에는 방문을 해야만 구매를 할 수 있던 제품들을 온라인으로 구매할 수 있게 되고, 이런 편의성을 경험한 소비자들은 다양한 온라인 제품들을 실패의 확률 없이 구매하고 싶은 욕구가 생기게 된다.

셋째, 기술의 발달과 확산은 국가가 가지고 있던 고유의 문화와 충돌을 유발한다.[24] 기술들 중에는 우리 삶의 근간을 바꾸는 기술들이 있다. 대표적인 예가 현대의 정보통신기술이다. 인터넷과 휴대통신기술, 그리고 태블릿 PC 등 기술의 발전은 여러분이 현재 있는 자리에서도 다른 지역에서는 어떤 일이 일어나고 있는지, 다른 국가의 시장에서 유행하는 제품이 무엇인지, 그 국가는 어떤 사회적 이슈에 관심을 가지는지 등과 관련된 많은 정보를 접할 수 있게 해 준다. 이렇게 정보의 접근이 편해지면 다른 문화를 간접적으로 경험하고 수용할 가능성이 높아지며, 동시에 우리의 전통적 문화의 변화를 유발하게 되는 것이다. 이 변화의 과정에서 기술의 발전에 영향을 많이 받아 문화적 변화를 추구하는 집단과 전통을 지키려는 집단 간 사회적 마찰이 크면 클수록 충돌의 영향은 크다.

추가자료 / 보고서

OECD 국가 정보통신기술수준 평가

제목	OECD 국가 정보통신기술수준 평가지표 14종		
원문제목	Key ICT Indicators		
국가	국제기구	주제분류	핵심R&D분야
생성기관명	경제협력개발기구 기관설명	원문 작성일	2019-07-09
원문가기	원문바로가기		

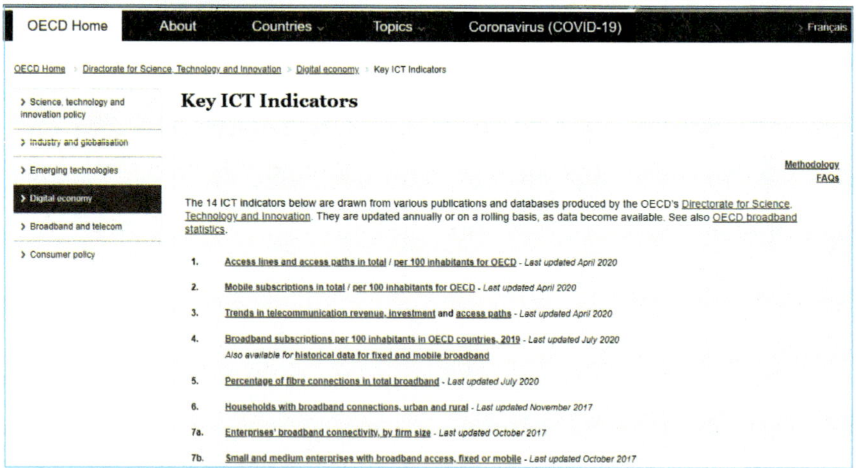
OECD Home | About | Countries | Topics | Coronavirus (COVID-19) | Français

OECD Home › Directorate for Science, Technology and Innovation › Digital economy › Key ICT Indicators

- Science, technology and innovation policy
- Industry and globalisation
- Emerging technologies
- Digital economy
- Broadband and telecom
- Consumer policy

Key ICT Indicators

Methodology
FAQs

The 14 ICT indicators below are drawn from various publications and databases produced by the OECD's Directorate for Science, Technology and Innovation. They are updated annually or on a rolling basis, as data become available. See also OECD broadband statistics.

1. Access lines and access paths in total / per 100 inhabitants for OECD - *Last updated April 2020*
2. Mobile subscriptions in total / per 100 inhabitants for OECD - *Last updated April 2020*
3. Trends in telecommunication revenue, investment and access paths - *Last updated April 2020*
4. Broadband subscriptions per 100 inhabitants in OECD countries, 2019 - *Last updated July 2020*
   Also available for historical data for fixed and mobile broadband
5. Percentage of fibre connections in total broadband - *Last updated July 2020*
6. Households with broadband connections, urban and rural - *Last updated November 2017*

7a. Enterprises' broadband connectivity, by firm size - *Last updated October 2017*

7b. Small and medium enterprises with broadband access, fixed or mobile - *Last updated October 2017*

http://www.oecd.org/sti/ieconomy/
OECD Home 〉 Directorate for Science, Technology and Innovation 〉 Digital economy

2) 사회적 관습

사회적 관습은 그 사회에서 오랜 시간 지켜져 행해지고 있는 행동양식을 의미한다. 이 관습은 제도적 강제성이 있는 것은 아니지만 그 국민들에 의해 일반적으로 지켜지고 있기 때문에 현지 관습에 대한 이해는 중요하다. 사회적 관습은 다양하고 복합적이며 하나의 개념으로 규정하기 어려운 면들이 많다.[25) 이런 이유로 사회적 관습을 우리가 분석할 수 있는 지수로 만들어 이를 연구에 도입하는 경우를 찾아보기는 힘들다. 그러나 국제적으로 활동하는 여러 기업들의 사례를 살펴보면 현지의 사회적 관습이 얼마나 기업 활동과 성과에 영향을 미치는가를 알 수 있다. 특히 국제적으로 활동하고 국제 시장을 대상으로 거래를 하는 경제주체의 경우 자국의 사회적 관습이 다른 나라에서도 당연히 그대로 통용되리라는 기대를 해서는 안 된다.

여러분들은 우리나라를 잘 알고 있으니 우리나라의 특별한 관습 몇 가지를 예로서 들고자 한다. 우리나라에 가장 일반적이면서도 젊은 층에서 조차도 다른 나라와는 차별화되는 관습은 선배·후배를 가르는 서열이다. 이 서열은 혈연, 학연, 지연과 연계되어 우리나라 사회의 대인관계를 형성하는데 중요한 역할을 한다. 이 책의 독자들 중 한국인이라면 자신의 대학 선배에게 대부분은 존댓말을 할 것이다. 이런 현상은 외국에서는 거의 찾아보기 힘든 우리나라만의 독특한 사회적 관습이다. 이는 누가 강제했다기보다는 사회적 통념으로 일반적으로 그렇게 해야 하는 것으로 받아들여지고 있다. 이와 비슷하게 우리나라에서 사람들이 어울리고 어느 정도 친밀감이 형성되면 그 속에서 나이를 따지는 경우가 많다. 그래서 그 안에서 서열이 정해지고 이른바 '형, 아우, 언니, 동생' 등 다양한 호칭이 생겨난다. 이와 같은 사회적 관습에 익숙한 사람이 다른 나라에 가서 그 사회집단에서 이와 같은 행위를 하려고 했다고 생각해보자. 어떤 반응이 올 것인가? 특히 어떤 사회에서건 나이를 쉽게 묻기 어렵다. 그런데 이런 것을 너무 쉽게 묻는다면 분명 상대방의 '사생활을 침해', '인격을 존중하지 않는', 또는 '매너 없는' 것으로 판단될 수 있다.

또 다른 예는 '언제 식사 한 번 같이해!'라는 인사다. 우리나라에서는 그저 예의를 지키기 위한 인사다. 이 말 속에는 '언제 정말 기회가 되면' 그리고 '나와 당신

사이에 같이 식사를 할 의사가 분명히 있다면' 등의 의미가 내포되어 있다. 그래서 우리나라 사람들은 단순한 예의성 인사로 치부하고 기회가 되지 않으면 이 약속을 지키지 않아도 된다고 관습적으로 생각한다. 하지만 식사에 대한 초대는 외국, 특히 서양 문화권에서는 예의성 인사가 절대 아니다. 이는 친밀감을 형성하려는 시도로 이해되기 때문에 결코 가벼운 인사로 받아들여지지 않는다.

이와 같이 우리나라에서 일반적으로 행해지는 관습적 행동들은 다른 사회에서 받아들여지지 않거나, 혹은 상대방을 상당히 당황하게 만들거나 불쾌하게 만들 수 있다. 국제적으로 기업 활동을 하거나 무역을 하는 인력은 이런 세세한 부분에 대해서도 신경을 써야 한다. 만일 이런 부분을 몰랐다고 한다면 이는 국제경영이나 무역을 할 준비가 되어 있지 않다고 해석해야 한다.

3) 사회제도

사회제도란 그 사회에 속한 구성원들의 행동, 신분, 소속 등을 규율하는 것이다. 그 국가는 이런 사회제도를 통해 유지되고 사회의 체계가 형성된다. 이런 사회체계를 형성하는 근간인 가족제도부터 시작하여 사회제도에 대해 체계적으로 접근해 보자.

(1) 가족제도

가족제도는 사회의 가장 기본이 되는 제도로 사회의 조직을 형성해 가는데 있어 1차적 형태의 역할을 한다.[26] 이러한 가족제도도 과거와 현재가 다르고, 경제적 발전이 있는 국가와 뒤처진 국가가 다르다. 현재는 대부분의 국가가 핵가족화되어 있고, 우리나라에서도 이런 현상은 보편적이라 할 수 있다. 하지만 과거 1950-1970년대에는 대가족제도가 우리나라의 일상적 가족제도였으며, 조부모와 부모 그리고 자식들이 한 집에 거주하는 것이 일반적 가족의 형태였다. 하지만 경제적인 발전과 도시화의 진행은 더 이상 대가족제도의 유지를 어렵게 하였고, 이에 따른 변화가 우리나라를 핵가족제도로 바뀌게 하였다. 현재는 결혼도 어렵게 되는 현상이 나타나고 있어 '1인 가족'이라는 용어도 생겨나고 있다.

이런 가족제도의 변화는 기업 활동에 여러 의미를 제공한다. 만일 핵가족이나 1인 가족 제도가 일반화 된 사회에 이런 가족제도에 익숙하지 못한 기업이 진입할 경우 여러 형태의 문제에 직면할 수 있다. 특히 가족제도의 변화는 기업의 제품개발과 마케팅에 많은 영향을 미친다. 핵가족과 1인 가족은 대용량 제품보다는 소용량 제품을 선호하게 만들고, 제품의 크기도 소형을 선호하게 만든다. 또한 제품 구매의 주체도 성별이나 연령별 구별이 감소할 가능성이 높다. 또한 인력 배치나 관리에 있어서도 육아와 관련된 사회적 시스템이 얼마나 갖추어져 있는가에 따라 여성 노동력의 활용 및 생산성이 달라지는 등 여러 면에서의 고려사항이 있다.

(2) 혈연, 지연 그리고 학연 등

가족관계가 혈연의 가장 기초적인 단위라면 여기서 제시하는 혈연은 좀 더 넓은 범위의 친족관계이다. 혈연, 지연, 학연 등이 미치는 영향은 국가에 따라 차이가 있다. 어떤 국가에서는 개인의 행동과 의사결정에 상당히 많은 영향을 미치는 반면 어떤 국가에서는 별 영향을 미치지 않는 경우도 있다. 이 차이는 기업의 조직관리, 경영방식, 마케팅 관리 등 여러 분야에 영향을 미친다. 기업은 사회의 이런 영향이 조직내에서도 통용되도록 허용할 것인지, 아니면 이런 영향이 기업내에 확산되는 것을 바람직스럽지 않게 여겨 이런 영향이 최소화될 수 있도록 할 것인지 의사결정을 해야 한다. 또한 사회에서 어느 정도 영향을 미치는가에 따라 마케팅의 방식이나 접근 경로의 결정이 바뀌기도 한다.[27]

추가자료 / 보고서

세계행복보고서는 유엔 산하 자문기구인 지속가능발전해법네트워크가 매년 발표하는 보고서이다. 세계 각 나라 거주민들의 행복을 정량화하여 행복지수로 표현하고, 이를 통해 정부, 기업 및 시민 사회가 행복에 관한 복지를 평가 및 피드백 할 수 있도록 한다. 각 나라별 1,000명의 사람들에게 자신의 삶의 만족도를 조사한 갤럽의 월드 폴(World Poll)을 바탕으로 구매력 기준 GDP, 기대수명, 사회적 지지, 선택의 자유, 아량, 부정부패 등 6가지 변수를 고려하여 평가한다. 2018년 보고서부터는 이민자들의 행복지수 순위를 별도로 산출하였다.

자료: 위키피디아

| 세계행복보고서 홈페이지 | https://worldhappiness.report

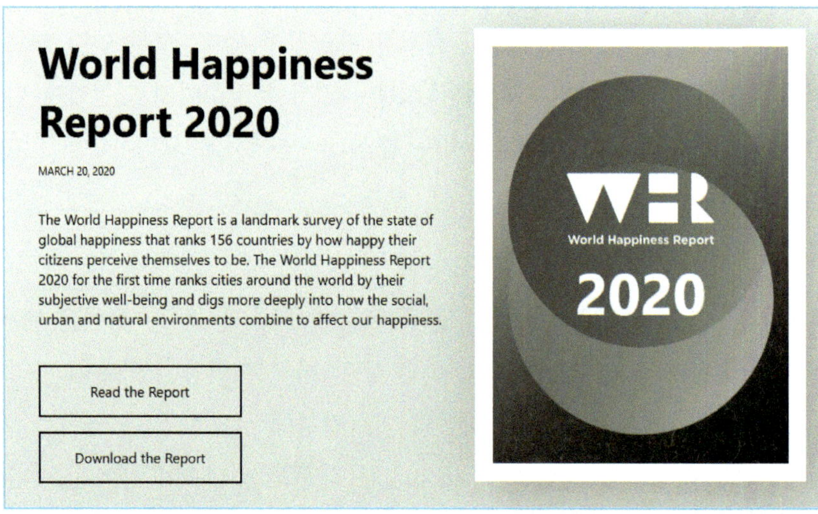

| OECD 더 나은 삶 지수 | http://www.oecdbetterlifeindex.org

예를 들어 혈연, 지연, 학연 등의 관계가 개인의 행동과 의사결정에 많은 영향을 미치는 사회에서 활동하는 기업이 이를 허용하게 되면 조직 내에서도 이런 관계가 형성되게 되어 인사, 노무, 채용, 생산성 등 여러 부문에서 문제가 발생할 수 있다. 그렇다고 이런 사회문화적 요소가 무조건 기업에게 나쁜 영향만을 미치는 것은 아니다. 긍정적인 면에서 본다면 조직이 유대가 강하고, 개개인이 독립된 단위가 아닌 전체 속의 일원으로 움직이게 되어 더 생산성이 높아질 수도 있다. 문제는 기업이 이런 단점과 장점을 잘 파악해야 할 뿐 아니라 어느 정도 조직에서 통용될 수 있도록 허용할 것인가도 중요한 의사결정 요인이 된다는데 있다.

(3) 연령분포

한 국가의 연령분포는 기업에게 아주 중요한 의미를 가진다. 해당 국가가 '고령화 사회인가 아니면 아직 젊은 층이 많은가', '연령대별 분포는 균형적인가 아니면 한 쪽으로 치우쳐 있는가', '성별로 연령대별 분포가 비슷한가 아니면 불균형적인가', '아동 및 청소년층이 인구에서 차지하는 비율은 어느 정도인가' 등 많은 질문들이 연령과 관련하여 제기될 수 있다.

기업이 해외에 진출하는 목적에 따라 연령분포는 영향을 미칠 수 있다. 만일 기업의 진출 목적이 해외생산을 위한 것이라면 젊은 노동력이 풍부한 국가가 선호될 것이다. 반면 제품의 판매를 위한 것이라면 기업이 생산하고 판매하려는 제품이 어떤 연령대에서 소비 혹은 선호되는 제품인가를 파악하여야 한다. 만일 성인 연령대에서 선호되는 제품이라면 연령대가 높은 국가가 우선적으로 고려되어야 한다.

또한 같은 제품이라 하더라도 젊은 소비계층은 효율성이 좋고 다양한 기능이 있는 것을 선호하는 반면 연령대가 높을 경우 사용이 간단하고 다양한 기능보다는 편리한 기능을 선호하는 것이 일반적이다. 따라서 기업이 보유한 제품이 어떤 형태라 하더라도 어느 연령대를 목표로 하는가에 따라 기능, 디자인, 제품의 성분 등이 조절되어야 한다.

(4) 여성의 지위

사회에 따라 여성의 지위는 상당히 다르다. 여성의 지위는 경제적 기회 균등,

사회제도와 전통, 종교 관념, 교육체계 등에 영향을 많이 받는다. 경제적 기회 균등의 의미는 경제 시스템이 여성에게 얼마나 일자리를 제공할 수 있도록 기회가 균등하게 주어지고 있는가이다.[28)]

추가자료 / 보고서

여성 경제 활동 지수(PwC Women in Work Index)

세계적 회계 컨설팅 네트워크인 PwC, OECD 회원국 33개 국가에 대한 여성 경제 활동 지수(Women in Work Index) 연구 발표

- OECD 회원국 내 여성 경제력 꾸준히 개선되고 있어
- 여성 경제 활동 지수 북유럽 국가 강세 여전, 상위 3개국은 아이슬란드, 스웨덴, 노르웨이 순
- 뉴질랜드, 슬로베니아, 덴마크, 룩셈부르크, 핀란드, 폴란드, 스위스, 4위에서 10위 랭크
- 여전히 큰 문제로 지적되고 있는 남녀 간 임금 격차 해소되기 위해 수십 년에서 백 년 이상 걸릴 수도

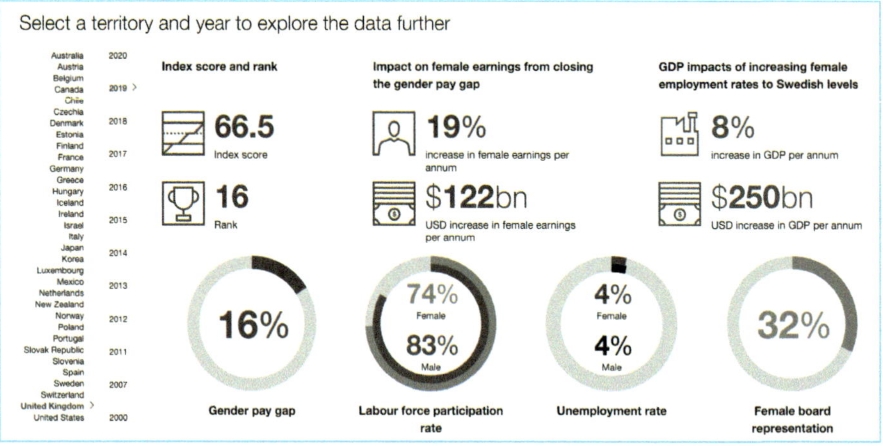

자료: https://www.pwc.co.uk/womeninwork

여성들이 경제적으로 독립할 수 있고 이런 기회가 균등하게 보장될수록 여성의 사회적 지위는 높아지는 경향이 있다. 종교 관념도 여성의 사회적 지위에 영향을 미치는데 일반적인 천주교나 기독교 국가에서는 여성의 사회적 지위 균등이 일반적인 반면 이슬람적인 종교 관념을 가진 국가에서는 아직도 여성의 사회참여와 경제활동이 제한적인 부분이 많다.[29)]

4) 교육체계

한 국가의 교육체계와 교육정도는 기업의 생산성과 성과에 많은 영향을 미친다. 문맹률이 높거나, 초등교육 이하의 교육을 받은 정도가 높은 국가의 경우와 대학교육 이상의 교육을 받은 정도가 높은 국가에 대한 외국기업의 활용도는 달라질 것이다.[30)]

추가자료

List of UN member states by age group and gender disparity

Data published by UNESCO in 2018(last informed rates and year), using the following definitions

- Youth: Percentage of people aged 15 to 24 years who can both read and write with understanding a short simple statement on their everyday life. Generally, 'literacy' also encompasses 'numeracy', the ability to make simple arithmetic calculations
- Adult: Percentage of the population aged 15 years and over who can both read and write with understanding a short simple statement on his/her everyday life. Generally, 'literacy' also encompasses 'numeracy', the ability to make simple arithmetic calculations
- Elderly: Percentage of the population aged 65 years and over who can both read and write with understanding a short simple statement on their

everyday life. Generally, 'literacy' also encompasses 'numeracy', the ability to make simple arithmetic calculations

- Gender Parity Index (GPI): The gender parity index (GPI) of the youth literacy rate is the ratio of the female to male literacy rates of the population aged 15 to 24 years. A GPI value between 0.97 and 1.03 is usually interpreted to indicate gender parity.

		Youth (15 to 24)		Adult (15+)		Elderly (65+)		Youth Gender Parity Index	
	Country	Rate	Year	Rate	Year	Rate	Year	Rate	Year
1	Afghanistan	47.0	2011	31.7	2011	20.3	2011	0.5	2011
2	Albania	99.2	2012	97.2	2012	86.9	2012	1.0	2012
3	Algeria	93.8	2008	75.1	2008	19.5	2008	1.0	2008
4	American Samoa	97.7	1980	97.3	1980	92.7	1980	1.0	1980
5	Andorra								
6	Angola	77.4	2014	66.0	2014	27.0	2014	0.8	2014
7	Anguilla	99.1	1984	95.4	1984	88.0	1984	1.0	1984
8	Antigua and Barbuda			98.9	2015				
9	Argentina	99.5	2016	99.1	2016	97.9	2016	1.0	2016
10	Armenia	99.8	2011	99.7	2011	98.9	2011	1.0	2011
11	Aruba	99.1	2010	96.8	2010	88.9	2010	1.0	2010
12	Australia								
13	Austria								
14	Azerbaijan	99.9	2016	99.8	2016	98.4	2016	1.0	2016
15	Bahamas								
16	Bahrain	97.0	2001	86.5	2001	42.3	2001	1.0	2001
17	Bangladesh	93.3	2018	73.9	2018	40.1	2018	1.03	2018
18	Barbados	99.9	2014	99.6	2014	98.5	2014	1.0	2014
19	Belarus	99.8	2009	99.6	2009	98.6	2009	1.0	2009
20	Belgium								
21	Belize	77.6	1991	70.3	1991	44.8	1991	1.0	1991
22	Benin	52.5	2012	32.9	2012	7.0	2012	0.6	2012
23	Bermuda								
24	Bhutan	87.3	2012	57.0	2012	14.9	2012	0.9	2012
25	Bolivia	99.4	2015	92.5	2015	67.5	2015	1.0	2015
26	Bonaire								
27	Bosnia and Herzegovina	99.7	2013	97.0	2013	86.0	2013	1.0	2013
28	Botswana	97.7	2014	87.7	2014	40.7	2014	1.0	2014
29	Brazil	99.0	2015	92.0	2015	74.3	2015	1.0	2015

자료: https://en.wikipedia.org/wiki/List_of_countries_by_literacy_rate

여러분이 해외에 진출한 우리나라 기업의 책임자라고 가정해보자. 현지국의 교육정도에 따라 현지의 인력 관리, 현지 소비자에 대한 마케팅 등을 어떻게 할 것인지 교육 정도가 높은 국가와 낮은 국가를 대비하여 분석해보자. 교육정도가 낮은 국가에서는 기술적 수준이 높은 작업을 진행하기 곤란할 것이다. 따라서 이 국가에서는 단순 조립이나 가공이 필요한 공정과 작업을 수행하는 것이 적합하다고 판단하게 될 것이다.

반면 교육정도가 높은 국가에서는 좀 더 복잡하고 기술적으로도 난이도가 있는 공정과 작업을 수행하는 것이 적합하다 판단할 가능성이 높다. 소비자에 대해 제품 사용 설명을 함에 있어서도 문맹률이 높은 국가에서는 글로 제품 사용설명을 하는 것보다는 그림으로 하는 것이 효과적이며, 문맹률이 낮은 국가에서는 그림과 글을 적절하게 적용하는 것이 효과적이다.

우리가 살펴본 예는 교육체계 및 교육정도와 관련하여 극히 일부분의 파급효과를 다루었을 뿐이다. 일반적으로 교육을 많이 받은 사람들은 어떤 것이든 이해하는 능력이 높고, 다른 사람들과의 소통도 원활히 잘 진행할 가능성이 높다. 이런 영향은 기업의 성과에도 잠재적으로 영향을 미치게 되며, 성과를 이루어나가는 기업의 전체 경영 과정의 부분 부분에서도 이런 인적자원이 미치는 영향이 클 수 있다.

5) 사회계급

자본주의 사회에서는 자본의 소유 정도에 따라 계급이 나누어진다. 국가는 너무 극단적인 부익부 빈익빈 현상이 발생하지 않도록 조정자의 역할을 해야 한다. 이와 다르게 일부 국가에서는 계급이 존재한다.[31)]

여러분들도 잘 아는 대표적인 국가가 인도이다. 인도는 카스트제도에 의해 브라만, 크샤트리아, 바이샤, 수드라라는 계급구조를 태어날 때부터 가지게 되며, 이 신분구조에 따라 자신들의 행동을 정하게 된다. 최근 들어 이 제도를 폐지하려는 인도 내부에서의 움직임이 있지만 아직까지 뿌리 깊게 인도 사회 전반을 지배하고 있다.[32)]

추가자료 / 기사

KIEP 대외경제정책연구원
인도 모디 2기 정부 출범의 의의와 경제정책 방향

2019년 4월 11일부터 5월 19일까지 진행된 인도의 17대 하원(Lok Sabha) 총선에서 BJP(인도국민당)가 압승을 거두어 나렌드라 모디 총리의 재집권이 확정됨.

- 모디 정권은 급격한 화폐와 조세 개혁정책, 지속된 실업난, 주요 작물가격 폭락 등으로 인하여 집권 후반 지지도가 하락하였으나, 총선 결과 BJP는 총 의석 542석 중 과반(272석)이 넘는 303석을 확보함으로써 2014년 총선에 이어 단독 과반을 차지하였으며, 1980년 창당 이후 역대 총선 중 최대 득표를 기록함.
- 특히 이번 총선에서 BJP는 우타르프라데시(Uttar Pradesh) 등 힌두벨트 지역뿐 아니라, 사회주의 정당 트리나물콩글레스(AITC)가 강세인 '웨스트 벵갈(West Bengal)'에서 총 18석(2014, 2석)을 확보하는 등 좌파 성향, 카스트, 종교 성향을 극복하는 투표 결과를 보임.

이번 인도 총선에서 BJP의 압승은 '인도의 성장과 발전 가능성'을 보여준 모디 총리의 정책적 리더십에 대한 인도 국민의 선택을 의미하여, 종교·카스트 등 과거 정치적 이념이 중시되었던 인도 사회의 변화로 해석됨.

- 모디 총리의 '제조업 클러스터 구축, 4차 산업 장려를 통한 일자리 창출' 등 구체적인 경제정책 공약은 경제 이슈에 민감한 청년들의 표심을 이끌었고, 도농지역 인프라 개선 노력이 인도 국민의 표를 이끌어냄.

2019.06.17, 한형민, 김정곤, 송영철, 김도연
https://www.kiep.go.kr/gallery.es?mid=a10102020000&bid=0003&act=view&list_no=3425&cg_code=

사회계급과 관련하여 다루어져야 할 중요한 내용은 계급 이동의 가능성이다. 이런 이동이 자유롭게 이루어질 수 있는 사회는 상당히 개방적이고 기회가 모두에게 열려 있는 것으로 평가될 수 있다. 반면 이동의 기회가 극히 소수에게만 열려 있고 대체적으로는 폐쇄적이라면 이런 사회는 이동 가능성이 낮다. 이동 가능성에 영향을 미치는 요인은 개인의 능력, 이동 기회의 균등한 부여 정도, 교육의 정도, 경제적 발전 정도 등 여러 요인이 영향을 미친다. 예를 들어, 기회가 균등하게 부여되고, 교육체계가 잘 갖추어져 있으며, 경제적으로 선진화된 국가에서는 개인의 능력만 있으면 사회적 이동의 가능성이 높다.

추가자료 / 보고서

제목	OECD 국가의 세대간 계층 이동 현황 및 시사점
작성자	주OECD대표부
작성일	2010-12-16
첨부1	세대간 계층이동 보고서_구연희.pdf 바로보기

1. 세대간 계층 이동의 중요성 및 이동 요소
   - (중요성) 계층이동이 적은 사회는 인적자본의 낭비 또는 오용을 초래하고, 사람들의 동기 및 노력 감소를 초래하여 결과적으로 생산성 감소로 이어지면서 경제에 부정적 영향을 미침
   - (이동 요소) 계층이동 촉진에 중요한 역할을 하는 것은 교육으로, 부모의 사회경제적 지위가 자녀의 중등 단계 학업성취, 대학 진학 및 임금수준에 영향을 미치는 것으로 나타남

2. 부모의 소득수준과 자녀의 교육·임금과의 관계
   - (교 육) 부모의 소득수준이 높을수록 자녀의 PISA 성적이 높은데, 상관이 큰 국가는 미국, 프랑스, 독일, 뉴질랜드, 영국 등이고, 낮은 국가는

아이슬란드, 핀란드, 노르웨이, 한국, 캐나다, 이태리, 일본 등임
- (임 금) 모든 국가에서 부모의 임금수준이 자식에게 이어지는 세대간 임금의 경직성이 나타났으며, 상관이 높은 국가는 영국, 이태리, 미국, 프랑스이고 낮은 국가는 덴마크, 호주, 노르웨이, 핀란드, 캐나다임

3. 계층간 이동 활성화를 위한 OECD 교육정책 제언
- 계층이동에 있어 교육정책이 중요한 역할을 하며, 교육정책에 사용되는 자원의 양이 아니라 사용방법에 영향을 받음
- 높은 교사의 수준, 유아교육에의 투자, 다양한 배경의 학생들이 혼합 되도록 하는 교육정책, 고등교육 기회확대를 위한 학자금대출제도 등이 이동성을 증진시키는 것으로 나타남

4. 결 론
- 세대간 계층이동은 복잡한 현상으로 교육과 임금만으로 파악하는 것은 한계가 있으나, 이를 통해 이동이 활발한 국가와(한국, 캐나다, 일본 등) 적은 국가(미국, 영국, 프랑스, 독일 등)의 동향파악은 가능함
- 교육에서의 세대이동에 대한 OECD 연구들은 우리나라가 아직까지 세대이동이 높은 국가에 속함을 보여주고 있음

자료: https://overseas.mofa.go.kr/oecd-ko/brd/

6) 물질, 시간, 부, 노동에 대한 태도

구성원들이 물질, 시간, 부, 노동에 대한 태도가 어떤가에 따라 기업 활동의 범주는 상당히 달라지게 된다. 물질, 시간, 부, 그리고 노동에 대한 태도는 많은 경우 연결되어 서로 영향을 주고받는다. 예를 들면 물질에 대한 중요함 혹은 물질을 추구하는 것이 용인되는 정도가 높은 사회일수록 시간의 중요성과 부에 대한 성취가 높고, 노동에 대해서도 생계수단 이상의 의미를 가질 수 있다. 주의할 점은 표면적으로는 물질에 대해 초월적 삶의 태도를 보인다고 하더라도 사회 내면에는 물질에 대한 기본적 욕구가 다르게 표출될 수도 있으므로 이 점도 유의해서

살펴보아야 한다. 보통 물질에 대한 욕구는 어느 사회이건 존재하게 마련이고, 이런 욕구를 자유롭게 표출할 수 있는가 아니면 표출이 제한되어 있는가에 따라 표출되는 정도에 차이가 있게 된다. 표출정도의 차이는 우리가 예상하지 못한 상황에 당면하게 만들 수 있기 때문에 그 이면도 잘 파악하기 위해 노력해야 한다.

앞에서 언급한 바와 같이 일반적으로 물질에 대한 욕구가 큰 사회에서는 부의 축적이 장려되는 문화적 토양을 가진 경우가 많다. 이런 사회에서는 부의 축적을 이룬 사람들에 대해 인생의 성취를 이룬 것으로 평가해 주는 경향이 높다. 따라서 다른 구성원들의 평가에 큰 구애를 받지 않고 자신의 부를 성취하는 행위를 할 수 있는 것이다. 만일 한 사회가 종교적 관념으로 인해 물적 욕구를 충족시키는 것이 상당히 제약되어 있다면, 이 사회에서는 부를 축적하는 것이 개인의 성취로 평가되기는 어려울 것이다.

시간에 대한 태도도 경제적 발전정도 및 부의 축적에 대한 사회의 시각과 많은 연관성을 가지고 있다. 경제발전정도가 높고 부의 축적이 장려되는 사회라면 시간은 상당히 중요한 자원으로 인식된다. 자신의 시간 뿐 아니라 타인과의 약속시간에 대해서도 정확한 시간 지키기, 시간을 효율적으로 활용하기 등이 중요하다. 만일 시간의 가치가 중요한 사회에서 시간을 잘 지키지 않는 기업과 개인은 그 사회에서 받아들여지기 어려울 것이다. 또한 시간의 가치가 높은 사회의 구성원이 시간의 가치가 낮은 지역으로 갔을 경우에도 시간에 대한 관념으로 인한 문제는 발생한다. 자국의 시간관념으로 타국에서 행동할 경우 그 나라의 구성원들에게는 받아들여지기 힘들다. 이런 이해 없이는 해외시장의 진출과 개척이 힘들어질 것은 자명한 사실이다.

7) 변화와 미래에 대한 태도

변화에 대한 사회적 태도와 관념은 사회의 발전과 구성원들의 행동양식에 많은 영향을 미친다. 변화에 대해 적극적이고 수용적인 사회의 경우 소극적인 사회에 비해 사회의 변화가 빠르게 일어난다. 또한 이런 사회에서는 미래에 대해서도 개척적인 성향을 지니게 된다. 그렇기 때문에 어떤 국가이건 변화와 미래에 대해

도전적이길 원한다. 하지만 사회 구성원들의 변화에 대한 저항, 기득권 계층의 저항, 사회구조적 변화의 어려움, 미래에 대한 두려움 등은 변화를 수용하기 어렵게 만드는 요인들이다.33)

변화와 미래에 대한 도전은 어느 사회에서나 과제이며 상당한 갈등과 고통을 유발할 수도 있다. 이 갈등을 얼마나 잘 극복하는 구조가 되어 있고 사회 구성원들의 의지 혹은 태도가 어떤가에 따라 변화가 쉽게 이루어질 수도 있고 그 반대일 수도 있다. 어떤 변화를 추구하게 되면 반드시 그 변화로 인해 이익을 보는 집단이 있는 반면 손해를 보는 집단이 있을 수 있다. 또한 변화를 싫어하며 현재의 상태에 안주하려는 집단이 있는 반면 현재 상황을 극복하기 위해 고통을 감내하는 집단이 공존한다. 이들 집단 간 갈등의 정도도 변화에 대한 수용에 영향을 미치게 된다. 갈등의 정도가 커질수록 변화의 가능성은 줄어드는 것이 일반적이다.

변화와 미래에 대한 태도는 기업 경영에 있어 많은 영향을 미친다. 기업이 혁신을 추구하거나 새로운 기술을 도입해서 생산, 제조, 유통 등 기업 내부 경영과정에서 변화를 추구하려 할 때 이런 태도는 변화를 통한 성과에 많은 영향을 미칠 수 있다. 사회 자체가 변화에 대한 저항이 강할수록 기업 내부적인 변화도 어려울 수 있다.

본 저서에서 제시하고 있는 사회·문화적 환경 요소 외에도 많은 요소가 있으며, 각 분석의 필요에 따라 선택되어 활용될 필요가 있다. 미적 감각, 외국에 대한 일반적 관념, 종교와 사회의 연관성 등 많은 요인들이 이와 관련되어 있음을 알고 잘 활용할 수 있어야 한다.

3. 사회·문화적 환경은 어떻게 분석할까?

사회·문화적 환경은 이미 많은 학자들에 의해 다양하게 정의되고 연구되었다. 이 중에서 본 저서에서는 널리 알려져 활용되고 있는 분석 모형들 중 홀(Hall) 모형과 홉스테드(Hofstede) 모형을 소개하기로 한다. 기업과 관련하여 이 두 모형이 분석모형으로 많이 활용되고 있으며, 특히 홉스테드 모형은 국가 간 지수비교를 할 수 있다는 장점이 있어 많은 연구에서 활용되고 있다.

1) 홀(Hall) 모형

홀(Hall) 모형은 문화를 인간이 의사소통을 위해 어떤 표현과 자신의 사회적 구성원으로서의 지위, 소속 등을 활용하는가에 따라 문화의 차이가 나타난다고 규정한다. 즉, 한 사회의 구성원이 다른 구성원과 소통하기 위해서 기본적으로는 언어, 몸짓, 표정, 동작 등을 통해 소통을 한다. 그 외에 다른 구성원과의 소통에 무엇이 영향을 미칠 것인가? 그 사람의 출신, 사회적 배경, 직업, 경력 등 그 사람의 배경이 영향을 미칠 수 있다. 홀은 이를 배경(context)이라는 단어로 규정하고, 이를 다시 고배경문화(high context culture)와 저배경문화(low context culture)로 구분하고 있다.

고배경문화는 사회적 배경, 출신 지역, 혈족 관계 여부, 학연 등 개인의 배경(context)이 의사소통에 많은 영향을 미치는 사회이다. 반면 저배경문화는 이런 개인의 배경이 거의 영향을 미치지 않는 사회로 정의된다.

그럼 우리나라는 홀 모형에 의하면 어떤 문화일까? 이를 한 마디로 정의하기는 어렵다. 그 이유는 과거에 비해 우리 문화가 변해왔고 또 앞으로도 변화될 것이기 때문이다. 또한 지금 현재도 변화의 과정에 있기 때문에 현재의 상태를 바탕으로 우리의 문화적 상태를 평가하기는 어렵다. 단지 어느 쪽에 더 가깝다는 평가는 할 수 있을 것이다. 이 모델을 활용함에 있어 유의해야 할 것은 이분법적으로 접근해서는 안 된다는 것이다. 즉, 어떤 국가는 고배경문화이고, 어떤 국가는 저배경문화라고 이분법적으로 분류해서는 안 된다는 것이다. 오히려 고배경문화와 저배경문화 중 어떤 문화적 분류에 더 가까운가를 기반으로 문화의 형태를 해석하는 것이 더 정확하고 바람직하다.

(1) 고배경문화

고배경문화는 사회구성원들의 의사소통에 필요한 정보가 개인의 출신 지역, 어떤 성씨를 가지고 있으며, 어떤 학교 출신인가 등 사회적 배경, 개인의 사회적 경력과 직업, 개인이 관계를 맺는 형태 등에 내부화되어 있는 정도가 높은 문화이다. 따라서 개인이 다른 구성원 및 조직과의 의사소통에 있어 많은 말을 하지 않고 자신을 증명해 보이려하지 않더라도 자신이 가진 사회적 배경이 이미 많은 부분을 설명해주고 있는 경우를 의미한다.

홀 모형에서는 몇 가지의 요소 및 차원을 제시하여 고배경문화와 저배경문화를 비교하고 있다.[34] 고배경문화에서는 의사소통이 사회적 배경에 많이 내재화되어 있기 때문에 구성원 간의 의사소통이 명확히 드러나는 문장, 서류, 증서 등의 방식보다는 개인의 책임과 신뢰가 더 중요시된다. 이런 배경을 가진 사회에서는 법률과 변호사의 중요성이 그리 높지 않다. 오히려 개인의 말이 곧 약속으로 간주되며 신뢰를 바탕으로 개인의 말의 중요성이 높다.

어떤 문제가 발생할 경우 책임을 누가 지게 되는가도 문화의 배경에 따라 다르게 나타난다. 그럼 고배경문화에서는 주로 누가 책임지게 될까? 일선 담당자일까? 중간관리자일까? 아니면 최고책임자일까? 물론 일선 담당자로 책임을 어느 정도는 지게 되지만 최고책임자가 주로 많은 책임을 지게 된다.

공간과 관련된 관념에서 개인적 공간의 필요성이 고배경문화에서는 아주 높지는 않다. 이는 혈연, 지연, 학연 등이 배경이 되기 위해서는 이 집단 내에서 강한 유대감이 형성되어야 하고 서로가 서로를 잘 아는 관계가 형성되어야 한다. 이를 위해서는 개인적 공간이 아니라 공동체에 속해 그 속에서 서로를 밀접하게 알아가야 하는 과정이 문화속에 체화되어 있기 때문이다.

시간과 관련된 관념에서 고배경문화에서는 장기적 관점으로 접근하는 경향이 강하다. 이는 배경을 형성하는데 상당한 시간이 소요될 뿐 아니라, 그런 배경을 가진 개인과 관계를 가지고 인간적 신뢰를 형성해가는 데도 시간이 걸리기 때문이다. 많은 경우 경제적 거래는 인간적 신뢰와 관계를 기반으로 이루어지게 되며, 때로는 큰 거래도 관계와 신뢰가 기반이 된 다음에 진행되는 경우가 많다. 따라서 거래 상대방과 거래를 진행하는 과정에서도 관계와 신뢰를 쌓는 과정에 시간이 많이 소요되며, 상대방에 대한 이해가 되고 신뢰가 쌓여야 그 다음 단계로 거래가 진행될 수 있다.

상대방에 대한 이해와 신뢰가 쌓이는 데는 많은 시간이 들지만 일단 신뢰가 쌓이게 되면 다른 많은 일들이 수월하게 진행될 수 있다. 이와 관련해 홀 모형에서 비교의 요소로 제시하고 있는 것이 경쟁입찰의 빈도와 관련된 비교이다. 고배경문화에서는 경쟁입찰의 빈도가 낮다. 이는 기존 배경에 대한 신뢰와 관계를 바탕으로 경쟁입찰보다는 수의계약의 형태를 더 많이 취하는 것이다. 수의계약이란 경쟁을 통하지 않고 아는 관계 간 직접 계약을 하는 형태이다.

(2) 저배경문화

저배경문화(low context culture)는 고배경문화의 대척점에 있는 문화이다. 사회 내에서 의사소통에 사회적 배경이 많이 작용하지 않기 때문에 이에 필요한 다른 수단들이 강구된다. 즉, 개인의 말이 고배경문화에서는 곧 보증의 역할을 했는데 반해 저배경문화에서는 개인의 말은 단순히 표시 정도로 받아들여진다. 따라서 상대의 행위를 신뢰하기 위해서는 서면을 통한 계약, 공증 등이 있어야 신뢰를 얻을 수 있다. 이런 이유로 인하여 저배경문화에서는 법과 변호사의 역할이 상당히 중요하다.

조직에서 어떤 문제가 생겼을 때 책임을 지는 지위도 해당 직무의 담당자가 우선 책임지는 구조이다. 시간에 대해서도 단기적 시각을 가지고 있어, 시간이 매우 중요하고, 개인의 시간은 곧 금전적 가치를 지니는 것으로 여겨진다. 공간의 관념에 있어서도 개인의 공간은 매우 중요하며 타인으로부터 침해 받아서는 안되는 것으로 여겨진다. 이런 영향으로 인해 협상은 신속하게 해결되며, 협상이외의 목적은 형성되지 않는다. 또한 경쟁입찰이 고배경문화에 비해 더 빈번하다.

2) 홉스테드(Hofstede) 모형

홉스테드(Hofstede) 모형은 국제경영, 국제마케팅, 경영전략, 국제관광분야 등의 연구 등 광범위한 연구분야에서 활용되고 있다. 그 이유는 다음의 네 가지 구분을 통해 국가 간 문화적 거리를 지수화하여 표시하였기 때문이다. 따라서 각 분야의 연구자들은 홉스테드가 개발한 지수를 활용하여 연구에 반영할 수 있는 이점이 있기 때문에 많이 활용되고 있다.

홉스테드는 문화의 구분 기준을 다음과 같이 구분한다.[35]

- 개인주의 vs. 집단주의(individualism vs. collectivism)

- 권력의 집중 정도(large or small power distance)
- 불확실성 회피 정도(strong or weak uncertainty avoidance)
- 남성다움 vs 여성다움(masculinity vs feminity)으로 구분하고 있다.

(1) 개인주의와 집단주의

개인이 집단(종족, 조직, 단체 등)에 속해 있으면서 그 집단 내의 유대관계나 집단에서 요구하는 책임을 수용하는 정도를 기준으로 개인주의와 집단주의로 구분한다. 유대관계가 강하고 집단이 요구하는 책임을 수용하는 정도가 높을수록 개인은 자신 개인의 이익보다 집단의 이익을 더 중요시하게 된다. 집단주의적 성향이 강하면 자신이 속한 집단과 다른 집단을 엄격히 구분하며, 자신이 속한 집

| 개인주의와 집단주의의 차이 |

집단주의 성향이 높은 국가	개인주의 성향이 높은 국가
• 개인은 혼자서 활동하기보다는 조직에 참여한다. • 개인은 조직의 단순한 구성원이기보다는 유대관계가 높은 가족이며, 개인과 조직은 이익을 공유하는 관계이다. 따라서 조직은 개인에게 이익과 직무, 그리고 보상 등에 깊이 관여하며 이를 책임진다. • 구성원의 조직에 대한 신뢰는 높으며, 그 조직에 대해 충성과 희생을 바친다. 그 반대급부로 조직은 구성원에게 이익과 보호를 한다. 때로는 보호의 범위가 가족까지 확장되는 경우도 있다. • 집단 내 위계는 상당히 중요하며, 상급자를 하급자가 무시하거나 앞서가면 안 된다. • 급격한 변화보다는 점진적인 변화를 선호하며, 과거의 관행도 중요시된다.	• 개인은 자신의 이익이 없으면 조직에 대한 참여를 하지 않는다. • 개인은 조직과 이익을 공유하는 관계이다. 조직이 개인의 이익과 복지에 어느 정도의 영향을 미치기는 하지만 많은 것을 책임지지는 않는다. • 구성원의 조직에 대한 신뢰는 높지 않은 편이며, 따라서 조직에 대한 충성과 희생을 많이 기대할 수 없다. • 집단 내 위계보다는 개인의 능력이 중요하며, 능력이 높을 경우 위계를 뛰어넘을 수 있다. • 개인은 능력을 발휘하기 위해 지속적인 혁신과 변화를 추구하게 되며, 조직도 이런 성향을 가진다. 또한 장기적 이익을 추구하기보다는 단기적 이익을 추구한다.

자료: Hofstede, G., *Culture's Consequences, International difference in Work Related Values*, Bevery Hills Sage, 1980, pp.238-239.

단 공동체를 위해 자신의 이익을 희생하는 정도가 높다. 또한 집단은 개인의 충성에 대한 반대급부로 자신의 조직에 속한 개인에게 이익 뿐 아니라 안전을 보장하는 혜택을 부여한다.

반면 개인주의적 성향이 높은 사회는 개인의 이익이 중요하며, 집단의 이익은 자신의 이익이 관여되지 않는 한 관심을 많이 가지지 않게 된다. 조직생활에 있어서도 조직과 개인은 이익을 공유하는 관계로 여기며, 조직도 개인에게 기본적 보장 외에 추가적으로 조직차원에서 보장해 주는 것은 없다.

따라서 조직 구성원들은 조직에 충성하기 보다는 자신의 발전이 중요하며, 조직의 운영도 이런 바탕에서 이루어진다. 개인의 발전이 중요시되면서 조직 내에서는 능력주의적 성향이 높아지는 경향을 띠게 되어 능력이 있으면 얼마든지 상급자보다 더 빠른 진급을 할 수 있다.

(2) 권력의 집중 정도(large or small power distance)

권력의 집중 정도가 높은 사회는 권력의 중심부에서 모든 사항을 통제하고, 이러한 권력이 많은 사람들에게 나누어지는 구조가 아니라 소수에 집중되게 된다. 이렇게 소수에게 권력이 집중되면 권력을 가진 자들과 가지지 못한 자들 간 권력의 간격이 커지게 된다. 반면 권력의 집중 정도가 낮은 사회는 권력이 여러 집단 및 계층으로 분산되어 있어 한 계층이나 한 조직이 권력을 장악하고 통제할 수 없다. 이런 사회는 권력에 대한 견제와 균형이 중요시되고 계층이나 조직 간 권력의 간격은 작아지게 된다.

권력 집중 정도를 측정하는 방법은 권력의 집중에 대해 사회 구성원들이 어떻게 반응하고 이를 수용하는가를 평가하는 것이다. 이 평가를 위해서는 여러 조사방식이 활용되는데 가장 기본적 조사 방식은 사회구성원들을 대상으로 설문을 통해 질문을 하는 방식이다. 이 외에도 여러 조사의 방식이 복합적으로 활용될 수 있다. 조사의 결과 수용의 정도가 높은 것으로 나타나면 그 사회는 권력 집중을 인정하는 경향이 높은 사회인 것이고, 수용의 정도가 낮다면 권력의 집중에 거부감을 가진 사회로 판단될 수 있다.

(3) 불확실성 회피 정도(strong or weak uncertainty avoidance)

불확실성이란 미래에 발생할지 혹은 하지 않을지 모르는 사건이 발생할 가능성과 그 영향의 정도를 포함하는 개념이라 할 수 있다. 불확실성이 크다는 것은 발생의 가능성을 확인하기 어렵고 동시에 발생하게 되면 영향의 정도가 클 경우이다. 또한 불확실성의 회피란 사회에서 구성원 및 집단이 불확실성에 대한 인지를 어떤 방식으로 하며, 불확실성으로 인해 발생하는 위험을 어떤 수단들을 활용해 해결하는가와 관련되어 있다. 이 과정에서 중요한 시사점은 사회에 따라 불확실성에 대처하는 방식들이 다르다는 것이다. 어떤 사회는 불확실성을 적극적으로 수용하고 활용하려 하지만 어떤 사회는 불확실성을 적극적으로 회피하고 제거하려는 사회적 행동을 보인다.

불확실성 회피를 위해 사회적으로는 어떤 대처를 할 수 있는가? 가장 대표적인 것은 법률과 제도이다. 법체계가 잘 짜여져 있고 세밀한 부분까지 법률 혹은 제도적 규정을 통해 불확실한 사건의 발생에 대비하는 사회는 불확실성 회피 정도가 높은 사회이다. 반면 법률이나 제도에 대한 의존이 적고 규범과 관습에 더 많은 의존을 하는 사회는 불확실성 회피 정도가 낮은 사회로 평가된다.

불확실성 회피 정도가 높은 사회에서 설립된 기업들은 이런 사회적 성향이 기업 조직 형성과 운영에도 영향을 미친다. 그래서 조직 구성원들의 업무영역은 정확히 규정되는 경향이 있으며, 직무에 대한 전문성은 높은 편이다. 또한 규정에 의해 직무를 분류하는 관계로 경영조직과 직무는 표준화 정도가 높은 편이다. 반면 불확실성에 대한 회피 정도가 약한 사회의 경우 기업 조직 내 개인의 업무영역 구분이 명확하지 않은 경우가 많으며 그 결과 직무에 대한 전문성이 낮은 편이다. 또한 경영조직도 표준화의 정도가 낮아 다양한 형태의 조직체계가 존재하게 된다.

(4) 남성다움 vs. 여성다움(masculinity vs. feminity)

남성다움과 여성다움의 판별은 그 사회가 남성·여성에 따라 주어지는 권위, 사회적 참여, 사회에서의 역할, 사회적 지위 등에 의해 이루어진다. 역사적으로 모든 사회는 남성우월적 사회구조였으며, 환경의 변화와 경제의 발전, 사회적 가치의 변화 등으로 인해 여성 권리의 신장이 있게 되었다. 하지만 여성 권리의 신장은 일률적으로 이루어진 것이 아니라 사회가 처한 여건에 따라 각각 그 정도가 다르다. 남성다움이 강한 사회에서는 성별에 따른 역할의 구분이 이루어지는 경향이 강하다. 남성들이 주로 사회활동을 하며, 여성들은 사회활동이 상당히 제약되고 능력을 제대로 인정받지 못하는 경우가 많다.

이런 성향이 강하다보니 남성들의 사회적 출세와 관련된 욕구가 강하며 직무에 대해서도 경쟁적이고 도전적인 성향을 가지는 경우가 많다. 또한 전문직에서 여성의 비율이 낮다. 반면 여성다운 정도가 높은 사회는 여성의 사회진출이 비교적 자유롭고 따라서 전문직에서 여성이 차지하는 비중이 높다. 또한 경쟁적이고 도전적인 남성주의 정도가 높은 사회와 달리 화합을 중시하는 경향이 있다.

CHAPTER 6 제도는 시장에 어떤 영향을 미칠까?

1. 제도적 환경이란 무엇인가?

1) 제도적 환경의 개념

사회·문화적 환경이 역사적 전통과 관습에 의해 자연스럽게 그 사회의 질서를 규율하는 것이라면, 제도적 환경은 명문적으로 규정되어 있는 제도를 기반으로 강제성을 가진다는 점에 큰 차이가 있다. 제도는 국가와 사회를 유지하는 기본 틀이면서 동시에 그 안에서 활동하는 모든 주체들의 활동양식을 통제하는 역할도 한다.[36] 개인 혹은 기업이 다른 국가의 시장에서 활동을 한다면 이들은 현지국의 제도적 환경에 노출될 가능성이 높다. 단순 수출만 한다고 하더라도 뒤에서 제시되는 관세, 관세와 관련된 법률, 현지국의 통관 등 여러 제도적 요인들과 직접적 관련성을 가진다. 더 나아가 수입한 수입자가 현지국의 제도적 요인으로 인해 상품 혹은 서비스의 배포에 영향을 받는다면 (긍정적이건 부정적이건) 이 영향은 수출자에게 간접적으로 영향을 미칠 수 있다.

제도적 환경은 규정을 통해 일률적으로 적용되며, 강제성이 있고, 변화가 어렵다는 특징이 있다. 우선 규정을 통해 일률적으로 적용된다는 의미는 규정이 명문화되어 있으며, 어떤 이해관계자이건 이 규정에 의해 행위의 통제를 받는다는 것이다. 이는 모든 이해관계자에게 공평하면서도 동일하게 적용된다는 것을 의미한다. 즉, 어떤 이해당사자에게는 규정을 엄격하게 적용하고 어떤 이해당사자에게는 규정을 적용함에 예외를 둔다면 적합한 이유가 있지 않은 한 공평하면서도 동일한 규정의 적용이 이루어졌다고 하기 힘들 것이다.

다음으로 제도는 강제성이 있다는 점을 살펴보자. 여러분에게 법, 제도, 규정이 주는 단어의 느낌을 묻는다면 여러분은 어떤 것들을 연상하게 되는가? 여러 생각들을 이야기할 수 있겠지만 딱딱함이나 엄격함도 생각 속에 포함되어 있을 가능성이 높다. 왜 법, 제도, 규정을 연상해 보면 이런 생각이 날까? 이는 위반했을 경우 받게 되는 강제적인 불이익을 떠올리기 때문일 것이다. 예를 들면 무역을 하면서 관세를 제대로 납부하지 않았을 경우 관세포탈로 관세법을 위반하게 되며, 관세법을 지키지 않았기 때문에 추징금을 납부하게 되는 불이익을 당해 금전적 손해를 볼 수 있다. 이런 강제성으로 인해 제도나 규정은 지켜져야 하며, 이를 위배했을 경우 경제적 불이익뿐 아니라 법적 책임도 져야 하는 것으로 인지된다.

마지막으로 변화가 쉽지 않다는 것은 한 번 정착된 법, 제도, 규정 등은 웬만한 환경의 변화나 충격이 없이는 변화가 어려움을 의미한다. 이는 법, 제도, 규정의 안정성 측면에서도 중요한데, 변화가 적어야 이를 믿고 행동한 이해당사자의 이익이 보호될 수 있기 때문이다. 만일 제도의 변화가 많이 일어난다면 이해당사자들은 변화의 방향을 예측하기 어려워져서 거래와 행동에 상당한 제약이 따르게 될 것이다.

2) 제도적 환경과 여타 환경과의 관계

제도적 환경은 그 자체로서도 의미가 있지만 다른 환경과 교류작용을 하면서 그 환경이 구체화될 수 있도록 한다. 예를 들어 생산자들이 자신이 생산한 제품에 대해 책임을 지지 않을 경우 소비자에게 피해가 발생할 수 있다. 이와 같은 경제적 환경에 포함되는 거래관계에 대해 이해관계자들 간 충돌을 제도로 규정할 필요가 있다. 이 때 제도가 개입되게 되는 것이다. 우리나라의 경우 제도적으로는 '소비자보호법'이 있고 이를 뒷받침하기 위해 '한국소비자원'을 설립하여 소비자들의 권리를 보호하고 있다.

이 외에도 시장질서 유지를 위해 독점금지법, 산업재산권 등과 관련된 법률을 제정하여 경제적 환경의 안정성을 지켜주고 있다. 이와 관련된 내용은 다음에 제시될 고려해야 하는 제도적 환경에 대해 논의할 때 자세히 살펴보기로 하자.

제도적 환경은 경제적 환경 뿐 아니라 사회·문화적 환경, 정치적 환경, 기타 환경(기술 등)과 밀접한 연관성을 가지고 있다. 사회·문화적 환경의 상당 부분은 관습과 생활양식을 통해 형성된다. 하지만 오래된 미신적인 폐습, 현대 사회에 맞지 않는 신분제도, 과거의 관습 중 현대의 가치관에 맞지 않는 행동양식 등은 제도화를 통해 통제하게 된다. 또한 정치적 환경에 있어서도 여러 제도적 개입이 있게 되며, 이를 통해 정치질서가 유지되게 된다.

2. 현지 진출 시 어떤 제도적 환경이 중요할까?

한 개별 기업이 수출, 해외직접투자 혹은 다른 형태를 통해 다른 나라에 진출할 때 그 나라의 제도적 환경을 잘 파악해야 한다는 것은 모두가 잘 알고 있으며, 공감할 것이다. 하지만 어떤 제도적 환경을 잘 파악해야 하고, 이에 대해 어떻게 대응해야 할 것인가는 또 다른 문제가 된다.

1) 수출·입 관련 법률

수출·입과 관련된 현지국 및 본국의 제도는 때로는 기업의 지속적 활동과 이익 창출에 결정적 영향을 미친다. 이와 관련된 제도는 수출과 수입만 하는 기업 뿐 아니라 현지 투자를 한 기업도 자신이 필요로 하는 부품이나 원자재, 그리고 완성재를 이동시키기 위해서 반드시 알아야 한다. 우리나라에서는 대외무역법, 관세법, 외국환관리법 등의 규정을 통해 수출·입 관리가 이루어지도록 하고 있다. 우리나라 대외무역법은 물품의 이동과 대금결제를 총괄하는 수출 및 수입 관련 기본질서를 관리할 목적으로 제정되었다. 따라서 이 법률 내에는 일반적 수출 및 수입 신고와 관련된 제도, 관세환급제도, 전략물자 관리제도, 원산지 관련 제도 등 무역거래와 관련된 여러 제도들이 포함되어 있다. 관세법은 물품의 이동, 물품에 대한 세금 징수, 반출 및 반입 금지 물품에 대한 통제, 통관 관련 절차 등에 대해 규정하고 있다. 따라서 세관에서 통제하는 대부분의 행위는 관세법에 근거하여 이루어진다. 외국환거래법은 수출·입 과정에서 거래되는 금전의 흐름을 관리하는 제도이다. 외국과의 거래에서 필연적으로 다른 나라 화폐의 개입이 있게 되며, 외환과 관련된 정부의 통제를 받게 된다. 그 이유는 거래를 통해 발생한 이익이 제대로 신고되지 않고 해외로 유출되는 행위를 통제하기 위한 것이다. 이상에서 제시된 내용들 중 대외무역법에 포함된 관세환급제도와 원산지증명제도에 대해 조금 더 상세히 살펴보도록 하자.

(1) 관세환급제도(drawback)

관세환급제도는 외국의 원재료를 이용하여 수출물품을 제조하는 국내 기업들이 관세의 편의를 제공 받도록 하기 위해 시행하는 제도이다. 즉, 수출을 하기 위한 제품을 만드는 기업들이 제품 생산에 필요한 원재료나 반제품을 해외에서 들여와 제품을 생산한 후 다시 수출하게 될 경우 기업이 수입 시 납부한 관세를 다시 환급해 주는 제도이다. 여기서 이 제도를 소개하는 것은 이 제도가 우리나라에서만 시행되는 것이 아니라 수출 촉진을 위한 제도로서 다른 많은 국가들에서 시행되고 있기 때문이다.

① 관세환급과 관련된 WTO 규정

관세환급과 관련하여 WTO의 보조금 규정이나, 수출입과 관련된 세부적인 문제를 다루고 있는 KYOTO 협약(KYOTO Convention)에서도 인정하고 있다. 우리나라에서도 "관세환급을 신청할 수 있는 자가 환급대상 수입물품(원자재)을 이용하여 제조·가공한 생산품을 수출하고 이 날부터 2년 이내에 환급을 신청하여야 한다고 그 기간을 명시하고 있다.

또한 환급금을 산출하는 방법에 대해서도 환급특례법에서 개별환급 및 정액환급에 대해 자세한 규정을 두고 있다. 관세환급과 관련하여 살펴보아야 할 핵심적인 내용은 수입하여 제품의 생산에 투입된 물품이 관세환급의 대상이 되는 '수출용 원재료'인지 여부를 밝히는 것이다.

② WTO 보조금 관련 규정

WTO 보조금 관련 규정에서는 수출용 원재료를 수출품 제조에 "소비(consumed)" 되는 원재료로 규정하고 있다. 이 규정은 수출품의 제조에 '물리적으로 체화되는 (physically incorporated)' 것을 포함하는 규정이다. 즉, 생산 과정에서 눈으로 확인할 수 있는 물리적인 체화 뿐 아니라 소비되는 경우에도 제품의 생산과정에 투입되었고 그 투입량을 입증할 수 있으면 관세환급의 대상이 되는 것으로 규정하고 있다. 또한 WTO의「보조금 및 상계조치에 관한 협정」부속서Ⅱ『생산과정의 투입물 소비에 관한 지침』을 보면 '생산과정에서 소비된 투입물은 물리적으로 체화된 투입물, 생산과정에서 사용된 에너지, 연료 및 유류 그리고 수출물품을 획득하기 위하여 이들을 사용하는 과정에서 소비된 촉매제'라고 규정하여 소비의 범위를 구체화하고 있다. 다만 환급은 관세상의 혜택을 초과하여 보조금의 성격을 가지지 않는 한 정부의 수출촉진정책으로 활용할 수 있으며, 관세상의 혜택을 초과해서는 안 되는 것으로 규정하고 있다. 이외에 더 상세한 내용은 통상관련 법률서를 통해 배우기 바란다.

(2) 원산지제도(Rule of Origin)

① 현대 경제에서 원산지제도가 중요한 이유

WTO 체제의 형성 이후 각 국가는 자신들이 유리한 무역 환경을 만들기 위해 다른 국가들과 양자 간 자유무역협정(Free Trade Agreement : FTA)를 경쟁적으로 체결하였다. FTA 협정 체결 국가 간 무역에서 관세와 통관절차 등 여러 혜택을 배타적으로 부여하게 된다. 여기서 배타적이란 협정체결 국가에만 적용되고 비체결 국가에는 적용되지 않는다는 것을 의미한다. 이 이유로 인해 FTA 협정의 실행에 있어 가장 중점적인 사안은 원산지제도와 연관되어 있다. 협정 체결국 간 거래되는 제품이 실질적으로는 그 국가 내에서 생산된 것이 아니라면 FTA 협정이 제공하는 배타적 혜택의 대상이 될 수 없다. 예를 들어 설명해 보자. 한국과 중국이 자유무역협정을 체결하고 상당수의 품목에 대해 무관세로 거래하기로 결정하였다. 이 때 무관세로 거래하기로 결정된 제품 중 하나가 일본에서 생산되고 이것이 한국으로 수입되어 한국 기업의 상표를 부착하고 중국으로 수출된다면 중국이 이 제품에 대해 FTA의 배타적 혜택을 부여할 의무가 있을까? 답은 물론 '없다'이다. 이유는 이 제품이 일본에서 생산된 것이지 한국에서 생산된 것이 아니기 때문이다. 즉, 원산지가 일본이기 때문에 FTA 협정 대상 품목에 포함될 수 없다는 것이다.

특히 글로벌화의 진전과 다국적기업들의 활동이 전세계적으로 일어나고 있는 현재의 국제경제질서에서는 글로벌가치사슬(Global Value Chain : GVC)의 중요성도 부각되고 있다. 글로벌가치사슬은 기업의 제품 품질과 가격 경쟁력을 갖추기 위해 가장 최적의 입지에 생산공정을 설치하며, 이 공정이 전세계적으로 펼쳐져 있는 경우 글로벌가치사슬 체계를 갖추게 되는 것이다. 문제는 원산지를 증명하는데 있어 글로벌가치사슬은 상당히 애매한 상황을 만들 수 있다는 것이다. 이와 관련해서는 원산지 판정기준을 간략히 소개하면서 동시에 설명하는 것이 이해가 빠를 것이다.

② 원산지 판정기준 소개

원산지 판정기준은 완전생산기준과 실질적 변형기준으로 구분되며, 실질적 변형기준은 다시 세번변경기준, 부가가치기준, 특정가공공정기준으로 세분화되어 원산지 판정에 적용된다.

- 완전생산기준

완전생산기준은 수출당사국의 영역에서 완전생산된 것에 적용한다. 주로 농수산물, 광물, 폐기물 등 기초원재료부터 생산된 물품이 해당된다.[37]

이런 제품에 대해 완전생산기준을 적용하는 이유는 이 제품들이 원산지가 달라지는 것이 오히려 제품의 신뢰성을 떨어뜨릴 가능성이 높고, 무역거래상 바람직하지 않은 것으로 보기 때문이다.

- 실질적 변형기준

물품이 2개국 이상에서 생산되는 경우 원산지를 판정하기 어려워진다. 그 이유는 어느 국가를 원산지로 인정해야 할 것인가를 판별하는 것이 쉽지 않기 때문이다. 이 경우 가장 일반적으로 활용되는 판정방법이 실질적 변형기준이다. 원산지는 물품의 실질적 변형이 일어나는 공정을 수행한 국가로 하는 것이다. 중요한 것은 무엇이 실질적 변형인가이다. 이에 대해서는 물품의 특성과 정책적 목적에 따라 기준이 모호해질 가능성이 높다. 따라서 일반적으로는 세번변경기준을 일반적 적용원칙으로 하고 부가가치기준과 특정가공공정기준을 보완적으로 적용하여 실질적 변형여부를 판단한다.

세번변경기준은 수입되는 제품과 생산과정을 거쳐 완성되는 제품의 세번을 비교하여 일정 단위 이상의 변화가 일어날 경우 이를 제품의 실질적 변형이 일어난 것으로 인정하여 원산지를 인정하는 방식이다. 현행 대외무역법은 HS 6단위 변경이 발생한 경우 실질적 변형의 기준이 될 세번변경이 일어난 것으로 인정하고 있다. 하지만 단순가공 활동에 의해서도 세번변경이 일어날 수 있는데, 이 경우에는 실질적 변형이 일어난 것으로 간주하지 않는다. 즉, 원산지로서 인정받지 못한다.[38)]

HS Code(Harmonized System code ; Harmonized Commodity Description and Coding System)는 대외 무역거래에서 거래 상품의 종류를 숫자 코드로 분류해 놓은 것으로, 1988년 국제협약에 의해 제정되었다. 기본적으로 6자리로 구성되며 대한민국에서는 세부 분류를 위해 4자리를 추가해서 사용하는 HSK를 사용하고 있다.

(HS Code는 국제적으로 6자리로 구성되며 대한민국에서 사용하는 HSK Code는 4자리가 추가된다. - 중복 생략) 6자리는 국제공통이며 어느 나라에 가도 동일하다. 6자리는 다시 2자리마다 각각 류(chapter), 호(heading), 소호(subheading)로 나뉜다. 예를 들어, 소고기 중 갈비의 HSK Code는 '0201.20.1000'이며, 이 중 '0201'은 소고기(신선육)를 나타내는 HS Code 2류 01호에 해당하며, 뒷자리 4자리는 세부 품목마다 달라진다.

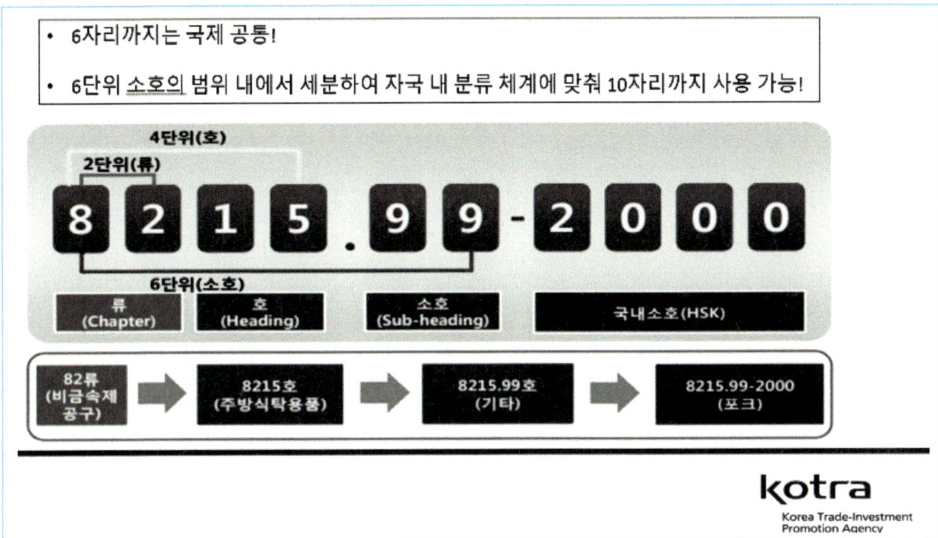

자료: KOTRA 해외시장뉴스▷첸나이무역관 자료 https://news.kotra.or.kr

한국(2021년)

품목번호			품명(2021년)
8215	99		기타
8215	99	1000	스푼
8215	99	2000	포크
8215	99	3000	국자와 스키머(skimmer)
8215	99	4000	생선용 칼과 버터용 칼
8215	99	5000	각종 집게
8215	99	9000	기타

유럽연합

품목번호			품명(2021년)
8215	99		- - 기타
8215	99	10	- - - 스테인리스강의 것
8215	99	90	- - - 기타

미국

품목번호			품명(2021년)
8215	99		기타 :
			포크 :
			손잡이 부분이 스테인레스강으로 된 것 :
			손잡이 부분이 니켈을 포함하거나 망간을 전중량의 10 퍼센트로 포함하는 것 :
8215	99	0100	각각이 25¢ 이하로 평가된 것, 총길이가 25.9 cm 이하인 것

자료: https://unipass.customs.go.kr/clip/index.do

부가가치기준은 제품의 전체 가치 중에서 어느 국가에서 가장 높은 부가가치를 창출했는가를 기준으로 실질적 변형이 일어난 것으로 판단하는 것이다. 하지만 이 방식은 정확한 부가가치의 산정이 어려울 뿐 아니라 자의성이 개입될 여지가 많으며, 무역거래 당사자들에게 추가적인 서류작업을 부가하여 오히려 부담이 될 수 있기 때문에 불가피할 경우 활용한다.

• 특정가공공정기준

특정가공공정기준은 제품의 생산에 있어 아주 중요한 것으로 인정되거나 그 제품의 특성이 발현되도록 제조·가공작업을 시행한 국가를 원산지로 인정하는 것이다.

2) 조세 및 회계제도

해외 기업들과 무역거래가 일어날 때 단순 수출이 있을 경우에는 현지국의 조세 및 회계제도에 큰 영향을 받지 않는다. 하지만 현지국에 어떤 형태로든 직접 진출이 이루어진다면 현지국의 조세 및 회계제도에 대해 충분한 이해가 있어야 한다. 규모가 큰 기업의 경우 이와 관련된 선행적인 경험과 지식의 축적을 통해 충분한 대비를 할 수 있지만, 규모가 작고 해외경험이 별로 없는 기업의 경우에는 이와 관련된 대비에 미흡할 수 있다. 조세 및 회계제도와 관련해서는 다음 몇 가지 정도의 고려 사항에 유념하여야 할 것이다.

첫째, 국가별로 조세 및 회계제도가 달라질 수 있다는 점이다. 같은 문화권이고 인접한 국가라 하더라도 경제체제의 형성, 정책의 변화과정, 경제발전의 방향 등이 차이가 있을 수 있고, 이 차이는 조세 및 회계제도에도 반영될 수 있다. 따라서 당연히 어떤 체계를 따르고 있으리라는 예상은 금물이다.

둘째, 조세와 회계제도를 위반할 경우는 현지국의 법률을 위반한 것이다. 이는 기업의 운영안정성에 부정적인 영향을 주게 된다. 현지국의 관리 기관은 법률을 위반한 기업에 대해 지속적 관리를 시행할 가능성이 높으며 그 대상이 된 기업은 안정적 운영에 많은 제약을 받게 된다. 즉, 조세 및 회계와 관련되어 보고해야 할 많은 서류의 준비, 입증자료 등 위반하지 않았다면 발생하지 않았을 시간과 비용의 손실이 발생하게 된다.

셋째, 조세와 회계제도를 준수하는 것은 기업의 신뢰성과도 관계가 높다. '회계부정'이란 용어가 우리에게 주는 이미지는 기업의 가치를 불법적인 방법으로 과대포장하거나 이익을 숨겨 축소하는 등 신뢰할 수 없는 기업이라는 것이다. 또한 회계부정은 기업의 시장가치에 영향을 주기 때문에 기업과 관련된 이해관계자들의 이익에 영향을 줄 수 있다. 이 때 부정적 영향을 받는 이해관계자들의 기업에 대한 신뢰를 떨어뜨릴 가능성이 크다.

3) 인력 관리 관련 제도

여러분이 현지에 진출해서 인력을 채용해 운영한다고 가정해 보자. 그러면 여러분은 인력 관리와 관련해 어떤 제도들을 조사해야 할까? 제일 먼저 떠오르는 것은 노동법일 것이다. 노동법은 광범위한 규정이며, 담고 있는 내용이 많다. 근로기준법, 최저임금법, 노동조합 및 노동관계조정법, 근로복지기본법, 고용보험법, 산업재해보상법, 산업안전보건법, 외국인 근로자의 고용 등에 관한 법률 등 우리나라의 법률체계 내에서도 우리가 잘 모르는 법률들이 많다. 이렇듯 외국에 진출했을 때 현지 노동과 관련된 법률체계를 잘 이해하지 못하면 기업이 예상한 것보다 더 큰 난관에 부딪힐 수 있다. 특히 현지에서 저렴한 노동력을 활용하기 위해 진출하는 경우 이 국가의 노동과 관련된 제도 전반을 이해하지 못한 채 진출하는 것은 위험하다. 때로는 제도적 요인으로 인해 예상했던 비용보다 더 큰 비용을 지불해야 하거나 손실을 볼 수도 있다.

2021 KLI 노동통계

- 2021 KLI 노동통계 - 1.주요경제지표
- 2021 KLI 노동통계 - 2.인구 및 고용
- 2021 KLI 노동통계 - 3.임금 및 노동생산성
- 2021 KLI 노동통계 - 4.근로자생활
- 2021 KLI 노동통계 - 5.노사관계

자료: 한국노동연구원 https://www.kli.re.kr

노동 관련 규정은 차후 기업이 시장에서 철수하고자 할 때 철수장벽으로도 작용할 수 있다. 기업이 현지 경영이 어려워 철수를 고려하고 있을 때 채용 노동자의 동의를 얻어야만 현지에 투입된 자산을 회수할 수 있다면 철수가 상당히 어려워진다. 특히 노동자들의 권리가 강하게 보호되고 있는 국가일수록 노동 관련 규정에서 철수장벽이 높게 존재할 가능성이 높다.

4) 유통 관련 제도

제품의 가치, 품질, 소비자의 호응, 수요 등과는 별개로 유통은 제품이 소비자에게 전달되는 통로이기 때문에 중요하다. 비록 전자적으로 송·수신될 수 있는 제품소프트웨어 프로그램, 전자책 등)은 이런 유통경로에 영향을 적게 받지만 아직까지 많은 유형의 제품들은 유통경로의 영향을 받고 있다. 유통과 관련하여 제도적인 개입이 많으면 그만큼 제약을 많이 받게 되고 기업 활동 및 이익에 영향을 미치게 된다. 예를 들어 의사와 약사의 처방을 받아야 하는 약품이 아니지만 일반적으로 소비자들에 의해 약품이나 이와 유사한 제품으로 인식되는 제품의 경우 유통경로가 어떻게 설정되는가는 중요하다. 만일 이 제품이 약품과 같은 유통경로만을 활용할 수 있도록 제한된다면 소비자들이 이 제품에 접근할 수 있는 가능성이 낮아지게 되어 제품의 매출에 부정적인 영향을 주게 된다.

이런 유통경로를 결정하는 제도적 규제가 우리나라에 없다 하더라도 진출하려는 현지국에는 있을 가능성도 배제할 수 없다. 따라서 제품 유통을 원하는 기업의 경우 현지국의 유통경로 및 이와 관련된 제도도 면밀히 검토하여야 한다.

5) 지식재산권(intellectual property) 관련 제도

일반적으로 선진국일수록 지식재산권 보호의 수준이 높을 뿐 아니라 그 가치도 높은 경향이 있다. 반면 후진국으로 갈수록 보호 수준이 낮아진다. 지식재산권은 중요성이 점점 더 커지는 재산권으로서 기술을 기반으로 하는 기업들에게는 꼭 필요하다. 어떤 국가와 거래를 할 때 그 국가에서 지식재산이 제대로 지켜지지 않는다면 이들이 보유한 기술이 유출될 가능성이 높아지기 때문에 거래에 응하지 않거나 보류하게 된다. 우리나라 기업들도 과거에 비해 많은 기술력을 보유하게 되었으며, 이를 보호하기 위해서 많은 비용을 들이고 있다.

기업이 관심을 가지는 지식재산권은 산업재산권(industrial property)과 신지식재산권(new intellectual property)이다. 산업재산권에는 특허권, 의장권, 실용신안권, 상표권 등이 포함되어 있으며, 이 중에서 특허권이 경제적 가치가 있는 지식을 보호하기 위한 가장 적극적 수단으로 활용되고 있다.[39] 기업 활동이 국제화되고 기업이미지를 소비자들에게 인식시키는 활동이 중요시되면서 상표권의 중요성도 과거에 비해서는 상당히 높아지게 되었다. 신지식재산권에는 산업저작권(컴퓨터프로그램, 소프트웨어, 반도체집적회로 배치설계기술 등), 첨단산업재산권(생명공학기술, 인공지능 등), 정보재산권(경영정보, 영업비밀 등)이 포함된다. 이 재산권은 과거에는 존재하지 않던 새롭게 개발된 형태의 경제적 가치가 있는 지식재산으로서 평가되기 때문에 이와 관련된 보호가 중요해졌다.

| 그림 6-1 | 통계청 | 지식재산 통계 동향, 2021.07

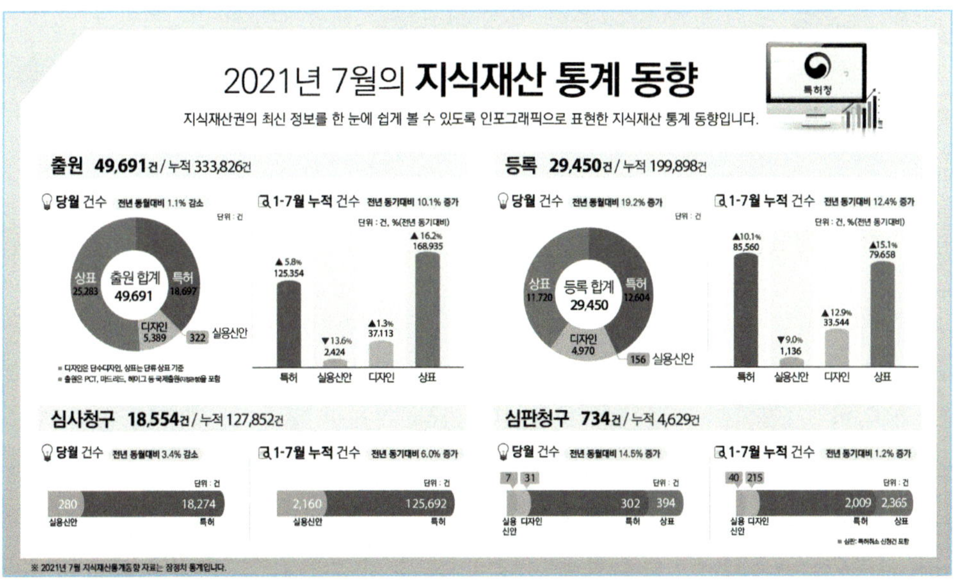

자료: https://kipo.go.kr/kpo/HtmlApp?c=3047&catmenu=m04_05_01

지식재산권과 관련해 개발도상국들도 선진국의 첨단산업분야에 많은 직접투자를 하고 있다. 이는 개발도상국 기업들이 선진국 기업들과 현지에서 경쟁하려는 의도가 아니라 선진국 기업들의 행동을 관찰하고 파급효과(spill-over effect)를 누리기 위함이다.

6) 환경 관련 규제

환경 관련 규제의 내용은 이미 글로벌 환경을 설명하면서 대부분 설명되었다. 여기서 간단히 다루고자 하는 것은 국가마다 규제에 대한 관심과 규제의 정도가 다르며, 이에 따라 기업들의 대응도 달라진다는 것이다. 이런 질문을 해보자. 어떤 국가가 환경과 관련된 규제의 정도를 다른 국가들에 비해 느슨하게 한다면 이 국가로 더 많은 생산 관련 투자가 일어날 것인가? 이에 대해 쉽게 대답하기 어려울 것이다. 하지만 많은 경우에 있어 단기적으로는 환경 규제의 정도가 느슨해지면 생산에서 환경 관련 비용이 줄어들기 때문에 이 국가들로 생산 관련 직접투자가 많이 일어나게 된다.

여하튼 환경 관련 규제가 있으면 이에 기업들은 대응해야 하며, 특히 외국기업으로서의 지위를 지니는 한 이 규제에 적극적으로 대응해야 기업 이미지를 훼손하지 않을 수 있다.

7) 기타 이슈들

지금까지 제시된 주요한 제도적 요인 외에도 여러 제도적 규제들이 있을 수 있다. 현지 투자를 촉진하기 위한 투자법, 공장의 설립과 건설에 영향을 주는 소방법, 건축법, 기업이윤에 대한 관리를 규제하는 경제법 등 기업 활동에 많은 제도적 요인들이 개입되게 된다. 따라서 기업들은 현지에 기업 활동의 범주를 확인하면서 이에 대한 대처를 해야 할 것이다. 즉, 기업이 많은 투자를 하고, 오랫동안 활동할 것을 계획하며, 현지국 정부 및 소비자들과 상당히 밀접한 관계를 형성해야 할 상황이라면 이런 제도적 요인을 상세히 파악하고 있어야 한다. 왜냐하면

제도적 요인을 파악하는데 들이는 노력과 시간도 기업에게는 비용이기 때문이다. 또한 축적된 지식은 대외 경쟁력의 한 요소가 될 수 있기 때문에 다른 한 면으로는 이익의 측면도 동시에 존재한다. 따라서 기업들은 비용과 이익을 잘 고려하면서 제도적 환경에 대해 접근해야 한다.

3. 제도 적용 시 어떤 문제들이 발생할까?

1) 국제거래에서 문제가 생겼을 때 법적 관할권의 중요성

만일 여러분의 회사가 현지국에서 법인 신고를 하고 자격을 갖추었다면 법률적용에 있어 관할권 문제가 거의 생기지 않을 것이다. 현지국에서 법인 자격을 취득하였기 때문에 이 회사는 당연히 현지국의 법적 지배를 받게 된다. 즉 미국에 본사를 둔 기업이 한국에 자회사를 설립하였다면 이 자회사는 미국법의 지배를 받는 것이 아니라 한국법의 지배를 받게 된다는 것이다. 법의 적용이 문제 되는 경우는 국제물품매매거래에서 거래의 당사자가 각각 독립된 주체로서 다른 나라에 소속되어 있는 경우이다. 이 거래 당사자 간 거래에서 문제가 생겼을 경우 어느 나라의 법원에서 이 문제를 해결할 것인가는 중요하다. 이는 문제를 해결하는 과정에서 승소의 가능성을 높일 수 있기 때문이다. 즉 우리나라 기업과 외국기업과의 무역거래에서 분쟁이 생겼을 때 이 문제를 어느 나라의 법원에서 해결할 것인가에 따라 분쟁 해결 과정에서 이길 가능성이 높아지게 되는 것이다.

2) 법적 관할권의 결정 기준

무역 분쟁이 발생하였을 때 법적 관할권은 이해당사자 간 매우 첨예하게 다투는 사안이다. 이런 다툼을 없애기 위해서는 가장 우선적으로 계약을 작성할 때 분쟁 발생 시 법적 관할권을 어디로 정할 것인지를 명시해 두는 것이다. 법적 관할권은 다음과 같이 나누어진다.

- 무역에 개입되어 있는 이해당사자들이 속한 국가

- 국제사법재판소
- 이해당사자들이 합의하는 제3국

계약을 작성할 때 분쟁 발생 시의 법적 관할권 대상으로 가장 일반적으로 선택되는 국가는 이해당사자들이 속한 국가이다. 하지만 이해당사자들 간 합의가 이루어지지 않을 경우 국제사법재판소나 이해당사자들이 합의하는 제3국을 법적 관할권 대상국으로 지정하기도 한다. 이 내용은 계약을 작성할 당시 분명히 명시해 두는 것이 바람직하다. 만일 법적 관할권이 계약에 명시되지 않은 상태에서 분쟁이 발생했다면 법적 관할권은 계약사항이 실제로 이행된 국가가 된다. 계약사항이 실제로 이행된 국가를 판별하는 것은 또 다른 어려운 절차이기 때문에 이에 대한 법적 판단이 필요하여, 법적 관할권에 대한 판결이 있은 후 그 절차에 따라 분쟁과 관련된 판결이 이루어지게 된다.

3) 법의 역외적용

법은 국가 관할권 내에 있는 모든 주체들에게 부여되어 있는 의무와 권리이다. 또한 국가의 주권과도 밀접히 연관되어 있기 때문에 한 나라의 법이 다른 나라에 영향을 미치는 것은 거의 불가능하다. 하지만 부분적으로 법의 역외적용이 이루어지고 있는 경우가 있다. 독점금지법, 해외부패방지법, 경쟁제한 등과 같은 행위가 그 대표적인 예이다. 여기서는 이 세 법률의 역외적용에 대해 살펴보자.

(1) 독점금지법

일반적으로 독점은 수요와 공급의 원리에 따라 움직이지 않고 시장을 왜곡하게 만들어 시장 소비자들의 후생을 감소하는 것으로 알려져 있다. 독점의 폐해 인식과 함께 현대 경제에서 기업의 국제적 활동과 영역의 확장은 독점을 국제적으로 활용할 수 있는 구조적 여건을 만들 수 있다. 즉 기업이 자신이 국제적으로 활동하면서 구축한 우월한 지위를 활용하여 어떤 국가에서 독점력을 행사할 수 있는 여건을 갖추었다면 이 행위가 비록 외국에서 일어났다고 하더라도 그 기업

의 해외에서의 행위에 대해 독점금지법을 적용하여 규제할 수 있다는 것이다.[40)]

독점금지법을 가장 활발히 이용하는 미국[41)]은 1890년대에 이미 셔먼법(Sherman Antitrust Act)을 통해 독점을 금지하고 있었다. 이는 미국 내의 한 기업이 외국 회사와 담합 혹은 우월적 지위를 활용해 생산량이나 무역량을 제한하고, 이 행위가 미국 시장 내 경쟁에 영향을 미치면 독점금지법 위반으로 판단하는 것이다.

이와 관련하여 미국 연방항소법원은 3단계의 판단기준을 제시하고 있다. 첫째, 기업이 하는 행위가 미국의 대외무역(american foreign commerce)에 실질적이고 의도된 효과(actual and intended effect)를 미쳐야 한다. 둘째, 이 효과가 일정한 수준에 이르러 다른 경제주체들에게 상당한 수준의 피해를 유발하였을 뿐 아니라 이 피해가 독점금지법 위반의 결과로 발생했음을 보여주어야 한다. 셋째, 독점 규제로 인해 미국이 얻게 되는 이익을 평가했을 때 외국의 이익에 비해 상당히 커서 법의 역외적용을 인정하는 것이 국익에 도움이 되어야 한다. 하지만 미국의 일방적인 독점금지법 적용은 다른 교역국들의 반발을 유발할 수 있다.

(2) 해외부패방지법

대다수의 사람들은 기업이 부패(corruption)에 연루되어서는 안 된다고 생각할 것이다. 하지만 기업 경영활동에서 부패에 연루될 요소들은 지속적으로 나타나며, 이는 선진국보다 후진국에서 더 빈번하다.[42)] 이는 부패에 대한 제재 수위가 높지 않고, 오히려 부패를 통한 업무 처리가 만연한 국가에서 기업들이 과연 이로부터 자유로울 수 있을지가 관건이다. 부패를 하지 않더라도 부패와 연루된 기업들과 경쟁할 수 있고, 심지어 그러한 기업을 넘어설 수 있는 역량이 필요하다. 이런 역량에는 기업이 보유하고 있는 특수한 기술, 인적 네트워크, 경영노하우, 기업의 부패에 대한 단호한 경영철학 등이 있다. 하지만 이런 역량을 충분히 갖추지 못한 기업들은 상대적으로 부패에 관여될 수 있는 가능성이 높아진다.

부패가 경제적으로 바람직하지 않게 여겨지는 이유는 시장이 자율적인 기능에 의해 작동되는 것을 방해하고[43)] 시장의 건전성을 훼손하기 때문이다. 시장의 건정성 훼손은 사업의 허가권자에게 금품을 제공하거나, 압력집단을 동원한 압력의 행사, 다른 기업들과의 담합을 통한 우월한 지위의 확보 등이 그 예이다. 이런 방법들이 통용되면서 시장의 건정성이 훼손되면 다른 시장 참여자들도 같은 방식을 통해 유리한 지위나 편의를 제공받기 원하게 되므로 악순환이 계속된다.

기업들이 해외에서 부패에 연루되는 행위를 하였을 때 이를 국내에서 규제할 수 있다면 이는 법의 역외적용이 된다. 많은 국가들은 기업들이 부패에 연루되는 것은 옳지 않은 방법으로 경쟁하는 것이라는 인식을 같이하고 있다. 이런 인식에 기반하여 1997년 OECD는 뇌물방지협약을 제정하였으며, 우리나라도 이 협약에 가입되어 있다.

사례

국민권익위원회 사례돋보기, 글로벌 부패방지법(2018.11월호)

미국은 우리나라 수출 2위를 차지하는 거대 시장이며, 최초 국제 반부패법인 해외부패방지법 제정국이다. 최근 미국 정부는 미국의 주요 부패방지법인 해외부패방지법의 처벌 대상을 아시아권으로까지 확장해왔다. 우리 기업들도 해외부패방지법 안전지대가 아니라는 의미다.

미국, 해외부패방지법(FCPA)

일명 '미 당국의 해외 부패기업 사냥법'인 이 법의 적용 대상은 주로 외국 공무원, 정당 등에 대한 뇌물공여자이다. 이 법은 자국 기업들뿐만 아니라 외국기업들에도 확대 적용되고 있으며, 외국기업이 미국에서 직접적으로 사업을 하고 있지 않더라도, 미국의 통신망 혹은 전산망 등을 이용해 부패 행위를 했거나 미국 영토 내에서 부정행위가 이뤄진 경우에는 이 법의 규제를 받게 된다. 적용 대상이 되면, 기업은 수출 면허가 박탈되거나, 미국 내 공공사업 입찰이 금지되고 증권 거래가 정지되는 등의 엄격한 제재를 받을 수 있기 때문에 기업들의 면밀한 검토와 주의가 필요하다.

- 사례: 대표적인 위반 사례로는 우리나라의 에스에스아이 코리아(SSI Korea)가 있다. 이 회사는 제철, 금속 재활용 및 자동차 부품 사업을 하는 미국

슈니처(Schnitzer)라는 회사의 한국 자회사이다. 슈니처는 1999년부터 2004년까지 자사의 고철을 판매할 목적으로 에스에스아이의 종업원 및 대리인들을 통해 한국의 제철소 관리자들에게 뇌물을 제공했다. 뇌물은 현금 지급뿐만 아니라 "환불" 혹은 "할인" 등의 형태로도 제공되었고, 회계 장부 등에서는 이를 교묘히 감췄다. 결국, 슈니처는 거의 8백만 달러에 달하는 벌금을 납부하였고, 독립적인 컴플라이언스 컨설턴트를 3년 간 보유해야만 했다. 자회사 설립을 통해 아시아에서의 시장 확대를 기대했던 슈니처는 결국 자회사의 부패 행위로 인해 금전적 피해와 함께 이미지 실추라는 쓰디쓴 결과를 얻게 되었다.

자료: https://www.acrc.go.kr/acrc/briefs/201811/html/sub2.html

(3) 경쟁제한관행에 대한 규제

과거부터 경쟁을 제한하려는 행위는 기업들에 의해 시도되었으며, 이와 관련하여 기업의 경쟁을 제한하는 관행에 대해 규제하기 시작하였다. 1948년 하바나 헌장에서는 구체적으로 6개의 사항에 대해 경쟁제한 관행으로 규정하고 이를 규제하고 있다.[44]

① 물품의 구매, 판매, 대여를 위하여 타인과 거래시 가격, 계약조건을 고정하는 행위
② 시장과 사업분야를 막론하고 이들 시장에서 다른 기업을 배제시키거나 시장을 분할하는 행위, 구매자를 할당하는 행위, 판매량 또는 구매량을 고정하는 행위
③ 특정기업을 차별하는 행위
④ 생산을 제한하거나 생산량을 고정하는 행위
⑤ 협정에 의하여 기술개발이나 기술응용을 제한하는 행위
⑥ 일국에서 승인된 특허권, 상표권 또는 복사권의 행사를 승인된 범위를 벗어난 분야나 제품, 생산조건으로 확정하는 행위

이러한 경쟁제한에 대해서는 국제적인 규제를 하고 있다.

이상에서 법의 역외적용에 대한 내용을 살펴보았다. 실질적으로 이 규정들이 역외로 적용될 때도 있지만 적용되지 않는 경우가 더 일반적이다. 따라서 이 책에서 서술한 법의 역외적용과 관련된 법률이라 하더라도 많은 경우에 있어서는 역외적용이 안될 수도 있음을 잊어서는 안 된다.

Part Ⅰ 주석

1) 오채운 외, 「신기후체제 하, 협력적 접근에 대한 대응방향: 일본경험 사례를 중심으로」, 녹색기술센터, 2017.; 에코엔파트너스, 「환경산업 해외진출과 연계한 온실가스감축 활성화 방안 연구」, 한국환경산업기술원, 2017.; KPMG 삼정회계법인, 「개도국 온실가스 인벤토리 체계구축 마스터플랜 수립 지원연구」, 온실가스종합정보센터, 2018. 등의 자료를 참고하기 바람.

2) KOTRA, 「2020 국별진출전략: 베트남」, 2020. 자료 참조.

3) Cateora, P. R., Meyer, R. B. M. F., Gilly, M. C., & Graham, J. L.(2020), *International marketing,* McGraw-Hill Education.

4) Peng, M. W.(2016), Global business, Cengage learning.

5) Brown, S. P., & Yücel, M. K.(2002), Energy prices and aggregate economic activity: an interpretative survey, The Quarterly Review of Economics and Finance, 42(2), 193-208.; Burbidge, J., & Harrison, A.(1984), Testing for the effects of oil-price rises using vector autoregressions, International economic review, 459-484.; Gisser, M., & Goodwin, T. H.(1986), Crude oil and the macroeconomy: Tests of some popular notions: Note. Journal of Money, Credit and Banking, 18(1), 95-103.; Hamilton, J. D.(1983), Oil and the macroeconomy since World War II. Journal of political economy, 91(2), 228-248.; Jiménez-Rodríguez*, R., & Sânchez, M.(2005), Oil price shocks and real GDP growth: empirical evidence for some OECD countries, Applied economics, 37(2), 201-228.

6) Corden, W. M., & Neary, J. P.(1982), Booming sector and de-industrialisation in a small open economy, The economic journal, 92(368), 825-848.; Devlin, J., & Lewin, M.(2005), Managing oil booms and busts in developing countries. Managing economic volatility and crises: a practitioner's guide, 186-209.; Hausmann, R., & Rigobon, R.(2003), An alternative interpretation of the 'resource curse': Theory and policy implications.; Davis, J. M., Fedelino, A., & Ossowski, R.(2003), Fiscal policy formulation and implementation in oil-producing countries, International Monetary Fund.

7) 이철용·이문배·노남진·윤대홍, 「신고유가 대응전략 연구 : 신고유가 대응정책의 경제적 효율성 분석」, 에너지경제연구원, 2009.; 이달석·최성희·오세신·김영덕, 「신고유가 대응전략 연구: 유가상승의 원인과 파급효과 분석」, 에너지경제연구원, 2007. 등 참조.

8) JOHN, J., WILD, W., & KENNETH, L.(2019). INTERNATIONAL BUSINESS: The Challenges of Globalization Plus Pearson Mylab Management... with Pearson Etext, Global Edition. PEARSON EDUCATION Limited p.131-133

9) LaRocco, L.A. US launches anti-dumping case against Chinese aluminum producers using rare aggressive tactic // CNBC.com, November 28, 2017 (electronic resource). URL: https://www.cnbc.com/2017/11/28/

10) Barney, J.(1991), Firm resources and sustained competitive advantage. Journal of management, 17(1), 99-120.

11) Cateora, P. R., Meyer, R. B. M. F., Gilly, M. C., & Graham, J. L.(2020), *International marketing,* McGraw-Hill Education, pp.37-40.

12) JOHN, J., WILD, W., & KENNETH, L.(2019), INTERNATIONAL BUSINESS: The Challenges of Globalization Plus Pearson Mylab Management... with Pearson Etext, Global Edition, PEARSON EDUCATION Limited. p.75.

13) Cateora, P. R., Meyer, R. B. M. F., Gilly, M. C., & Graham, J. L.(2020), International marketing, McGraw-Hill Education.

14) Peng, M. W.(2019), Global business 4e: Asia Edition. Cengage learning. p.39.

15) Hofstede, G.(1997), Cultures and Organizations (revised edition), New York: M-cGraw Hill.

16) Cateora, P. R., Meyer, R. B. M. F., Gilly, M. C., & Graham, J. L.(2020), International marketing, McGraw-Hill Education. p.102.

17) Herskovits, M. J.(1949), Man and his works; the science of cultural anthropology.

18) JOHN, J., WILD, W., & KENNETH, L.(2019), INTERNATIONAL BUSINESS: The Challenges of Globalization Plus Pearson Mylab Management... with Pearson Etext, Global Edition, PEARSON EDUCATION Limited. p.75.

19) JOHN, J., WILD, W., & KENNETH, L.(2019), INTERNATIONAL BUSINESS: The Challenges of Globalization Plus Pearson Mylab Management... with Pearson Etext, Global Edition, PEARSON EDUCATION Limited. p.87.

20) Ball, D. A., & McCulloch, W. H.(1990), International business: Introduction and essentials, McGraw-Hill/Irwin, p.191.

21) Cateora, P. R., Meyer, R. B. M. F., Gilly, M. C., & Graham, J. L.(2020), International marketing, McGraw-Hill Education, p.191.

22) Üstüner, T., & Holt, D. B.(2010), Toward a theory of status consumption in less industrialized countries, Journal of consumer research, 37(1), 37-56.

23) Speck, S. K. S., & Roy, A.(2008), The interrelationships between television viewing, values and perceived well-being: A global perspective, Journal of International Business Studies, 39(7), 1197-1219.

24) Cateora, P. R., Meyer, R. B. M. F., Gilly, M. C., & Graham, J. L.(2020), International marketing, McGraw-Hill Education. p.105.

25) JOHN, J., WILD, W., & KENNETH, L.(2019), INTERNATIONAL BUSINESS: The Challenges of Globalization Plus Pearson Mylab Management... with Pearson Etext, Global Edition, PEARSON EDUCATION Limited.

26) The flight from marriage; Asian demography. Anonymous, The Economist; London Vol. 400, Iss. 8747, (Aug 20, 2011): 21-24.

27) JOHN, J., WILD, W., & KENNETH, L.(2019), INTERNATIONAL BUSINESS: The Challenges of Globalization Plus Pearson Mylab Management... with Pearson Etext, Global Edition, PEARSON EDUCATION Limited.

28) House, R. J., Hanges, P. J., Javidan, M., Dorfman, P. W., & Gupta, V. (Eds.).(2004), Culture, leadership, and organizations: The GLOBE study of 62 societies, Sage publications.

29) "Chevrolet Cars Insult Egyptian Muslims", Prada.ru, accessed online 2018.

30) Mike W. Peng(2017), Global Business(4thed.), Cengage, p.71.

31) JOHN, J., WILD, W., & KENNETH, L.(2019), INTERNATIONAL BUSINESS: The Challenges of Globalization Plus Pearson Mylab Management... with Pearson Etext, Global Edition, PEARSON EDUCATION Limited.

32) Diane Brady, "In India, Arrange Marriaged Hit the web", Bloomberg Business Week, April 8, 2013, pp.18-19.

33) Chen, H., Ng, S., & Rao, A. R.(2005), Cultural differences in consumer impatience, Journal of Marketing Research, 42(3), 291-301.

34) Keegan W. J. and M. C. Green, *Global Marketing*, Prentice Hall, 2005.

35) Hofstede, G.(1984), Culture's consequences: International differences in work-related values (Vol.5), sage.

36) North, D.(1990), Institutions, Institutional Change and Economic Performance (Political Economy of Institutions and Decisions, Cambridge: Cambridge University Press.

37) 대한상공회의소 원산지증명센터, 원산지기준 안내 참고 https://cert.korcham.net

38) 찾기 쉬운 생활법령정보▷원산지 결정기준 https://www.easylaw.go.kr

39) INTERNATIONAL BUSINESS _ APA
JOHN, J., WILD, W., & KENNETH, L.(2019), INTERNATIONAL BUSINESS: The Challenges of Globalization Plus Pearson Mylab Management... with Pearson Etext, Global Edition. PEARSON EDUCATION Limited. pp.113-114.

40) Clougherty, J. A.(2005), Antitrust holdup source, cross-national institutional variation, and corporate political strategy implications for domestic mergers in a global context, Strategic Management Journal, 26(8), 769-790.

41) 8, Mike W. Peng, 2017, Global Business(4thed.), Cengage, pp.360-362.

42) Wild, J. J., Wild, K. L., & Han, J. C.(2003), International business(p.342), Upper Saddle River, NJ: Prentice Hall.

43) Lee, S. H., & Hong, S. J.(2012), Corruption and subsidiary profitability: US MNC subsidiaries in the Asia Pacific region, Asia Pacific Journal of Management, 29(4), 949-964.

44) 2019 하바나 현장의 이해, 대외경제정책연구원.

무역 환경

Part Ⅱ

CHAPTER 7

국제통상 환경이란 무엇인가?

1. 국제통상 환경은 어떤 의미를 가지는가?

1) WTO 환경의 의의

국제통상 환경은 다자주의를 기반으로 WTO와 지역주의(또는, 양자주의)에 기반한 FTA 등 국제 상거래를 둘러싼 경제 규범을 의미한다.[45] 기업의 국제 비즈니스는 국제 통상 규범에 의해 규율되고 보호받기 때문에 해외시장의 진출 시 반드시 조사를 수행할 필요가 있는 환경이다. 특히 통상환경의 법적 주체는 각국 정부이나 실질적인 이해당사자는 기업이라는 측면에서 해외시장조사의 범주에 넣는 것이 바람직하다.

국제통상환경과 국제비즈니스와의 관계는 WTO 협정문 구성을 보면 쉽게 이해가 된다. WTO 협정문에 담긴 상품무역, 서비스 무역, 지적재산권, 분쟁 해결 등에 관한 합의 내용은 WTO 회원국에 속한 기업들의 상대국 진출의 가이드라인이 된다.

WTO 회원국이 된다는 것은 기존의 회원국이 이미 달성한 관세와 무역 장벽에 관한 협정을 수용하고 자유무역에 기반하여 최혜국 대우와 내국민 대우 등 WTO의 기본 원칙을 준수하며 국제 통상을 추진하겠다는 의미이다. 이를 위해 가입국은 WTO 협정에 부합하도록 자국의 법과 제도를 정비하고, 이는 WTO 회원국으로의 진출은 비회원국으로의 진출에 비해 상대적으로 용이하게 만드는 요인이 된다. 반대로 WTO 비회원국으로의 시장진출은 회원국으로의 진출에 비해 더욱 상세한 조사가 필요함을 의미하게 된다. 또한 협정문의 일부를 유보 중인 회원국도 있으므로 주의가 필요하다. 2020년 기준으로 WTO 가입회원국은 164개국이며 25개국은 협정문의 일부를 유보한 상태이다.

표 7-1 WTO 협정문 구성

구분	구성 협정문
Annex 1A	상품무역에 관한 협정 (GATT 1994, 농업, 위생 및 식품위생조치, 섬유 및 의류, 기술장벽, 무역관련 투자조치, 반덤핑, 관세평가, 선적전검사, 원산지규정, 수입허가절차, 보조금 및 상계관세, 세이프가드 등 13개 협정문)
Annex 1B	서비스무역에 관한 일반협정
Annex 1C	무역관련 지적재산권에 관한 협정
Annex 2	분쟁 해결규칙 및 절차에 관한 양해
Annex 3	무역정책검토제도
Annex 4	복수국간 무역협정
기타	각료 결정 및 선언, 금융서비스약속에 관한 양해, 정부조달에 관한 협정

자료: 외교통상부 홈페이지 (http://www.mofa.go.kr)

그림 7-1 WTO 회원국 현황

자료: www.wto.org

WTO 협정 옵저버 국가들을 구체적으로 살펴보면, Algeria, Andorra, Azerbaijan, Bahamas, Belarus, Bhutan, Bosnia and Herzegovina, Comoros, Curaçao, Equatorial Guinea, Ethiopia, Holy See, Iran, Iraq, Lebanese Republic, Libya, Sao Tomé and Principe, Serbia, Somalia, South Sudan, Sudan, Syrian Arab Republic, Timor-Leste, Turkmenistan, Uzbekistan 등이다.

일국의 WTO 가입이 기업들에게 어떠한 의미를 가지는가에 대해서는 중국 사례가 잘 보여준다. 중국은 1978년 개혁개방정책을 추진하면서 1982년 9월 WTO의 전신인 GATT의 옵저버 자격을 획득하고 1983년 12월 다자간 섬유협정(MFA)에 가입하였다. 이후 중국은 1986년 10월 GATT 회원국 자격 복귀신청 후 GATT 체약국들에게 중국의 대외무역제도에 관한 각서를 제출하는 등의 노력을 하였으나 WTO 출범에는 참여하지 못하였다. 1995년 WTO 출범으로 상품교역 이외에 서비스교역, 비관세 조치에 관한 새로운 규칙 및 지적재산권에 관한 규칙으로 검토 범위가 확대되면서 2001년 12월 11일 WTO 협정국이 되었다. WTO 회원국이 되는 과정에서 중국은 공산품 수입 관세율을 1996년 평균 24.6%에서 2005년까지 9.4%로, 자동차 관세율은 80-100%에서 2006년까지 25%로 등 주요 관세율을 국제 수준으로 인하하였을 뿐 아니라 시장경제법률제도를 정비하고 시행하였다.

| 그림 7-2 | 주요 무역대국의 위상 변화

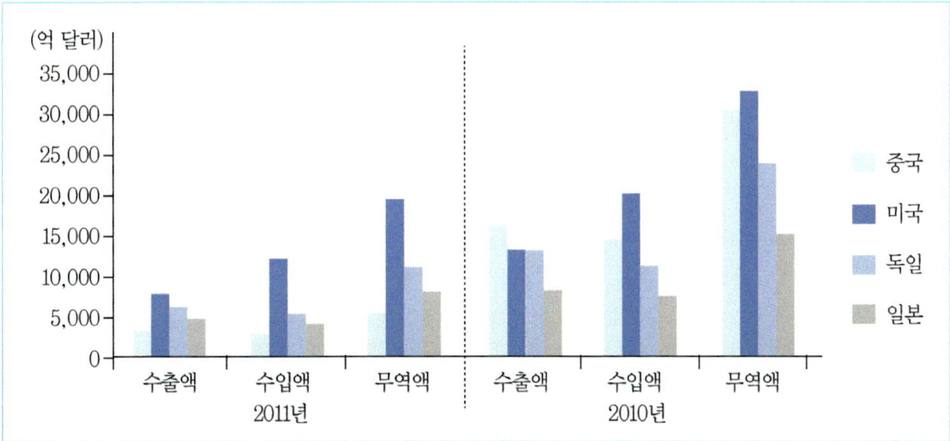

자료: 국가통계포털, http://kosis.kr

중국 정부의 국제통상 환경의 변화는 중국의 대외 무역을 증가시키고 외국인 투자를 유발하면서 경제성장에 기여하였다. 구체적으로 살펴보면, 2001년 WTO 가입 이후 중국의 무역량을 폭발적으로 증가하여 2010년에는 2조 9,700억 달러로 6배가량 늘었으며, 세계 수입에서의 비중도 2001년 4.3%에서 9.2%로 증가하며 2위로 상승하였다. 중국의 WTO 가입은 주변국에도 커다란 영향을 미쳤는데 한국과 대만, 아세안 등 아시아 국가들의 최대 교역국의 위치를 중국이 차지하였으며 이들 국가의 대중국 무역흑자가 크게 확대되었다. 즉, 중국의 WTO 가입이 중국을 대상으로 한 상대국의 국제통상 환경을 개선시켜 이들의 진출을 촉진한 것이다.

2) FTA 환경의 의의

1990년 후반 자유무역의 확산으로 WTO체제가 심화되고 도하개발어젠다가 시작되었으나 다자간 협상이라는 점과 국제 정세의 변화로 교착상태에 빠지면서 FTA 확산이 시작되었다. 특히 FTA 체결 시 다자간 자유무역 합의에 위배되지 않

그림 7-3 전세계 FTA 증가 현황(1948-2021)

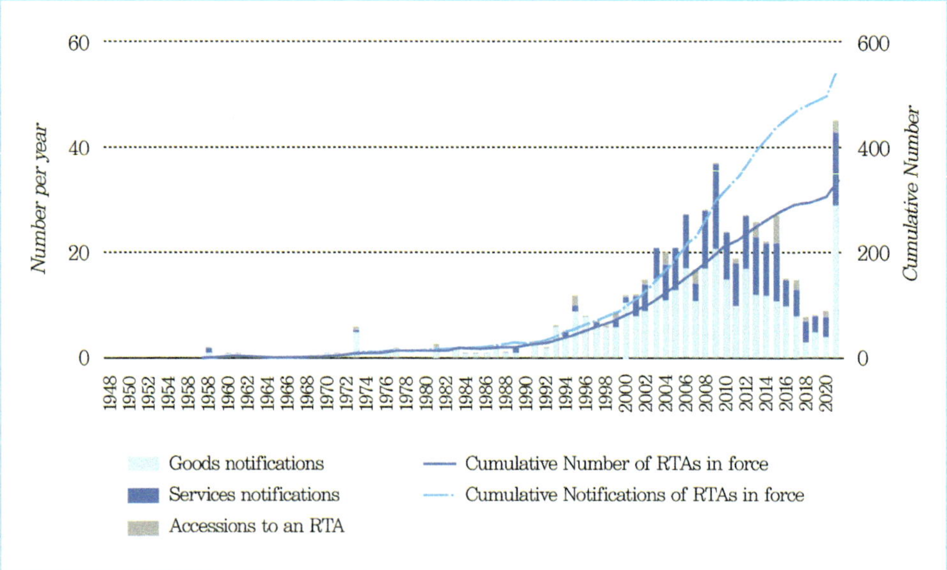

자료: ratis.wto.org

으면서도 역내 국가들 간의 관세인하 혜택을 통해 경쟁력을 갖추고 경제발전을 꾀할 수 있다는 점이 주목을 받으며 빠르게 확산되었다.

FTA는 WTO에 비해 더 높은 수준의 시장 개방을 양자 혹은 소수의 당사국 간에 합의하는 것으로 특혜무역협정이다. 따라서 진출하고자 하는 국가가 WTO 회원국이면서 우리나라와 FTA 체결국이라면, WTO의 기본적인 협정과 더불어 FTA에 의해 양국 간에 적용되는 통상 환경에 대한 조사가 필요하게 된다.

표 7-2 유형별 한-중 FTA 비즈니스 모델 20선

유형	비즈니스 모델
수출 촉진형	1. 관세율 인하를 통한 수출확대 모델 2. FTA 체결국 활용 수출입 모델 3. 개성공단 활용 모델 4. 전자상거래 활용 모델 5. 농수산 가공품 FTA 수출 경쟁력 제고 모델 6. 중국 권역별 유망산업 활용 모델 7. 해외임가공 활용 모델 8. 'Made In Korea' 프리미엄 활용 모델
서비스 투자진출형	9. 상하이 자유무역시험구 활용 모델 10. 공동제작을 통한 내국민 대우 활용 모델 11. 환경 서비스 시장 진출 모델
투자유치형	12. 그린필드형 투자유치 모델 13. 중국 자본 유치를 통한 내수시장 진출 모델
글로벌 밸류체인(GVC)형	14. R&D를 활용한 핵심부품 전환 모델 15. 기술협력형 GVC 모델 16. 조립공정 이전형 GVC 모델
원산지 규정 활용형	17. 세트조항 활용 모델 18. 미소기준(최소허용기준) 활용 모델 19. 누적기준 활용 모델 20. 중간재 규정 활용 모델

자료: KOTRA (2015), 한-중 FTA 비즈니스 모델 및 활용.

특히, WTO는 모든 회원국에 적용되는 반면에 FTA은 상대국에 따라 협정의 범위와 깊이가 다양하기 때문에 세부적인 조사가 수행되어야 한다. 만약 중국으로 진공청소기(HS Code 8508110000)를 수출하는 경우를 가정해보자.

중국은 한국과 2015년 12월 20일부터 FTA가 발효된 국가로 MFN 관세율보다 더 낮은 특혜관세를 적용받는다. 시장조사를 수행한 결과, 진공청소기의 중국 수출은 한-중 FTA에 의한 협정세율(FTA preferential rate)은 4%가 적용되며, 이를 위해서는 40% 이상의 부가가치기준 또는 세번변경기준을 충족시켜야 함을 알 수 있다.

FTA를 활용한 비즈니스 모델은 국제통상 환경 조사의 필요성을 한층 강화시켜 준다. 〈표 7-2〉는 KOTRA (2015)에서 발표한 한-중 FTA를 활용한 비즈니스 모델 20선을 요약한 것이다. KOTRA (2015)는 FTA를 활용한 비즈니스 모델을 수출촉진형, 서비스 투자진출형, 투자유치형, 글로벌 밸류체인형, 원산지 규정 활용형으로 구분하고 각각의 유형에 적합한 비즈니스 모델을 제시하였는데, FTA 환경의 조사의 목적이 해외시장 진출 뿐 아니라 기업의 경쟁우위 확보 차원에서 시행되어야 함을 잘 나타내고 있다.

따라서 국제통상 환경에 대한 이해와 활용은 기업의 해외 진출시장의 선택과 글로벌 시장에서의 경쟁우위를 확보하기 위한 전략 차원의 활동이 된다.

함께 생각해보기

우리나라 쇠고기 산업과 국제통상 환경

우리나라의 주요 쇠고기 수입국가는 미국과 호주로 모두 FTA가 발효 중이다. 각각의 협정문 중 쇠고기 품목과 관련된 부분을 정리하면, 〈표 7-3〉과 같다. 주목할 부분은 양국으로부터의 쇠고기 관세가 매년 낮아지고 있으며, 미국으로부터의 쇠고기 수입은 2026년부터, 호주로부터의 수입은 2028년부터 무관세가 적용된다는 점이다.

표 7-3 한미/한호주 FTA 협상 중 쇠고기 부문

구분	협상내용
한미FTA	FTA 발효 후 15년간 세이프 가드 적용 • 세이프가드 발동물량 : 2천 톤(1년 차) → 3천 톤(15년 차, 매년 6천 톤 증량) • 세이프가드 발동세율 : (1~5년 차까지) 실행세율을 적용 → (6~10년 차) 실행세율의 75% → (11~15년 차) 실행세율의 60% 2026년 이후 무관세가 적용
한호주FTA	FTA 발효 후 15년간 세이프 가드 적용 • 세이프가드 발동물량 : 1천톤(1년차) → 2천 톤(15년 차, 매년 3~4천 톤 증가) • 세이프가드 발동세율 : (1~5년 차까지) 실행세율을 적용 → (6~10년 차) 실행세율의 70% → (11~15년 차) 실행세율의 60% 2028년 이후 무관세 적용

☞ 쇠고기 무관세화에 따른 기업의 대응방안을 생각해보자.

쇠고기 수입의 무관세화는 쇠고기를 생산하고 판매·유통하는 기업뿐 아니라 쇠고기를 원재료로 사용하는 기업들에게 경영환경의 변화를 의미한다. 이러한 경영환경의 변화에 대해 기업은 전략적으로 대응해야 한다. 쇠고기의 원재료 비중이 높은 기업은 가격 경쟁력 강화의 기회로 활용할 수 있으며 유통기업은 수입산 쇠고기 판매 확대를 위한 계획의 수립이 요구된다. 반면에 국산 쇠고기를 생산·가공·유통·판매하는 기업들은 낮은 수입산 쇠고기에 대응할 수 있도록 경쟁력 확보를 위한 선제적인 조치가 필요하다.

2. 진출 대상국의 통상환경 조사 방법

진출대상국의 통상환경은 WTO 가입 여부, 우리나라와의 FTA 체결 여부와 특혜관세율 및 원산지 결정기준, 진출대상국의 FTA 체결 현황 등이 있다. 본 교재에서는 WTO 가입 여부를 제외한 나머지 부분의 조사 방법을 살펴본다.

우리나라와의 FTA 체결 여부, 특혜관세율 및 원산지 결정기준, 진출대상국의 FTA 체결 현황을 FTA 환경으로 정의하고 살펴보자. 우리나라는 FTA를 적극적으로 활용하고 있는 대표적인 국가로 56개국 17건의 FTA를 체결한 상태이다. 진출대상국이 FTA 환경을 파악하기 위해서는 산업자원통상부에서 운영하는 www.fta.go.kr를 활용할 수 있다.

1) FTA 체결 여부

FTA 체결 여부는 4단계로 구분할 수 있다. 먼저 발효단계이다. 발효단계는 FTA 체결 후 양국의 의회의 동의를 거쳐 FTA가 실행 중임을 의미한다. 주요 국가로는 칠레, 싱가포르, EFTA (스위스, 노르웨이, 아이슬란드, 리히테슈타인), ASEAN (라오스, 말레이시아, 미얀마, 베트남, 인도네시아. 태국, 싱가포르), 인도, EU, 페루, 미국, 터키, 호주, 캐나다, 중국, 뉴질랜드, 베트남,[46] 콜롬비아, 중미(니카라과, 온두라스, 코스타리카, 엘살바도르), 영국이다. [그림 7-4]는 우리나라와 FTA가 발효된 국가를 지도로 표시한 것이다.

| 그림 7-4 | 우리나라와 FTA 발효국가 현황도

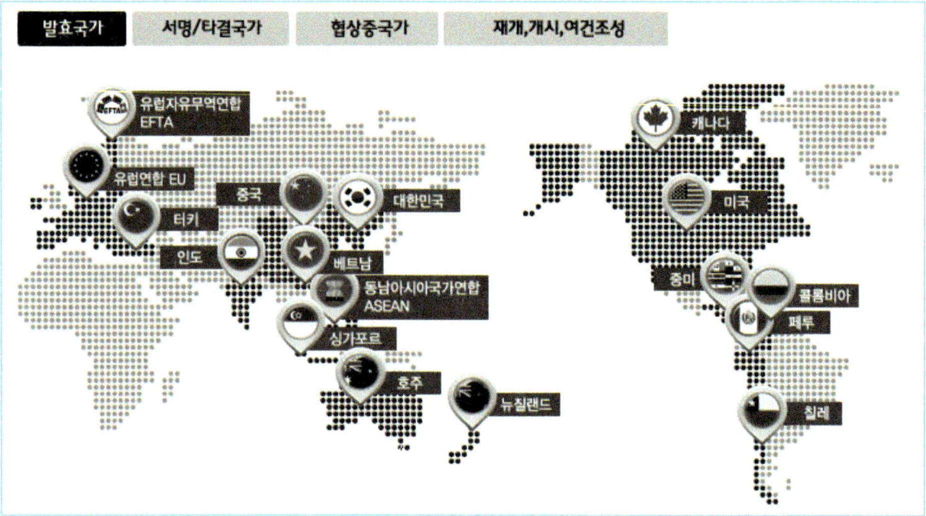

자료: www.fta.go.kr

두 번째 단계는 서명/타결 단계로 FTA 협정문에 당사국 간 합의를 하였으나 아직 각국의 국내 비준이 완료되기 전을 의미한다. 서명/타결 단계에 속한 국가로의 진출은 현재는 아니지만 향후에는 FTA의 영향을 받게 됨을 의미한다.

표 7-4 FTA 타결/서명 국가 현황

구분	상대국	추진현황
서명	RECP (한국, 아세안10개국, 중국, 일본, 인도, 호주, 뉴질랜드)	2012.11.20. 협상개시 선언 2013.05~2020.07 31차례 공식협상 개최 2019.11.04. 15개국 협정문 타결 2020.11.15 RCEP 서명
	인도네시아 CEPA	2019.02.19. 협상재개선언 2012.07~2019.10 총 10차례 협상 개최 2019.11.25. 협상타결선언 2020.12.18. 정식서명
타결	이스라엘	2016.05 협상개시 2016.06~2018.03 총 6차례 공식 협상 개최 2019.08.21. 한-이스라엘 FTA 타결공동선언

자료: www.fta.go.kr

세 번째 단계는 협상진행 단계이다. 이 단계는 단기적으로는 FTA에 의해 영향을 받지 않지만 중기적으로는 FTA 환경을 고려해야 하는 국가들이다. 구체적인 FTA는 한-중-일, MERCOSUR(아르헨티나, 브라질, 파라과이, 우루과이), 필리핀, 러시아, 말레이시아, 캄보디아. 에콰도르 등이다.

마지막 단계로 재개/개시/여건 조성단계이다. 이 단계에 속한 국가는 PA(멕시코, 페루, 콜롬비아, 칠레)와 EAEU(러시아, 카자흐스탄, 벨라루스, 아르메니아, 키르기즈스탄)이다. 이 단계는 장기적 관점에서 FTA 환경에 관심을 가져야 하는 국가들이다.

❙ 그림 7-5 ❙ 우리나라와 FTA 협상단계 국가 현황도

자료: www.fta.go.kr

2) 특혜관세율과 원산지 결정기준

진출대상국과 우리나라의 FTA가 발효된 국가임이 확인되었다면 수출하고자 하는 혹은 수입하고자 하는 제품의 HS Code를 기준으로 특혜관세율을 조사한다.

❙ 그림 7-6 ❙ 중국 대상 진공청소기 관세율 조회 결과

HS Code	품명(Description)	MFN (2순위)	잠정세율 (2순위)	APTA (1순위)	KR-CN FTA (1순위)	소비세 (내국세)	증치세 (내국세)	더보기
8508	Vacuum cleaners:							
	- With self-contained electric-motor:							
8508110000	- - Of a power not exceeding 1500W and hawing a dust bag or other receptade capaeity not excecding 20L	8%		5.2%	4%		13%	+
8508190000	- - Other	0%					13%	+
8508600000	- Other vacuum cleaners	0%					13%	+
	- Parts:							
8508701000	- - Of the deamers of subheading No. 8508. 1100	6%			4.8%		13%	+
8508709000	- - Other	0%					13%	+

자료: 통합무역정보서비스(www.tradenavi.or.kr)

품목의 특혜관세율은 산업통상자원부와 한국무역회가 운영하는 트레이드 내비(TradeNAVI, www.tradenavi.or.kr)을 통해 손쉽게 파악할 수 있다. 해당 서비스의 관세조회율 메뉴를 활용하여 중국과의 무선청소기(HS code 8508110000)의 특혜관세율을 조회해보면 [그림 7-6]과 같은 화면이 나타난다.

진공청소기를 중국으로 수출할 때 적용되는 관세의 종류는 기본관세율(MFN rate), FTA협정관세율 (FTA preferential rate), 아태협정세율(APTA rate)의 3가지이며 각각 8%, 5.2%, 4%이다. APTA 관세율과 FTA 관세율은 둘 다 1순위 적용이 가능하다. 하지만 FTA 관세율이 4%로 가장 유리하므로 한-중 FTA에 따른 관세율을 적용하는 것이 적절함을 알 수 있다.

한-중 FTA 협정세율을 적용하기 위해서는 FTA 협정문에서 규정하고 있는 원산지 결정기준의 확인이 필요하다. 원산지 결정기준은 한-중 FTA 홈페이지(https://www.fta.go.kr/cn/)에 게시된 협정문과 관세청에서 운영하는 Yes! FTA 홈페이지(https://www.customs.go.kr/ftaportalkor/ad/ftaTrtyPsr/psr.do?mi=3528#)를 통해서 조회가 가능하다. [그림 7-7]은 진공청소기의 한-중 FTA 원산지 결정기준이다.

| 그림 7-7 | 한-중 FTA 원산지 결정기준 조회결과: 진공청소기

품목번호 HS	분류 Division	품목명 Item	원산지기준 Preference Criterion	C/O 기재방법 D escribed how the C/O
850811	1	출력이 1,500와트 이하이고, 먼지 백이나 기타 20리터 이하 용량의 저장조를 갖춘 것 Of a power not exceeding 1,500 W and having a dust bag or other receptacle capacity not exceeding 20 ℓ	6단위 세번변경기준 또는 체약 당사국내에서 발생한 부가가치가 40 퍼센트 이상일 것	CTSH or RVC (40)

자료: 통합무역정보서비스(www.tradenavi.or.kr)

HS Code 850811 품목이 한-중 FTA 협정세율 4%를 적용받기 위해서는 「6단위 세번변경기준 또는 체약 당사국내에서 발생한 부가가치가 40% 이상일 것」을 충족시켜야 한다. 「6단위 세번변경기준」은 완성품 생산을 위해 투입된 원재료의 HS Code와 완성품의 HS Code가 앞자리 6단위에서 변경된 물품을 의미하며, 「부가가치 40% 이상」은 역내부가가치 40% 이상의 물품인 것으로 수출국 또는 협정 당사국 역내에서 비원산지 재료비를 공제하고 추가 발생된 부가가치를 기준으로 한다.

FTA 특혜관세율과 원산지 결정기준의 조사결과는 기업의 수출입 계획수립에 반영되어야 한다. 일례로 유사한 품질의 원재료를 수입하고 있는 기업은 특혜관세율 적용에 따라 더 저렴한 공급처를 확보 가능성을 확인해야 하며, 반대로 수출기업은 가격경쟁력을 활용한 시장 확대를 시도해야 한다. 이때, 주의할 점은 원산지 결정기준의 충족 여부이다. 만약, 가격경쟁력에도 불구하고 원산지 결정기준을 충족시키지 못한 경우에는 원재료의 공급처를 역내로 전환하는 방안을 고려해 볼 수 있다.

함께 생각해보기

원산지 결정기준 충족여부 조사의 중요성

A사는 원산지 결정기준을 RVC 40%(역내부가가치 40%)를 기준으로 원산지 증명서를 발급받고 한-아세안 협정세율(5%)를 적용하여 물품을 수차례 수입하였다. 그러나 원산지 사후검증 과정에서 RVC 40%를 충족시키지 못한 것으로 나타나 추가 관세뿐 아니라 가산세를 부담하게 되었다.

A사는 관세청의 처분에 대해 쟁점물품이 부가가치기준을 충족할 뿐 아니라 세번변경기준도 충족함을 제시하면서 부가가치기준이 아닌 세번변경기준으로의 변경 적용을 주장하였으나 원산지 결정기준은 신청서 작성 이전에 결정되어야 하며 한번 검증된 원산지를 반복적으로 수행하는 것은 법적 근거기 없을 뿐 아니라 부담의 가중을 이유로 기각되었다.

한-아세안 FTA 협정문 제4조는 당사국에서 완전 획득되지 않거나 생산되지 않은 상품에 대해 역내가치포함비율 40% 미만이 아니거나 HS 4단위 세번변경 중 하나의 기준을 선택하여 적용할 수 있도록 규정하고 있다.

A사의 원산지 결정기준에 대한 면밀한 검토가 아쉬운 결정례이다.

자료: 관세법령정보포털 사건번호-서울세관-2017-0056 참고하여 작성

| 표 7-5 | 원산지 결정기준의 종류

<table>
<tr><td rowspan="18">일반적 기준</td><td colspan="5">완전생산기준</td></tr>
<tr><td rowspan="17">실질적 변형 기준</td><td rowspan="8">단독 기준</td><td rowspan="3">세번변경기준</td><td colspan="2">2단위 세번변경(CC)</td></tr>
<tr><td colspan="2">4단위 세번변경(CTH)</td></tr>
<tr><td colspan="2">6단위 세번변경(CTSH)</td></tr>
<tr><td rowspan="4">부가가치기준</td><td rowspan="3">부가가치율(RVC)</td><td>직접법(BU)</td></tr>
<tr><td>공제법(BD)</td></tr>
<tr><td>순원가법(NC)</td></tr>
<tr><td colspan="2">비원산지재료가치비율(MC)</td></tr>
<tr><td>특정공정기준</td><td colspan="2">재단, 봉제, 날염, 염색 등</td></tr>
<tr><td rowspan="6">선택 기준</td><td colspan="3">or 조건 예시</td></tr>
<tr><td colspan="3">세번변경기준 or 부가가치기준</td></tr>
<tr><td colspan="3">부가가치기준 or 특정공정기준</td></tr>
<tr><td colspan="3">세번변경기준 or (세번변경기준 and 부가가치기준)</td></tr>
<tr><td colspan="3">세번변경기준 or (부가가치기준 and 특정공정기준)</td></tr>
<tr><td colspan="3">(세번변경기준 and 특정공정기준) or 부가가치기준</td></tr>
<tr><td rowspan="3">조합 기준</td><td colspan="3">and 조건 예시</td></tr>
<tr><td colspan="3">세번변경기준 and 부가가치기준</td></tr>
<tr><td colspan="3">세번변경기준 and 특정공정기준</td></tr>
<tr><td colspan="3" rowspan="17">보충적 기준</td><td colspan="3">미소기준(De minimis)</td></tr>
<tr><td rowspan="3">누적기준</td><td colspan="2">재료누적</td></tr>
<tr><td colspan="2">상품누적</td></tr>
<tr><td colspan="2">공정누적</td></tr>
<tr><td colspan="3">중간재</td></tr>
<tr><td>간접재료</td><td colspan="2">공구, 금형, 설비, 연료, 촉매제 등</td></tr>
<tr><td rowspan="2">재료가격</td><td colspan="2">원산지재료의 가격</td></tr>
<tr><td colspan="2">비원산지재료의 가격</td></tr>
<tr><td colspan="3">공구, 부속품</td></tr>
<tr><td colspan="3">용기, 포장</td></tr>
<tr><td rowspan="4">대체가능물품</td><td colspan="2">개별법</td></tr>
<tr><td colspan="2">선입선출법</td></tr>
<tr><td colspan="2">후입선출법</td></tr>
<tr><td colspan="2">평균법</td></tr>
<tr><td colspan="3">불인정공정(충분가공원칙)</td></tr>
<tr><td colspan="3">직접운송원칙</td></tr>
<tr><td colspan="3">역외가공</td></tr>
</table>

자료: 관세청 홈페이지(www.customs.go.kr)

원산지 결정기준의 종류는 〈표 7-5〉와 같다. 일반적 기준은 모든 물품에 적용되는 것으로 「완전생산기준」과 「실질적 변형기준」으로 구분된다. 「실질적 변형기준」은 불완전 생산제품에 적용되는 기준으로 세번변경기준, 부가가치기준, 특정공정기준으로 나뉘어진다.

보충기준은 품목별 기준을 보완·완화하기 위한 것으로 분야별 특례 규정으로 협정문에 반영된 것이다. 미소기준, 누적기준, 중간재, 간접재료, 재료가격, 공구부속품, 용기/포장, 대체가능물품, 충분가공원칙, 직접운송원칙, 역외 가공 등이 있다.

원산지 결정기준은 일반적으로 영문 약어를 이용하여 표현한다. 원산지 결정기준 조사에 따른 이해를 돕기 위해 원산지 결정기준 약어와 의미를 정리하여 제시한다.

표 7-6 원산지 결정기준 영문 약어와 의미

원산지 결정기준	의미
CTC	세번변경기준
CC	HS 2단위 세번변경
CTH	HS 4단위 세번변경
CTSH	HS 6단위 세번변경
WO	완전생산기준
WOR of Ch. XX	특정류 해당물품의 완전생산기준
MC(50)	사용된 모든 비원산지 재료의 가격이 공장도 거래가격의 50%를 초과하지 아니할 것
RVC(35/45)	세번변경없이 역내 부가가치기준이 ① 집적법(BU)에 의거 35% 이상이거나 ② 공제법(BD)에 의거 45% 이상일 것
NC(50)	세번변경없이 순원가법에 의거 역내 부가가치기준이 50% 이상일 것
MC(50) of XXXX	특정호에 사용된 모든 비원산지 재료의 가격이 공장도 거래가격의 50%를 초과하지 아니할 것

원산지 결정기준	의미
Within CTH	다른 호의 제품 또는 해당 호 내의 제품으로부터 변경
CTH or MC(50)	HS 4단위 세번이 변경되거나, 비원산지 재료의 가격이 공장도 거래가격의 50%를 초과하지 아니할 것
CTH or RVC(35/45)	HS 4단위 세번이 변경되거나 세번이 변경되지 않고 역내부가가치기준이 ① 집적법(BU)에 의거 35% 이상이거나 ② 공제법(BD)에 의거 45% 이상일 것
CC or MC(50)	HS 2단위 세번변경되거나, 사용된 모든 비원지 재료의 가격이 공장도 거래가격의 50%를 초과하지 아니할 것
CTH + MC(50)	HS 4단위 세번변경되고, 비원산지재료의 가격이 공장도 거래가격의 50%를 초과하지 아니할 것
CC + MC(50)	HS 2단위 세번변경되고, 비원산지재료의 가격이 공장도 거래가격의 50%를 초과하지 아니할 것
CTH + RVC(30/45)	HS 4단위 세번변경되고, 역내부가가치기준이 ① 집적법(BU)에 의거 30% 이상이거나 ② 공제법(BD)에 의거 45% 이상일 것
CC ex. from ch XX	다른 류에서 해당 류로 세번변경조건, 단 XX류는 제외
CTH ex. from heading XXXX	다른 호에서 해당 호로 세번변경조건, 단 XXXX호는 제외
CTH ex. from(waste & scrap)	특정 XXXX호의 비원산지 재료로부터 해당 호로 세번변경조건, 단 XXXX호의 waste and scrap 제외
VNM less than VOM	비원산지 재료의 가격이 원산지 재료의 가격을 초과하지 않을 것
CTH+TV(40)	HS 4단위 세번변경되고, 비원산지 재료의 가격이 거래가격의 40%를 초과하지 않을 것
SP(cutting & sewing)	재단 봉제 가공이 해당국 또는 양 당사국 영역에서 수행될 것

자료: 관세청 홈페이지(www.customs.go.kr)

본 교재는 해외시장조사에 관한 것으로 원산지 결정기준의 구체적인 내용을 다루지 않기로 한다.

3) 진출대상국의 FTA 체결 현황

진출대상국의 FTA 체결 현황은 기업의 해외 진출 시 반드시 포함되어야 내용이다. FTA 특혜관세와 투자협정 등을 이용하여 또 다른 역내국으로의 진출을 고려해 볼 수 있을 뿐 아니라 반대로 진출국에서의 시장경쟁 정도를 가늠해 볼 수 있기 때문이다. FTA의 증가와 함께 중요성은 더욱 커지고 있다.

진출대상국이 어떠한 국가들과 FTA를 체결하고 있는가에 대해서는 현지국 정부가 운영하는 공식 웹사이트를 이용하는 것이 가장 적절하다. 우리나라에서는 산업자원통상부가 "FTA 강국, KOREA(www.fta.go.kr)" 홈페이지를 통해 해당 정보를 제공하고 있다. 〈표 7-7〉은 2019년 10월 기준 중국의 FTA 체결현황을 정리한 것이다.

표 7-7 중국의 FTA 체결 현황

구분	상대국
기체결	(발효) 태국 FTA, 홍콩 CEPA, 마카오 CEPA, ASEAN FTA, 칠레 FTA, 파키스탄 FTA, 뉴질랜드 FTA, 싱가포르 FTA, 페루 FTA, 코스타리카 FTA, 대만 ECFA, 아이슬란드 FTA, 스위스 FTA, 한국 FTA, 호주 FTA, 조지아 FTA (서명) 몰디브 FTA
협상중	(협상중) GCC FTA, 노르웨이FTA, 한중일 FTA, RCEP, 스리랑카 FTA, 이스라엘 FTA, 모리셔스 FTA, 몰도바 FTA, 파나마 FTA, 팔레스타인 FTA (개선협상) 뉴질랜드 FTA, 싱가포르 FTA, 페루 FTA
추진검토 중	인도 RTA, 콜롬비아 FTA, 네팔 FTA, 캐나다 FTA, 몽골 FTA

자료: www.fta.go.kr

3. FTA를 활용한 비즈니스 모델

FTA를 통한 특혜관세와 차별적 무역 자유화는 기업에게 기존 시장 확대의 기회를 제공할 뿐만 아니라 비즈니스 모델의 변화를 통해 새로운 경쟁우위를 획득하고 성과를 제고할 수 있는 기회를 제공한다. 글로벌 가치사슬망을 구축하여 전략적 경쟁우위를 확보하고자 하는 기업들에게 더욱 중요한 의의를 가진다.

비즈니스 모델이란 기업이 어떤 제품이나 서비스를 어떻게 고객에게 전달하고 수익을 창출할 것인가에 관한 총체적인 계획이라고 할 수 있다. 따라서 FTA 비즈니스 모델은 기업의 수출입 과정에서 적절하게 FTA를 활용하여 수익을 창출하고 경쟁력을 강화하는 것을 의미한다.

| 그림 7-8 | 비즈니스 모델의 구성 요소

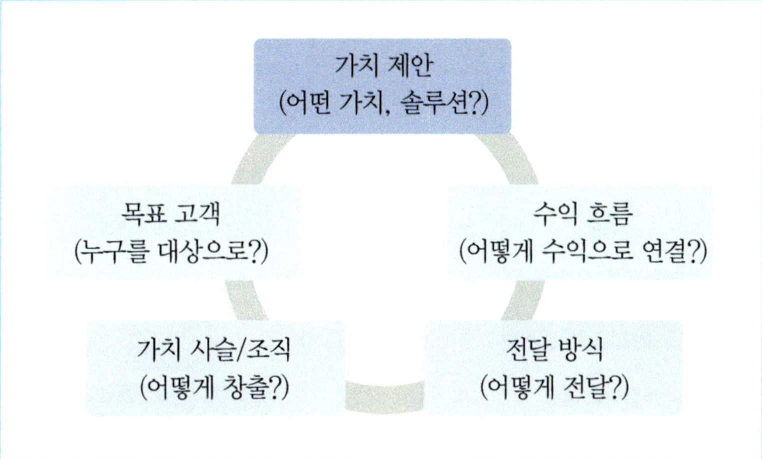

자료: 김학민 외(2018), 대학 FTA 강좌 참고교재, 산업통상자원부·KOTRA

FTA를 활용한 비즈니스 모델은 크게 FTA 관세혜택 활용 모델, 원산지 결정기준 활용 모델, 품목분류 활용 모델, 관세행정제도 활용 모델, 지역 및 특화산업 활용 모델 등으로 구분된다.[47)]

이번 절에서 FTA 비즈니스 모델을 다루는 이유는 기업의 해외 진출 시 제품 판매 수준을 넘어 원재료의 조달, 생산방식의 변화, 해외 생산기지의 선택 등 보다 높은 수준에서의 전략적 의사결정을 위한 것이다.

1) FTA 관세혜택 활용

(1) FTA 관세 인하 수출 모델

FTA 관세 인하 수출 모델은 FTA 체결에 따른 가장 기본적인 비즈니스 모델이라고 할 수 있다. 이를 위해서는 체결대상국의 특혜관세율과 원산지 결정기준 충족여부를 확인해야 한다. 만약 원산지 결정기준을 충족하지 못한다면 원재료 구매와 생산, 가공 방식 등에서 비즈니스 모델 변화가 수반되어야 한다.

| 그림 7-9 | FTA 관세 인하 수출 모델

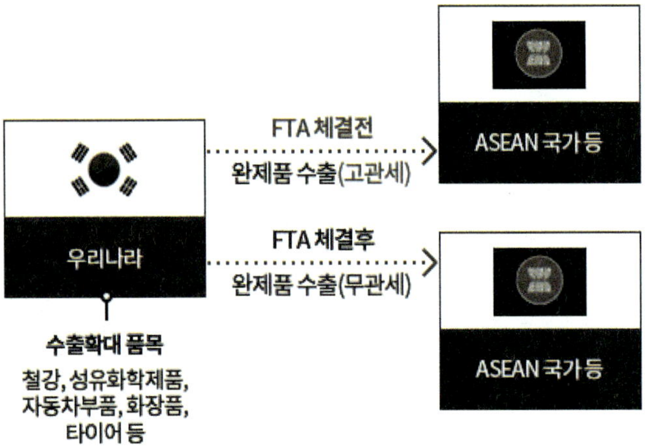

자료: 관세청 홈페이지(www.customs.go.kr)

(2) 완제품 수입국 전환 모델

완제품 수입국 전환 모델은 우리나라가 상대국에게 부여하는 FTA 특혜관세를 활용하는 것으로 FTA 미체결국에서 FTA 체결국으로 수입선을 전환하는 형식이다. 이를 통해 제품의 가격경쟁력을 제고할 수 있다. 이때 주의할 점으로는 FTA 체결국의 원산지 확인서 발급과 진정성(Authenticity)을 검증하는 것이다.

| 그림 7-10 | FTA 관세 인하 수출 모델

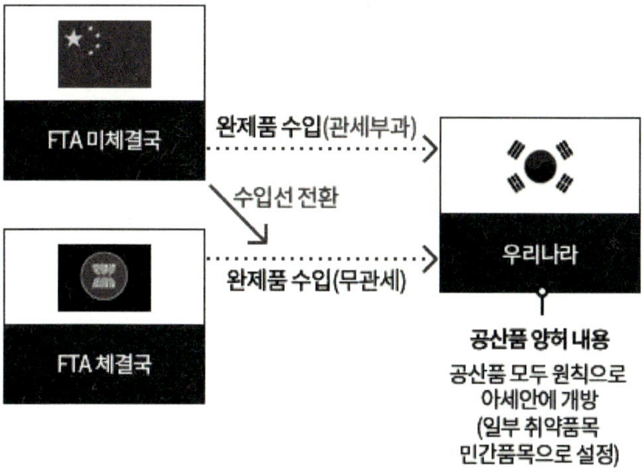

자료: 관세청 홈페이지(www.customs.go.kr)

(3) 상대국 FTA 활용 무관세 수출 모델

FTA 상대국에서 생산하여 상대국의 FTA 체결국에 수출하는 것으로 완제품 수입국의 FTA 특혜관세율 및 원산지 기준의 검토가 필요하다. 이때, 최종수입국에서의 해당 제품의 원산지에 관한 소비자의 인식도 고려되어야 할 것이다. 이를 그림으로 표현하면 다음과 같다.

| 그림 7-11 | 상대국 FTA 활용 무관세 수출 모델

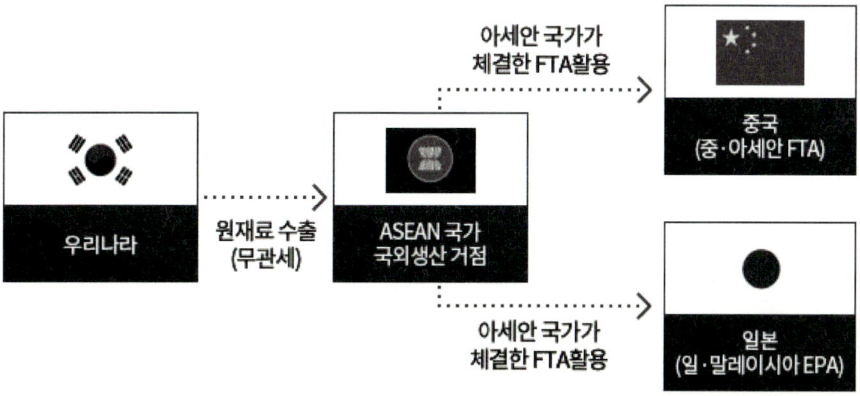

자료: 관세청 홈페이지(www.customs.go.kr)

2) 원산지기준의 활용

(1) 누적조항 활용 국내 거점형 모델

FTA 체결국내 여러 나라에서 생산된 원재료는 모두 자국산으로 간주되어 부가가치 계산 시 누적되는 조항을 활용하는 모델이다. 회원국 중 가장 저렴한 국가에서 원재료 구매 및 무관세 수입 가능, 여러 나라 재료비를 합산함으로써 원산지기준을 충족하는 것이 용이하며 회원국으로 무관세 수출이 가능하다.

그림 7-12 누적조항 활용 국내 거점형 모델

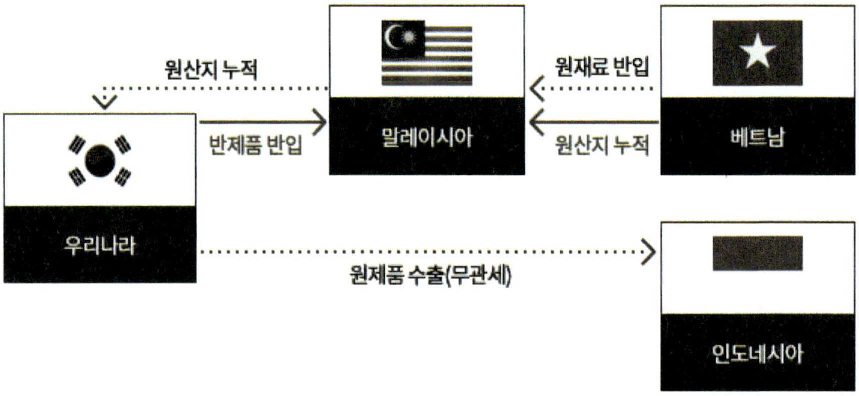

자료: 관세청 홈페이지(www.customs.go.kr)

(2) 미소기준(최소허용기준) 활용 모델

미소기준은 세번(HS Code)변경기준을 보완하는 기준으로 세번변경기준을 충족하기 위해서는 사용된 비원산지원재료와 완성품의 세번(HS Code)이 일정수준 변경되어야 하나 그 원재료 중 세번(HS Code)이 변경되지 않는 비원산지 원재료가 존재하는 경우, 일정수준 이하로 사용한 경우에는 예외적으로 인정되는 기준이다.

그림 7-13 미소기준 활용 모델

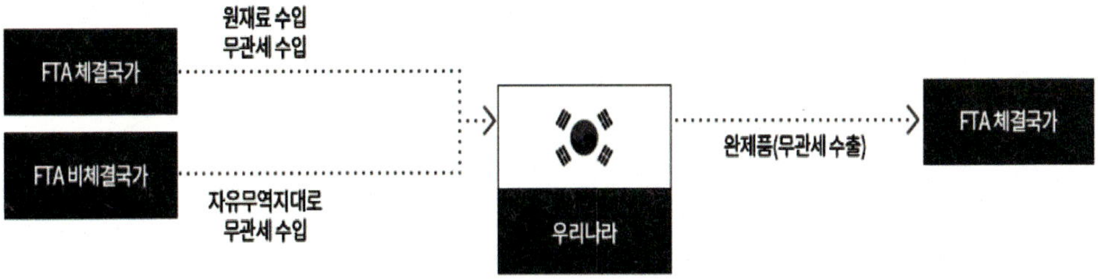

자료: 관세청 홈페이지(www.customs.go.kr)

(3) 일반적 역외가공규정을 이용한 모델

한국산 원재료를 수출하여 역외국(중국 등)에서 반제품을 생산한 후 한국으로 재반입(종합보세구역, 자유무역지역 등으로 반입하는 경우 무관세 반입 가능)한 후 최종 가공 후 FTA 체결국으로 수출하는 모델이다.

그림 7-14 일반적 역외가공규정을 이용한 모델

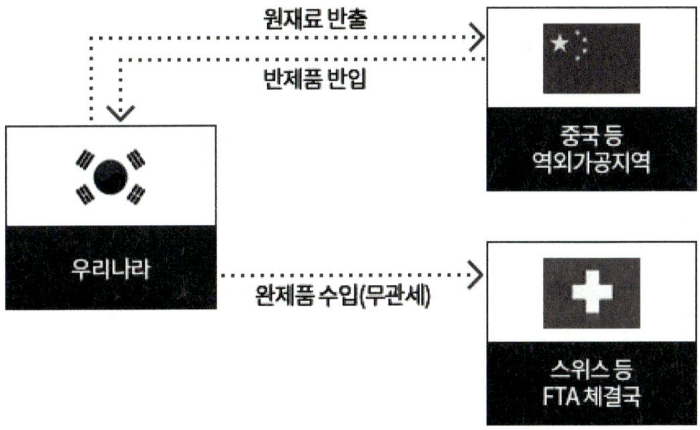

자료: 관세청 홈페이지(www.customs.go.kr)

(4) 세트(SET)재 조항을 이용한 모델

무역 대상 제품이 소매를 위한 세트(ex, 제도용키트)의 경우 세트 내의 모든 상품이 원산지 상품인 경우에만 원산지요건을 충족하나 예외적 조건을 규정하고 있는 FTA를 활용하는 모델이다. 한·미 FTA는 비원산지 상품의 가치가 세트 전체 가격의 15%를 초과하지 않을 경우 원산지 인정하고 있다.

그림 7-15 세트(SET)재 조항을 이용한 모델

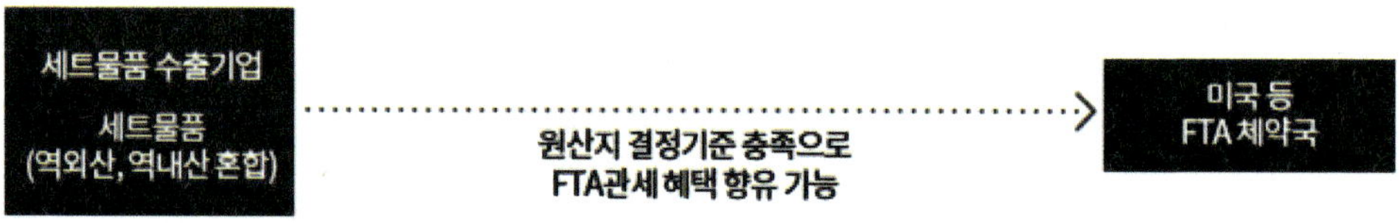

자료: 관세청 홈페이지(www.customs.go.kr)

(5) Roll-Up 원칙 활용 모델

Roll-Up 원칙은 원재료를 수입하여 역내에서 추가 가공한 반제품이 원산지 결정기준을 충족하여 역내산이 될 경우, 최종 생산품의 원산지결정시 반제품 전체 가격이 역내부가가치로 처리하는 것을 의미한다. 우리나라 수출구조(원재료 반입 → 반제품 생산 → 완제품 생산 후 수출)를 고려하면, Roll-Up 기준 사용 가능성이 매우 높다.

그림 7-16 Roll-Up 원칙 활용 모델

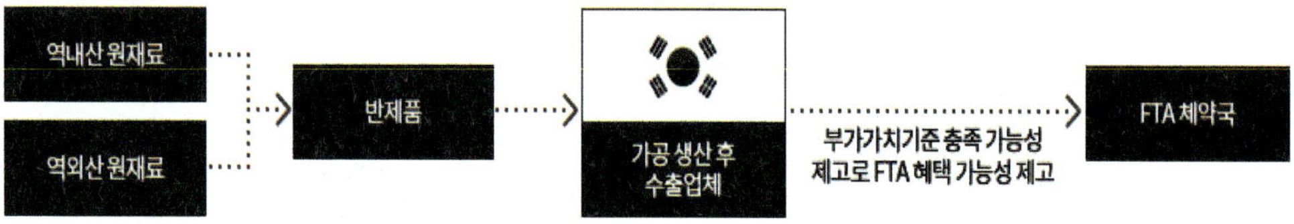

자료: 관세청 홈페이지(www.customs.go.kr)

(6) 누적조항 활용 수출 거점형 모델

누적조항에 의해 특혜 관세를 적용받을 수 있는 FTA 체결국을 활용하는 것으로 아세안이 대표적이다. 인도네시아에 우리나라의 원재료를 수출한 후 현지 가공을 통해 최종재를 생산하여 아세안 국가에 무관세로 수출할 수 있다.

그림 7-17 누적조항 활용 수출 거점형 모델

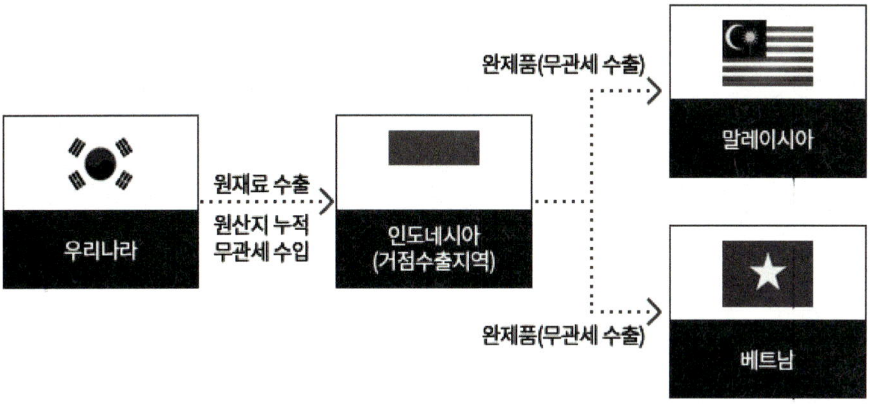

자료: 관세청 홈페이지(www.customs.go.kr)

(7) 중간재 조항 활용 모델

중간재 조항은 어떤 생산자가 역외산 재료를 사용하여 중간제품을 생산한 경우 당해 중간 제품이 원산지 결정기준을 충족하면 역외산 재료를 무시하고 중간제품의 가격 전체를 최종 생산제품의 역내 부가가치로 취급하는 것이다. 생산자가 역외산 재료를 사용하여 중간 제품을 생산한 경우에 활용할 수 있다. 역외산 재료비가 역내산 부가가치에 포함될 수 있어 원산지 결정기준을 충족하기 용이하다.

그림 7-18 중간재 조항 활용 모델

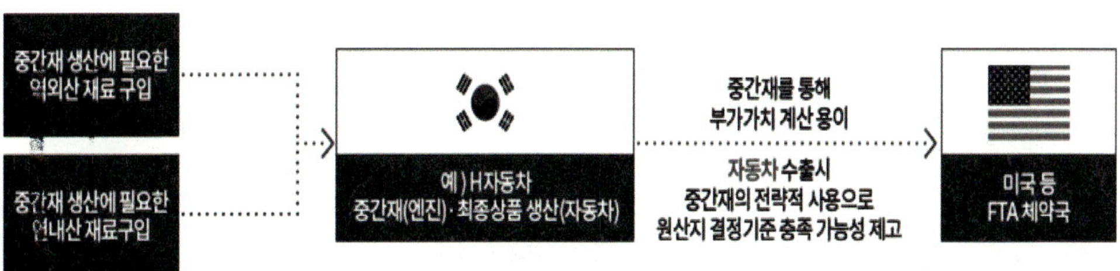

자료: 관세청 홈페이지(www.customs.go.kr)

3) 품목분류 활용 모델

품목분류를 활용한 모델은 품목분류 오류로 FTA 혜택을 활용하지 못하는 경우에 활용하는 것이다. 또한 다른 품목으로 분류하여 특혜 관세를 적용받을 수 있는 경우를 포함한다. 이 모델에서는 관세청의 컨설팅을 활용하는 것이 효과적이다.

그림 7-19 품목분류 활용 모델

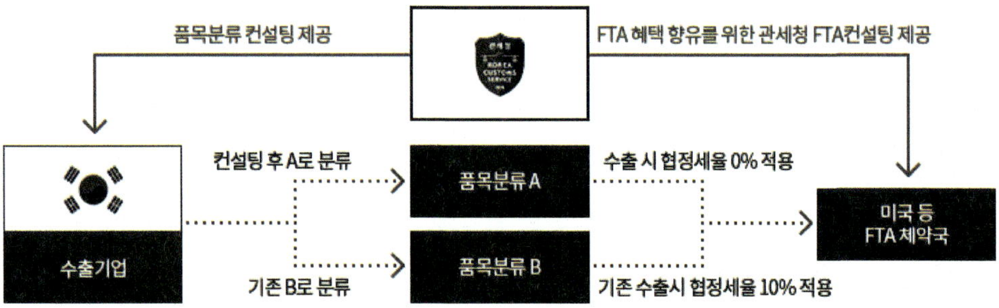

자료: 관세청 홈페이지(www.customs.go.kr)

4) FTA 허브 모델

2개의 FTA를 연결하는 우리나라를 허브로 사용하는 모델이다. 예를 들면, 아세안 FTA를 이용하여 원재료를 무관세로 수입한 후 이를 국내에서 가공하여 세번변경을 충족시킨 후 미국에 수출하면 특혜관세를 적용받을 수 있어 가격경쟁력 확보가 가능하다.

그림 7-20 FTA 허브 모델

자료: 관세청 홈페이지(www.customs.go.kr)

5) 지역특화산업

(1) 자동차 수출경쟁력 강화를 위한 기업전략형 비즈니스 모델

Global Network를 활용한 글로벌 소싱 전략의 수립시 FTA를 적극 활용하는 것이다. 적용되는 부분은 부품의 조달과 수출 영역이다. 이때 복수의 FTA와 원산지 결정기준을 검토하고 최적의 조달과 판매선을 구축하는 것이 중요하다.

| 그림 7-21 | 자동차 산업 FTA 활용모델

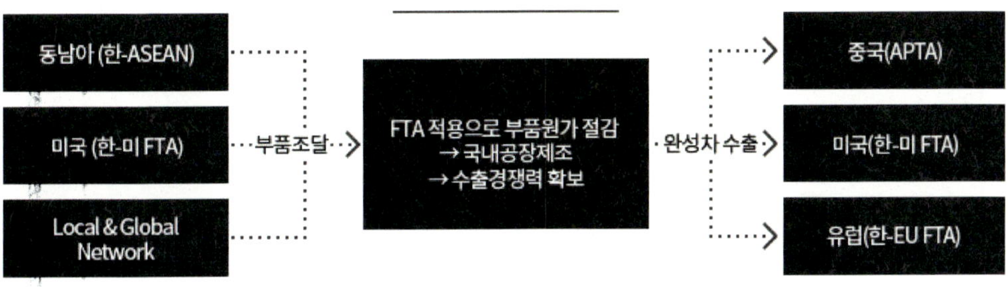

자료: 관세청 홈페이지(www.customs.go.kr)

(2) 제주 감귤초콜릿 FTA 비즈니스 모델

제주 특산품을 활용한 제품을 생산하기 위한 원료 수입선을 FTA 체결국으로 전환하여 원가를 절감하고, FTA 특혜 관세를 적용받을 수 있는 국가로 수출하는 형태의 비즈니스 모델이다. 특히 가격 경쟁력 확보를 통해 FTA 미체결국으로의 수출 증대로 함께 도모할 수 있다.

| 그림 7-22 | 제주 감귤초콜릿 FTA 비즈니스 모델

자료: 관세청 홈페이지(www.customs.go.kr)

함께 생각해보기 / 사례연구

한국 기업의 반덤핑관세 우회를 통한 유럽 전동 킥보드 및 서비스 수출

다음은 2019년도 「대학생 FTA활용 경진대회 아이디어 대상 수상작」으로 한-중FTA 협정을 활용하여 낮은 관세로 중국산 전동킥보드를 국내로 수입한 후 주요 부품을 국내산으로 교체(부가가치기준 50% 충족)함으로 원가 절감하고 제품 안정성과 품질을 향상시켜 한-EU FTA를 활용하여 유럽에 전동킥보드 수출에 성공한 전략 제시한 사례이다.

분류 기준	1안 기존 중국산 수출시	2안 100% 한국산 수출시	3안 FTA 모델을 활용한 한국산 수출시
산출 과정	중국산 제품인 샤오미 M365 모델의 알리바바 B2B FOB가격 차용 FOB 가격 차용 ↓ 기본관세 6% + **반덤핑관세 62.1%** **총 68.1%의 관세율 적용** **USD 180 * 168.1%= 302.58**	한국산 100 % 제품인 'Johan Bicycle' 사의 FOB 가격 차용 ↓ 한-EU FTA에 따른 관세율 0%	* 한국 공장에서 제조하는 부품 ① 모터 : USD 75.68 ② 배터리: USD 116.1 **한국산 부품의 합계: USD 191.78** * 중국 공장에서 수입하는 부품들 (한-중 FTA에 따른 관세율 고려) ① 컨트롤러 : USD 19.98 * 105.3% = USD 21.03 ② 스크린 : USD 10.8 * 100% = USD 10.8 ③ 쓰로틀 : USD 2.52 * 105.3% = USD 2.65 (생략) **중국산 부품의 합계: USD 80.92** **완제품 가격: USD 272.7** ↓ 한-EU FTA에 따른 관세율 0%
총계	USD 302.58	USD 600	USD 272.7

기존의 중국생산 후 EU로의 수출시 제품가격은 USD 302.58이나 한-EU FTA 특혜관세를 활용하면 USD 272.7로 저렴해진다. FTA 특혜관세는 관세율을 낮추는 것을 넘어 기업의 비즈니스 모델을 변화시키는 영향요인임을 알 수 있다.

자료: 한국무역협회 홈페이지(www.kita.net)

CHAPTER 8 통상 환경에서 관세의 이해

1. 관세 환경에서 무엇을 살펴봐야 할까?

1) 관세 환경의 의의

관세는 수입물품에 부과되는 것으로 국가 차원에서는 대외 경쟁력에, 기업 차원에서는 가격 경쟁력을 결정짓는 중요한 요인이 된다. 특히 FTA 체결의 증가로 특혜관세율 적용 대상이 증가하고 있어 그 중요성이 더욱 커지고 있다. 따라서 해외 시장을 진출하는데 있어서 관세 환경의 조사는 매우 중요한 과정이다.

수입물품의 과세가격은 우리나라에 수출하기 위하여 판매되는 물품에 대하여 구매자가 실제로 지급하였거나 지급하여야 할 가격에 가감요소의 금액을 더하여 조정한 거래가격을 원칙으로 하고, 이것이 불가능할 때 5가지 다른 방법을 순차적으로 적용하여 과세가격을 결정한다. 이를 그림으로 나타내면 다음과 같다.

제1방법은 수입물품의 거래가격이 특수관계, 처분·사용상의 제한, 조건 또는 사정 등에 의해 영향을 받지 않는 거래에 대해 적용하며, 이러한 조건을 만족시키지 못할 경우 제2방법부터 순차적으로 적용한다. 일반적으로 제6방법의 세율이 가장 높게 책정되는 경향이 있다. 잘못된 방법으로의 관세신고는 추후 재징수되거나 가산세가 부과되는 경우도 있으므로 세심한 주의가 필요하다.

관세 환경은 진출대상국의 관세율을 조사하는 것과 과세가격 결정과 관련하여 고려해야하는 부분으로 구분될 수 있다. 진출대상국의 관세율을 조사하는 것은 가장 적합한 품목분류에 따른 관세율 적용 여부를 판단하는 의미를 포함하고 있다. 국가별로 HS-Code에 따라 적용되는 관세율이 다르기 때문이다. 또한 넓게는 관세 부과의 기준이 되는 과세가격 결정방법을 고려하는 것을 포함한다.

| 그림 8-1 | 과세가격 결정방법 개요도

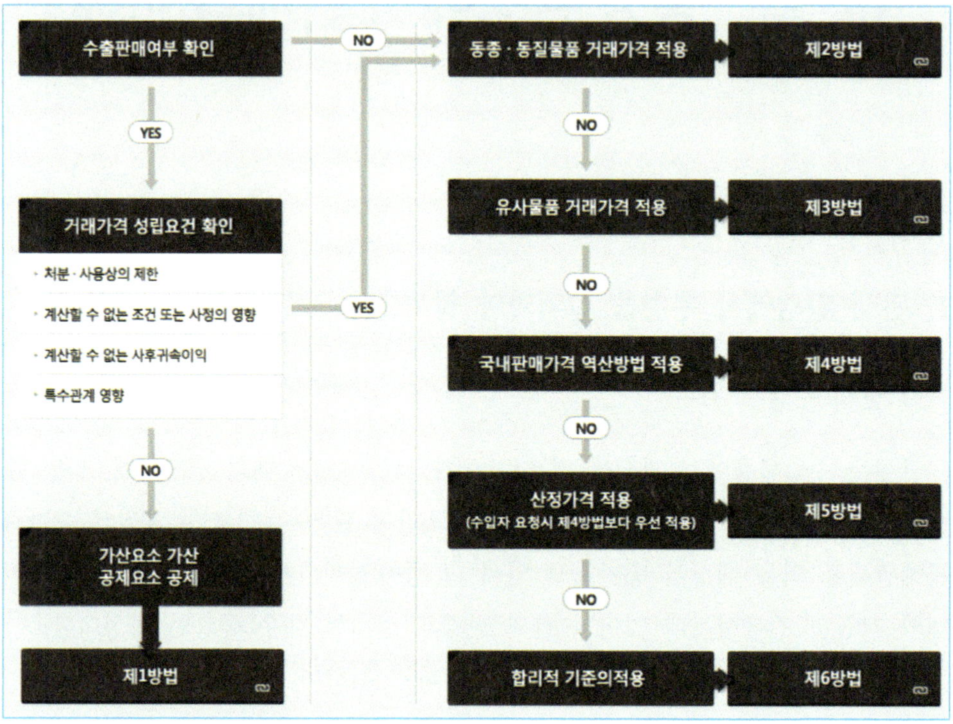

자료: 관세법령정보포털(unipass.customs.go.kr)

2) 진출대상국의 관세율 조사하기

진출대상국의 관세율을 조사하기 위해서는 먼저 수출할 제품의 HS-Code를 확인해야 한다. HS-Code는 수출입 물품에 대해 HS협약에 의해 부여되는 상품분류코드로서 6자리까지는 국제적으로 공통으로 사용하는 코드이며, 7자리부터는 각 나라에서 6단위 소호의 범위 내에서 이를 세분하여 10자리까지 사용한다.

다음은 한국무역통계진흥원에서 제공하는 HS-Code를 검색할 수 있는 웹사이트 화면으로 '핸드 크림(hand cream)'의 HS-Code를 확인하기 위한 검색한 결과이다. 향료·화장품으로 신고한 경우가 많은 것으로 나타났다.

hand cream SEARCH

번역결과가 없거나 추가적인 번역을 하시려면 [여기]를 클릭 하세요.

입력하신 품목명은 아래 HSCODE 2단위 속견표에 표시된 종목으로 수출입 되었습니다.
세부 HSCODE 확인을 원하시는 분류종목을 선택하여 주시기 바랍니다.

신고비율 : 61% 이상 31% ~ 60% 30% 이하

	0	1	2	3	4	5	6	7	8	9
0		산 동물	육과 식용설육	어류	낙농품	기타 동물성 생산품	산 수목및 절화	채소	과실 · 견과류	커피 · 향신료
10	곡물	제분공업 생산품	채유용종자	식물성 수액과 엑스	기타 식물성 생산품	동 · 식물성 유지	육 · 어류 조제품	당류 설탕과자	코코아	곡물 · 곡분의 조제품
20	채소 · 과실의 조제품	각종의 조제 식료품	음료 · 알콜 식초	사료	담배	암석광물	금속광물	광물성 연료 에너지	무기화학품	유기화학품
30	의료용품	비료	유연 · 착색제	향료 · 화장품	비누 · 왁스	단백질계 물질	화약류 · 성냥	사진 · 영화 용재료	각종 화학 공업생산품	플라스틱
40	고무	원피	가죽제품	모피	목재 및 목탄	코르크	조물재료의 제품	펄프	지와 지제품	인쇄서적 · 신문 · 회화
50	견	모	면	기타 식물성 방직용 섬유	인조 필라멘트	인조스테이플 섬유	워딩 · 펠트 · 부직포	양탄자류	특수 직물	침투 · 도포 직물
60	편물	편물제 의류	비편물제 의류	기타 방직용 섬유제품	신발류	모자류	산류 · 지팡이	조제 우모 · 조화 · 인모제품	석 · 시멘트 제품	도자 제품
70	유리와 유리제품	진주 · 귀석 귀금속	철강	철강제품	동	니켈	알루미늄	유보	연	아연
80	주석	기타 비금속	비금속제의 공구	비금속제의 각종 제품	기계류	전기기기	철도차량	자동차	항공기	선박
90	광학 · 정밀 의료기기	시계	악기	무기	가구 · 침구 조립식건축	완구 · 운동용구	잡품	예술품 · 수집과 골동품		

향료·화장품 항목을 클릭하면 3304.99-1000 (기초화장품 제품류)로 나타났으며 기본세율은 8%로 나타났다.

순번	HSCODE	신고비율	HS 품목 해설	신성질별 분류 해설	기본 세율
1	3302.90-0000	0.02%	기타	기타 정밀화학제품	8%
2	3304.30-9000	0.28%	기타	매니큐어 및 페디큐어 제품	8%
3	3304.91-9000	0.19%	기타	기타 화장품류	8%
최다 신고	3304.99-1000	61.15%	기초화장용 제품류	기초화장품	8%
5	3304.99-2000	0.21%	메이크업용 제품류	색조화장품	8%
6	3304.99-3000	0.14%	어린이용 제품류	기타 화장품류	8%
7	3304.99-9000	36.55%	기타	기타 화장품류	8%
8	3305.90-2000	0.38%	헤어크림	기타 헤어제품	5%
9	3307.30-2000	0.05%	그 밖의 목욕용 제품류	기타 화장품류	8%
10	3307.49-0000	0.55%	기타	기타 화장품류	8%
11	3307.90-9000	0.47%	기타	기타 화장품류	8%

보다 상세한 정보를 검색하기 위해서는 통합무역정보서비스(tradenavi)의 관세율 조회 항목을 이용할 수 있다(www.tradenavi.or.kr). 대상국을 선택한 후 HS-Code를 입력하면 관세율 정보를 제공한다. [베트남, 330499]를 입력하면 다음과 같은 결과가 나타난다.

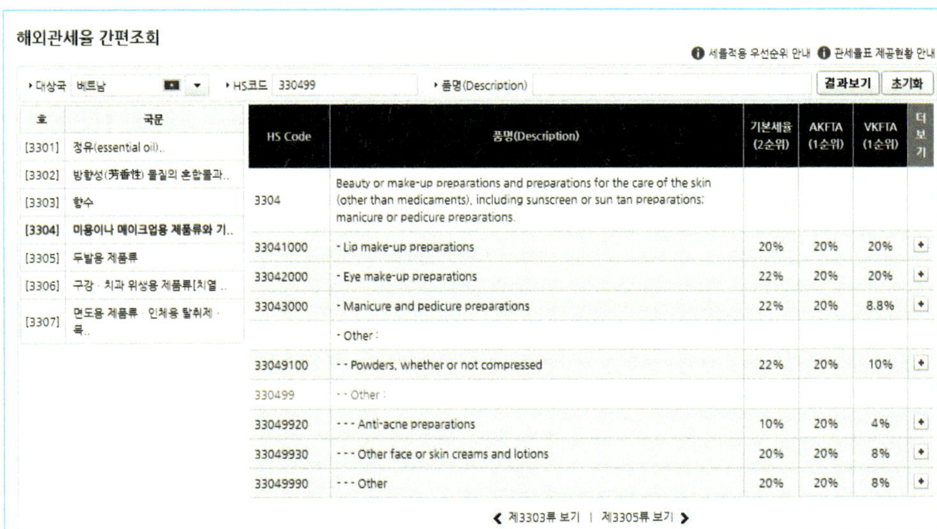

해외관세율 간편조회

세율적용 우선순위 안내 | 관세율표 제공현황 안내

대상국 베트남 | HS코드 330499 | 품명(Description) | 결과보기 | 초기화

호	국문
[3301]	정유(essential oil)..
[3302]	방향성(芳香性) 물질의 혼합물과..
[3303]	향수
[3304]	**미용이나 메이크업용 제품류와 기..**
[3305]	두발용 제품류
[3306]	구강 · 치과 위생용 제품류[치열 ..
[3307]	면도용 제품류 · 인체용 탈취제 · 류..

HS Code	품명(Description)	기본세율 (2순위)	AKFTA (1순위)	VKFTA (1순위)	더보기
3304	Beauty or make-up preparations and preparations for the care of the skin (other than medicaments), including sunscreen or sun tan preparations; manicure or pedicure preparations.				
33041000	- Lip make-up preparations	20%	20%	20%	+
33042000	- Eye make-up preparations	22%	20%	20%	+
33043000	- Manicure and pedicure preparations	22%	20%	8.8%	+
	- Other :				
33049100	- - Powders, whether or not compressed	22%	20%	10%	+
330499	- - Other :				
33049920	- - - Anti-acne preparations	10%	20%	4%	+
33049930	- - - Other face or skin creams and lotions	20%	20%	8%	+
33049990	- - - Other	20%	20%	8%	+

‹ 제3303류 보기 | 제3305류 보기 ›

핸드크림에 해당하는 33049930(other face or skin creams and lotions)를 선택하면 베트남 수출하기 위해 핸드크림에 적용되는 관세율 정보를 확인할 수 있다. 기본세율과 한-ASEAN FTA 협정세율이 모두 20%이나 한-베트남 FTA 협정세율이 8%이므로 해당 제품은 8%의 관세 적용이 가능하다.

표 8-1 | 핸드크림 베트남 수출 관세

기본세율	한-ASEAN 협정세율	한-베트남 FTA 협정세율
기본세율 20%	FTA 협정 세율 20%	FTA 협정 세율 8%

다만, 이를 위해서는 한-베트남 FTA 원산지 결정기준을 충족시켜야 한다. 원산지 기준은 다음과 같다.

표 8-2 한-베트남 원산지 결정기준: 핸드 크림

HS Code(2012기준)	원산지 결정기준
3304	다음 각 호의 어느 하나에 해당하는 것에 한정한다. 1. 다른 호에 해당하는 재료로부터 생산된 것 2. 40% 이상의 역내부가가치가 발생한 것

3) 과세가격 결정방법

과세가격의 결정은 수입업자의 신고가격이 아닌 구매자가 실제로 지급하였거나 지급하여야 할 가격이 기준이 된다. GATT 1947 제7조 제2항 제(b)호에 따르면 '충분히 경쟁적인 조건하의 통상적인 거래과정'에서 발생한 가격이 기준이 된다. 과세의 기준이 되는 실제가격은 경쟁적인 환경에 놓인 독립적인 구매자와 판매자의 거래를 위해 합의한 가격이다. 이는 더 좋은 판매가격을 제시한 제 3의 판매자가 나타난다면 구매자는 제3의 판매자와 거래를 하는 것을 의미하고, 반대로 더 좋은 구매가격을 제시한 제3의 구매자가 나타난다면 판매자는 제 3의 구매자와 거래를 하는 것을 의미한다. 또한 제3의 구매자가 동일한 가격으로 판매자에게 해당 제품을 구매할 수 있어야 하고, 판매자는 동일한 가격으로 제 3의 구매자에게 판매할 수 있음을 의미한다. 요컨대 수입물품의 거래에 있어서 배타적이지 않아야 함을 의미한다.

관세평가에서는 4가지 경우에 제1방법이 아닌 제2-6방법을 대안으로 사용한다. 먼저, 처분·사용상의 제한이다. 수입한 물품을 구매자가 처분 또는 사용하는데 있어서 자신의 판단으로 자유롭게 할 수 없는 경우를 의미한다. 일반적으로 처분 또는 사용에 제한이 있는 수입물품은 낮은 가격으로 수입되기 때문에 충분히 경쟁적인 조건하의 통상적인 거래과정을 만족시키지 못하게 된다. 관세법 시행령 제21조에서는 ① 전시용·자선용·교육용 등 당해 물품을 특정용도로 사용하도록 하는 제한, ② 당해 물품을 특정인에게만 판매 또는 임대하도록 하는 제한, ③ 기타 당해 물품의 가격에 실질적으로 영향을 미치는 제한 등을 규정하고 있다.

두 번째는 조건 또는 사정의 영향을 받는 경우이다. WTO관세평가협정 제1조

제1항은 수입물품의 관세의 과세가격이 거래가격이 되어야 함을 규정하면서 제(b)호에서 판매 또는 가격이 평가대상 물품과 관련하여 가격을 결정할 수 없는 어떤 조건이나 사정에 지배받지 않아야 함을 조건으로 제시하였다. 구체적으로는 부속서 제1항 제(b)에 관한 주해에서 판매 또는 가격이 평가대상 물품과 관련하여 가격을 결정할 수 없게 하는 어떠한 조건이나 사정에 종속이 된다면 거래가격이 수용되지 않는다고 설명한다. 주해는 이에 대해 3가지 사례를 들고 있다. ① 구매자가 특정 수량의 다른 물품을 함께 구매하는 조건으로 판매자가 수입물품의 가격을 결정하는 경우, ② 수입물품의 가격이 수입물품 구매자가 수입물품 판매자에게 다른 물품을 판매하는 가격에 따라 결정되는 경우, ③ 수입물품의 판매자가 반제품을 공급하고, 완제품의 일정 수량을 받는 조건과 같이, 수입물품과 관계없는 지급형태를 근거로 가격이 결정되는 경우이다.

세 번째는 해당 물품을 수입한 후에 전매·처분 또는 사용하여 생긴 수익의 일부가 판매자에게 직접 또는 간접으로 귀속되는 경우이다. 구매자가 실제로 지급하였거나 지급하여야 할 가격이 수입 당시에는 신고하지 않았다가 사후 지급되는 것으로 보아 제 1방법이 적용되지 않는다.

네 번째는 특수관계에 의한 거래가격이 영향을 받은 경우이다. 우리나라 관세법 시행령 제23조는 다음의 경우를 특수관계로 규정하고 있다. ① 구매자와 판매자가 상호 사업상의 임원 또는 관리자인 경우, ② 구매자와 판매자가 상호 법률상의 동업자인 경우, ③ 구매자와 판매자가 고용관계에 있는 경우, ④ 특정인이 구매자 및 판매자의 의결권 있는 주식을 직접 또는 간접으로 5퍼센트 이상 소유하거나 관리하는 경우, ⑤ 구매자 및 판매자중 일방이 상대방에 대하여 법적으로 또는 사실상으로 지시나 통제를 할 수 있는 위치에 있는 등 일방이 상대방을 직접 또는 간접으로 지배하는 경우, ⑥ 구매자 및 판매자가 동일한 제3자에 의하여 직접 또는 간접으로 지배를 받는 경우, ⑦ 구매자 및 판매자가 동일한 제3자를 직접 또는 간접으로 공동지배하는 경우, ⑧ 구매자와 판매자가 「국세기본법 시행령」 제1조의2제1항 각 호의 어느 하나에 해당하는 친족관계에 있는 경우 과세가격 결정방법은 무역 계약의 단계에서부터 고려되어야 한다.

4) 원산지인증수출자 제도의 활용

원산지인증수출자 제도는 관세당국이 원산지증명 능력이 있다고 인증한 수출자에게 원산지증명서 발급권한(한-EU FTA, 한-영 FTA) 또는 첨부서류 제출 간소화 혜택을 부여하는 제도이다.(한-EU FTA는 인증요건을 충족한 수출자만이 원산지 제품의 수출금액이 6천 유로를 초과한 거래에 대해 원산지 증명을 할 수 있도록 규정)

이 제도는 FTA 체결국가가 증가함에 따라 원산지 증명서 발급에 소요되는 시간과 비용을 절감할 수 있도록 도입한 것이다. 원산지인증수출자 제도는 업체별 인증수출자와 품목별 인증수출자로 구분된다.

표 8-3 | 인증수출자의 종류 및 인증 기간

구분	업체별 원산지인증수출자	품목별 원산지인증수출자
혜택범위	모든 협정, 모든 품목	인증받은 협정별, HS 6단위
인증유효기간	5년	5년(법규준수도에 따라 차등적용 가능)
인증기관	본부세관(서울·부산·인천·대구·광주) 및 평택 직할세관	
인증기준	협정상대국별 원산지증명능력 및 법규 준수도	HS 6단위별 원산지증명능력 및 법규 준수도

자료: 관세청 홈페이지(www.customs.go.kr)

업체별 인증수출자는 모든 협정과 모든 품목에 대해 혜택을 부여받는 반면에 품목별 인증수출자는 인증받은 협정별 HS-Code 6단위에 따라 혜택이 주어진다.

표 8-4 | 인증수출자 혜택 비교

협정	인증 前	인증 後
한-아세안 한-싱가포르	① 원산지증명서 발급신청서작성 (전산으로 신청)	① 원산지증명서 발급신청서 작성(전산으로 신청)

협정	인증 前	인증 後
한-인도	② 첨부서류 제출 - 수출신고필증 사본 - 송품장 또는 거래계약서 - 원산지소명서 - 원산지확인서 (생산자와 수출자가 다른 경우) - 그 밖의 원산지 증빙자료 ③ 현지확인(필요한 경우)	② 첨부서류 제출 생략 ③ 현지확인 생략 가능
한-EFTA	① 자율발급 원산지증명서로(통상 Invoice 신고시) 수출자의 서명 필요 ※ 전자문서 이용 불가능	① 수출자의 서명 생략 ※ 전자문서 이용가능
한-EU	① 6,000유로 이상 물품을 수출할 경우 특혜관세혜택 불가능(기관발급도 불가능)	① 6,000유로 이상 물품을 수출할 경우 자율적으로(통상 Invoice 신고시) 원산지증명서 발급 가능(특혜관세 적용 가능)

자료: 관세청 홈페이지(www.customs.go.kr)

인증수출자 인증 기준은 다음과 같다. 업체별 인증수출자 인증기준은 원산지 증명능력, 원산지 관리업무능력, 법규 준수도이다.

| 표 8-5 | 업체별 인증수출자 인증 기준

협정	세부 요건
원산지 증명능력	수출실적이 있는 물품 또는 새롭게 수출하려는 물품이 원산지 결정기준을 충족하는 물품(품목번호 6단위를 기준으로 한다)임을 증명할 수 있는 전산처리시스템을 보유하고 있거나 그 밖의 방법으로 증명할 능력이 있을 것
원산지업무 관리능력	• 원산지증명서 작성대장을 비치 및 관리 • 원산지관리전담자(외부의 원산지 전문가 포함)를 지정 및 운영

협정	세부 요건
법규준수도	• 원산지인증수출자 인증신청일 이전 최근 2년간 FTA관세특례법 제17조제1항 또는 제18조제1항에 따른 서면조사 또는 현지조사를 거부한 사실이 없을 것 • 원산지인증수출자 인증신청일 이전 최근 2년간 제10조제1항제2호에 따른 서류의 보관의무를 위반한 사실이 없을 것 • 원산지인증수출자 인증신청일 이전 최근 2년간 속임수 또는 부정한 방법으로 원산지증명서를 발급신청하거나 작성·발급한 사실이 없을 것

자료: 관세청 홈페이지(www.customs.go.kr)

품목별 인증수출자 인증 기준은 업체별 원산지인증수출자에 해당하지 아니하는 자로 다음의 기준이 적용된다.

표 8-6 품목별 인증수출자 인증 기준

협정	세부 요건
수출물품의 원산지 결정기준 충족여부 확인	수출실적이 있는 물품 또는 새롭게 수출하려는 물품이 원산지 결정기준을 충족하는 물품일 것(HS 6단위는 포괄적 개념으로 대표모델의 원산지 결정기준 충족여부를 확인)
원산지업무 관리능력	• 원산지증명서 작성대장을 비치 및 관리 • 원산지관리전담자(외부의 원산지 전문가 포함)를 지정 및 운영

원산지인증수출자로 지정을 받기 위해서는 원산지관리전담자를 지정하여 운영해야 한다. 원산지관리전담자는 다음 중 하나에 해당하는 자를 지정하여 운영할 수 있다.

- 변호사, 관세사, 공인회계사 : 해당 업체 소속 직원 여부 불문
- 「자격기본법」 제19조제1항에 따라 공인받은 원산지 관리에 관한 자격이 있는 자(원산지관리사 자격증 소지가) : 해당 업체 소속 직원인 경우

• 원산지 관리에 관한 교육을 이수한 자 등 관세청장이 정하는 요건(관세청장이 인정하는 FTA관련 교육을 이수하거나 관세사 등으로부터 FTA 컨설팅을 받는 등의 요건)을 충족한 자 : 해당 업체 소속 직원인 경우에 한하며, 업체별인증수출자인 경우 20점 이상, 품목별인증수출자인 경우 10점 이상의 점수가 되어야 함.

2. 통관 환경에서 무엇을 살펴봐야 할까?

1) 통관 환경의 의의

세계 경제의 발전에 따라 개발도상국과의 교역량이 확대되면서 통관 환경에 대한 관심이 증가하고 있다. 낮은 수준의 통관 환경을 보유한 국가로의 수출은 물류비, 통관, 보관비 등의 비용이 증가하기 때문에 이에 대한 철저한 대비가 중요하다.

세계은행이 발간한 Doing Business 2019에 따르면 수입통관에 필요한 서류처리[48]에 걸리는 시간은 평균 60.2시간, 세관통관[49]에 소요되는 시간은 평균 69.4시간이다. 그러나 탄자니아는 수입서류처리에 240시간, 세관통관에 402시간으로 진출대상국에 따라 편차가 큰 점은 주의가 필요하다.

표 8-7 통관시간과 비용

	서류처리시간 (hours)	세관통관시간 (hours)	서류처리비용 (US$)	세관통관비용 (US$)
190개국 평균	60.2	69.4	156.9	448.1
우리나라	1	6	28.8	314.6
탄자니아	240	402	375	1,350

자료: WorldBank(2019), Doing Business: Training for Reform

통관 환경의 또 다른 고려사항은 통관거부 사례이다. 통관거부는 진출대상국의 법과 규정, 절차 등을 준수하지 않아 통관이 거부되는 사례이다. 통관거부는 수출물품이 이미 진출대상국에 운송된 상태라는 점에서 문제가 발생한다. 제3국으로 재수출하거나 다시 반송하는 경우에 시간과 비용이 상당히 소요될 뿐만 아니라 장기간 운송으로 인한 품질하락과 유통기한이 짧아질 수 있기 때문이다.

| 표 8-8 | 통관거부 유형별 건수 현황(2020년)

구분	미국	유럽	중국	대만
라벨링/포장	2,264	26	45	0
서류미비	2,012	20	94	0
표준 미준수	4,153	569	0	118

자료: 통합무역정보서비스(www.tradenavi.or.kr)

〈표 8-8〉은 2020년 기준 주요국 통관거부 유형별 건수이다. 대만의 경우, 표준 미준수가 118건으로 매우 높게 나타나고 있어 진출기업의 사전 준비가 필요함을 보여준다. 또한, 중국의 경우 서류미비가 94건으로 높게 나타난 점도 그러하다.

이상을 정리해보면, 통관환경은 무역 업무를 처리하는 과정에 소요되는 시간과 비용을 미리 계획하고 대비함으로써 기업의 자원배분과 관련된 의사결정을 지원하며 더 나아가 사전 준비를 가능하게 함으로써 수익을 보호해주는 점에서 중요함을 알 수 있다.

2) 국가별 통관절차 확인하기

국가별 통관절차는 통합무역정보서비스(TradeNAVI)를 통해 파악할 수 있다. 중국을 사례로 살펴본다. 통합무역정보서비스 홈페이지에 접속한 후 FTA/관세 메뉴 항목을 선택한다. 하위 메뉴 중 관세/통관의 국가별 통관절차를 클릭한 후 진출대상국을 선택하면 상세한 통관절차가 확인이 가능하다.

다음은 중국의 통관절차 검색결과이다. 먼저 내용의 출처와 더불어 통관 전체 과정이 제시된다. 이후 단계별 필요 사항이 안내된다.

중국은 수입신고를 위해 통관고유번호의 발급과 적하목록 제출을 규정하고 있다. 통관번호는 각 관할세관에 발급신청하며 적하목록 제출기한을 정하고 있다.

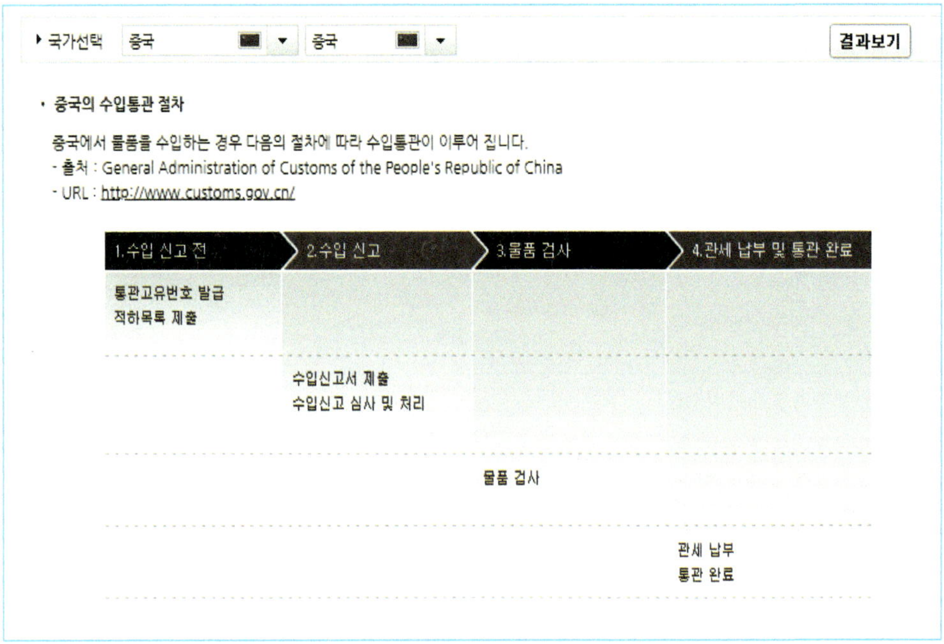

(1) 통관고유번호발급

수입자는 수입신고를 하기 전 필수적으로 중국세관으로부터 통관고유번호를 발급받아 수입하거나 통관고유번호를 발급 받은 에이전트와 계약하여 수입통관을 진행해야 함.(단, 상업 목적이 아닌 개인적 용도로 수입하는 경우 발급 면제)

- 발급절차: 각 관할세관에 직접 신청
- 벌칙: 적하목록을 사전에 제출하지 아니하는 경우, 미국 통관항에서 양하금지 조치, 최초의 위반에 대하여 벌금 5,000달러, 그 이후의 위반에 대하여 벌금 10,000달러 부과

(2) 적하목록 제출기한

- 해상운송: 선적 24시간 전(컨테이너선), 목적항 도착 24시간 전(기타선박)
- 항공운송: 항공기이륙 전(4시간 이하 단거리 항공), 목적항 도착 4시간 전(장거리 항공)
- 육상운송: 목적역 도착 2시간 전(열차), 목적지 도착 1시간 전(차량)

통관고유번호를 발급받은 수입자는 적하목록 제출 후, 관련증빙서류와 함께 수입신고서를 관할세관에 제출하여야 한다. 제출방법은 EDI를 통한 신고와 EDI를 통하지 아니한 신고로 구분된다.

EDI를 통하지 아니한 신고에 필요한 서류는 다음과 같다. 서명된 상업송장(Signed Invoice), 포장명세서(Packing list), 선하증권 또는 항공화물운송장(Bill of Lading or Delivery Order/Airway Bill), 운송보험서류, 소포명세서(우편운송의 경우), 화물수취증(육상운송의 경우), 일부 해당물품의 경우 관련 수입 라이센스(동식물 수입허가증, 약품 수입허가증 등), 기타 세관이 필요시 요구하는 서류 등이다.

수입신고서가 제출되면 물품검사가 이루어진다. 관할세관 내 감관통관처(監管通關處)에서는 검사가 생략된 경우를 제외하고는 모든 수입화물에 대해 검사하는 것을 원칙으로 하며, 검사는 세관이 정한 시간에 세관관리 및 감독구역 내에서 실시한다. 검사방법으로는 ① 전수검사(Thorough Inspection), ② 표본추출검사(Sampling inspection), ③ 외장검사(Packing inspection) 등이 있다.

검사장소는 세관의 관리구역 내 항구, 공항, 기차역 또는 세관감독 장소에서 진행되나, 원유, 곡물, 철강재 등 산적화물이나 화학품 등 위험물에 대해서는 적재된 운송수단 내에서 검사가 진행된다. 화물 특성상 부득이하다고 인정되는 경우 세관에 신청하여 세관관리 및 감독구역 외에 세관검사직원이 파견되어 검사하기도 한다.

검사가 완료되고 관세가 부과되면 세관이 서류 심사 후 납부고지서를 수입 신고인에게 발급한 날로부터 15일 이내(일요일과 법정공휴일 제외)에 납부하여 통관을 완료할 수 있다.

3) 통관거부 사례 조사하기

수입국의 통관거부는 해당 국가의 법과 규정, 절차 등을 준수하지 않은 경우에 발생한다. 산업자원통상부는 통합무역정보서비스(TradeNAVI)를 통해 2012년부터 발생한 통관거부사례를 제공하고 있다. 대상국가, 업종, 유형을 선택할 수 있다. 통합무역정보서비스의 통관거부 사례에서 선택할 수 있는 검색 항목은 〈표 8-9〉와 같다.

표 8-9 통관거부 검색 항목

거부국가	업종	거부유형	년도	검색조건
미국, 중국, 일본, 대만, 홍콩, 캐나다, 러시아, 말레이시아, 싱가포르, 호주, 그리스, 네덜란드, 덴마크, 독일 등	가공식품, 의료기기 및 의약품, 농산물, 잡제품, 수산물, 생활용품, 섬유/직물, 교육, 전기/전자, 임산물, 축산물, 기계, 화학공업, 예술/스포츠/레저, 철강/금속, 자동차 및 자동차 부품, 플라스틱/고무/가죽, 건설 및 건축, 광산물, 조선 등	성분(금지, 기준치 초과), 라벨링/포장. 서류미비, 표준미준수, 식품변질, 사용상의 위험, 기타	2012년 ~ 2020년	거부 사유, 제품

자료: 통합무역정보서비스(www.tradenavi.or.kr)

다음은 TradeNAVI에서 [2019년, 중국, 화장품]으로 검색한 통관거부 조회 결과이다. 총 28건이 검색되었으며 가장 많은 거부사유가 서류미비로 25건이 해당되는 것으로 나타났다. 특히 화물증 불일치가 16건으로 매우 빈번하게 나타난다. 따라서 중국에 화장품을 수출하고자 하는 기업은 화물증 발급과 관리에 세심한 주의가 필요함을 알 수 있다.

통관거부사례

▸ 거부국가 중국 ▾ ▸ 업종 전체업종 ▾ ▸ 거부유형 전체 ▾
▸ 원산지 [국가선택] ▸ 년도 2019 ▾ ▸ 검색조건 제품 ▾ 화장품 [결과보기]

· 전체 : 28 · 페이지 : 1/3 10개씩 보기 ▾ 확인

거부국가	년도	업종	제품	거부사유	원산지
중국	2019	공산품	화장품	화물증 불일치	미국
중국	2019	공산품	화장품	화물증 불일치	미국
중국	2019	공산품	화장품	화물증 불일치	미국
중국	2019	공산품	화장품	화물증 불일치	미국
중국	2019	공산품	화장품	인증서 또는 적합성 증명서 미제출	러시아
중국	2019	공산품	화장품	효모 기준치 초과	일본
중국	2019	공산품	화장품	인증서 또는 적합성 증명서 미제출	이스라엘
중국	2019	공산품	화장품	인증서 또는 적합성 증명서 미제출	이스라엘
중국	2019	공산품	화장품	유통기한 초과	프랑스
중국	2019	잡제품	화장품	제출서류 기록증 미제출	대만

다음은 TradeNAVI에서 [2019년, 미국, 화장품]으로 검색한 통관거부 조회 결과 중 가장 먼저 나타난 사례의 상세화면이다.

거부국가	미국	업종	잡제품
제품	스킨케어 조제 화장품 (ULTRASOUND, SKIN PERMEATION)	거부년월	2019년 10월 19일
제조국가	중국	거부유형	서류미비 라벨링/포장 표준 미준수
관할 FDA	미국 남동부 수입부	FDA 샘플분석여부	No
거부사유	**·위반코드** : NOT LISTED- 118 **·위반내용** : 이 약품이나 의료 기기가 Section 510(j)에서 규정한 목록에 포함되어 있지 않거나, 이 제품에 관련된 통지나 기타 정보가 Section 510(j)이나 510(k)에서 규정한 대로 제공되지 않았음 **·관련섹션** : 502(o), 801(a)(3): MISBRANDING **·위반코드** : FRNMFGREG- 3280 **·위반내용** : Section 801(a)(3)의 규정에 따른 승인 거절(통관 거부) 대상임 [FD&CA의 Section 502(O) 규정에 맞지 않는 라벨 정보 오기 또는 허위 표기: section 510 of the Act에서 승인한 시설이 아닌 곳에서 제조, 준비, 생산, 혼합(합성) 또는 가공처리되었음] [Misbranding, Section 502(o), 801(a)(3)] **·관련섹션** : 502(o), 801(a)(3): MISBRANDING **·위반코드** : DIRECTIONS- 16 **·위반내용** : 적절한 사용법이 (충분히) 제시되지 않았음 **·관련섹션** : 502(f)(1), 801(a)(3): MISBRANDING **·위반코드** : LACKS FIRM- 333 **·위반내용** : 포장(물) 형태의 식품으로서, 제조업체, 포장업체나 유통업체의 상호명, 영업소가 기재된 라벨이 없음 **·관련섹션** : 502(b)(1), 801(a)(3): MISBRANDING		

· 자료출처 : FDA(미국식약청)

중국에서 제조된 제품으로 서류미비, 라벨링/포장, 표준 미준수를 이유로 2019년 10월 19일 통관이 거부된 사례이다. 위반코드와 위반내용을 중심으로 거부사유가 제시되어 있다.

함께 생각해보기

美FDA, 한국산 팽이버섯 수입통관 거부

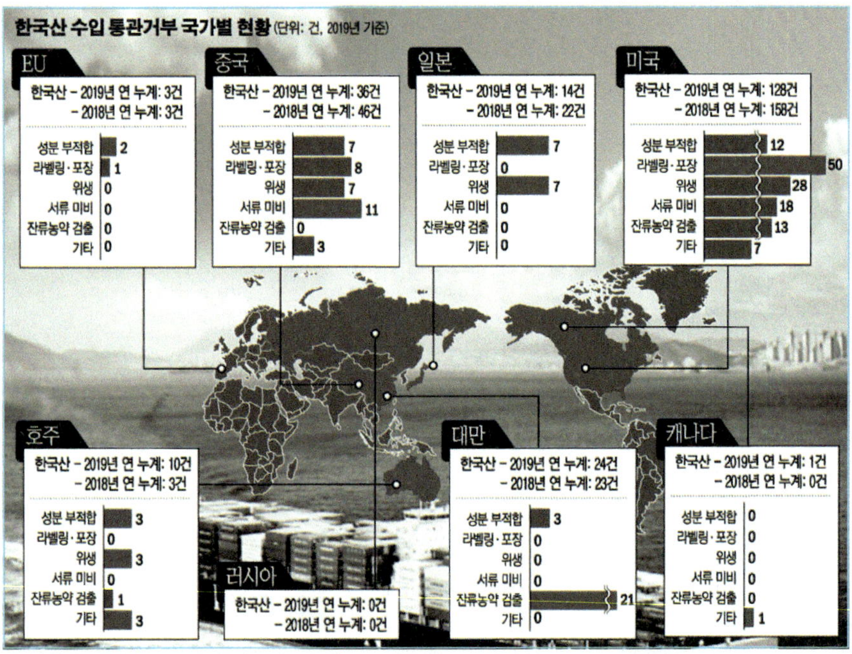

올해 4월 7일 미국 식품의약국(FDA)은 한국산 팽이버섯을 수출한 A사에 대해 수입경보(Import Alert)에 등록했다. 수입경보에 한 번 오르면 미국으로 제품을 수출하려는 경우 FDA가 별도의 검사 없이 수입거절 혹은 구류 조치를 취할 수 있어 수출 자체가 불가능해질 수도 있다. 농림축산식품부는 A사가 수출한 팽이버섯에서 리스테리아균이 발견됐는데 미국과 한국의 팽이버섯 섭취 방식의 차이가 이번 사태의 원인으로 보고 있다. 우리나라는 팽이버섯을 씻어서 익혀 먹기 때문에 가열 중 식중독균이 사라지지만 미국은 샐러드

처럼 조리과정 없이 바로 먹는 것을 선호하기 때문에 식중독균이 문제가 된 것으로 파악된다. 현재 미국에서 한국산으로 표기된 모든 팽이버섯 제품의 섭취가 금지됐고 팽이버섯의 수출이 정상화되는 데에는 시간이 소요될 것으로 예상된다.

이투데이, 20년 6월 1일 기사 중 일부.

☞ 국가별로 통관거부 유형이 다르게 나타나고 있다. 이에 따른 기업의 대응방안을 생각해보자.

CHAPTER 9

통상 환경에서 비관세장벽의 이해

1. 비관세장벽이란 무엇인가?

각국은 자국의 경제적 목표를 달성하기 위해 자국의 대외경제활동(무역)을 규제, 조정, 촉진하는 정책을 수립하여 시행하고 있다. 이 중 관세는 가장 강력하고 영향력 있는 무역정책이라고 할 수 있다. 그러나 현대에 들어 관세가 상당 부분 인하되면서 비관세 정책의 중요도가 높아지고 있는 실정이다. 수입국가의 관점의 무역정책은 수출기업 입장에서는 무역장벽이 된다. 관세 외 무역장벽을 비관세장벽으로 정의하고 논의를 전개한다.

비관세장벽은 수치화된 관세와는 달리, 각국의 국내 제도와 법령 등의 형태로 운영되고 있기 때문에 파악하기도 쉽지 않을 뿐만 아니라 해석의 여지가 존재하기 때문에 해결방안을 찾기 어렵다. 경기 침체기에는 여러 국가에서 자국 산업보호를 위해 없어진 관세 대신에 비관세장벽을 활용하여 수입을 억제하기 때문에 더욱 그러하다.

비관세장벽의 특징으로는 다양성과 복잡성, 예고없이 제도의 변경과 신설이 용이한 가변성, 특정국가/특정상품을 타겟으로 할 수 있는 차별성, 경직성, 비계량성 등이 있다. 비관세장벽의 유형은 UNCTAD-MAST 비관세조치 분류체계를 따라 구분해 볼 수 있다. 다음은 2019년에 발표된 비관세조치 분류체계이다.

비관세조치의 구체적인 내용을 살펴보면 다음과 같다.

| 표 9-1 | Classification of non-tariff measures

구분	유형	
Technical measures	A	Sanitary and phytosanitary measures
	B	Technical barriers to trade
	C	Pre-shipment inspection and other formalities
Non-technical measures	D	Contingent trade-protective measures
	E	Non-automatic import licensing, quotas, prohibitions, quantity-control measures and other restrictions not including sanitary and phytosanitary measures or measures relating to technical barriers to trade
	F	Price-control measures, including additional taxes and charges
	G	Finance measures
	H	Measures affecting competition
	I	Trade-related investment measures
	J	Distribution restrictions
	K	Restrictions on post-sales services
	L	Subsidies and other forms of support
	M	Government procurement restrictions
	N	Intellectual property
	O	Rules of origin
Export	P	Export-related measures

자료: UNCTAD(2019), International classification of non-tariff measures

A형은 '동식물위생검역조치'(Sanitary and Phytosanitary Measures: SPS)로서 첨가제, 오염 물질, 독소 또는 질병을 야기하는 유기체에서 발생하는 위험으로부터 인명이나 동물의 생명을 보호; 식물이나 동물이 옮기는 질병으로부터 인간의 생명을 보호; 질병 또는 질병을 일으키는 유기체로부터 동물이나 식물의 생명을 보호; 해충의 침입, 정착, 확산으로부터 국가의 피해를 방지 및 제한; 생물의 다양성을 보호하기 위해 적용되는 조치를 의미한다.

B형은 '무역기술장벽'(Technical Barriers to Trade: TBT)으로서 SPS 협약이 적용되는 조치를 배제하고 기술 규정, 표준, 적합성 평가 절차에 관한 조치를 의미한다. 기술 규정은 제품 특성이나 관련 프로세스 및 생산 방법을 규정하는 문서로서, 규정 준수를 의무화하기 위한 해당 분야의 행정 규정을 포함한다. 또한, TBT는 제품, 제조공정, 생산 방법에 적용되는 용어, 기호, 포장, 표시 또는 라벨링 요구사항이 포함된다.

C형은 '선적전검사'(Pre-Shipment Inspection and Other Formalities: INSP)로서 출하 전 검사, 직접위탁요건, 특정 통관항을 통과하는 요건, 수입 모니터링 및 감독에 관한 조치사항과 자동 라이센스 조치 및 기타 수속이 포함된다.

D형은 '조건부 무역보호조치'(Contingent Trade-Protective Measures: CTPM)로 대표적으로 반덤핑, 상계관세, 세이프가드가 해당된다. 조건부 무역보호조치는 특정 절차 및 실질적인 요구사항의 이행에 따른 불공정한 대외무역 관행을 포함하여, 수입국의 시장에서 수입의 특수한 부정적 영향에 대응하기 위한 조치이다.

E형은 '수량제한조치'를 포함한 각종 통제조치(Non-Automatic Licensing, Quotas, Prohibitions and Quantity-Control Measures Other than for SPS or TBT Reasons: QR)로서, 일반적으로 서로 다른 근원지 또는 하나의 특정 공급 업체로부터 수입한다는 여부와 관계없이 수입 할 수 있는 재화의 수량을 제한하는 것을 목표로 한다.

F형은 '부가세와 부가요금을 포함한 가격통제조치'(Price-Control Measures, Including Additional Taxes and Charges: PC)로서 수입상품의 가격이 낮을 때 국내가격을 지원하기 위해 수입상품의 가격을 통제 혹은 영향력을 행사하고, 국내 시장가격 변동과 해외시장의 가격 불안정성으로 인해 특정 상품의 가격을 설정, 혹은 세수를 증대하거나 보전하는 일련의 조치를 의미한다.

G형은 '금융조치(Finance Measures)'로서 수입에 있어 외국환 접근 및 비용을 규제하고 지급조건을 규정한다.

H형은 '경쟁조치'(Measures Affecting Competition)로 하나 이상의 경제 주체 그룹에게 독점 또는 특별우대, 또는 특권을 부여하는 조치를 의미한다.

I형은 '무역관련 투자조치'(Trade-Related Investment Measures)로 국내에서 생

산되거나 혹은 근원으로 하는 제품을 특정 수준 혹은 유형을 최소수준으로 구매하거나 사용해야 하는 요건 혹은 현지부품사용 비율이 일정수준 이상일 경우 구매나 사용 제한을 의미한다.

J형은 '유통제한'(Distribution Restrictions)으로 수입국 내부에서 상품유통이 제한되는 조치를 의미한다. 상품유통은 추가 라이센스 또는 인증관련 요건을 통해 통제될 수 있다.

K형은 '판매 후 서비스 제한'(Restrictions on Post-Sales Services)으로 수출상품의 생산자가 수입국에서 판매 후 서비스를 제한하는 규제를 의미한다.

L형은 '수출보조금 제외한 보조금'(Subsidies: Excluding Export Subsidies)으로서 정부, 공공기관, 정부기관의 위탁을 통한 또는 민간기업의 지시(자금의 직접적인 이체 또는 잠재적으로 직접 이체될 가능성이 있는 경우, 예를 들면 보조금, 대출, 주식병합, 보증; 정부수입, 재화 또는 서비스의 제공 혹은 재화의 구매, 자금조달 지원), 또는 이윤을 창출하는 소득 혹은 가격지원책(기업 또는 산업 또는 그 그룹에 해당하거나, 지정된 지역에 한정)을 의미한다.

M형은 '정부조달 제한'(Government Procurement Restrictions)으로 통상적으로 국영 공급자을 선호하여, 정부기관에 의해 상품 구매를 통제하는 조치를 의미한다.

N형은 '지적재산권'(Intellectual Property)으로 무역에서 지적재산권과 관련된 조치를 의미한다. 지적재산법은 특허, 상표, 산업디자인, 집적회로 배치디자인, 저작권, 지리적 표시 및 영업비밀을 다루고 있다.

O형은 '원산지규정'(Rules of Origin)으로 수입국 정부가 상품의 원산지를 식별하기 위해 일반적으로 적용하는 법과 규정, 그리고 행정적인 결정을 의미한다.

P형은 MAST 체계의 마지막장으로서, 수출국 정부가 수출상품에 적용하는 '수출관련조치'(Export-Related Measures: EXP)이다.

진출 대상국의 비관세장벽은 시장 진출을 위한 비용과 시간의 증가뿐 아니라 진입을 실패하게 하는 요인이 된다. 이는 장벽 극복 비용으로 인한 가격 경쟁력 약화와 늦은 시장 진입으로 인한 경쟁력 손실에 기인한다. 따라서 비관세장벽은 해외 시장을 진출하는 기업은 진출 대상국의 비관세장벽에 관한 분석과 대응방안의 수립이 매우 중요하다.

본 교재에서는 비관세조치, 무역기술장벽, 환경규제, 해외인증을 중심으로 조사 방법을 살펴보고자 한다.

2. 비관세장벽을 어떻게 조사할 수 있을까?

1) 비관세조치

수출대상국의 비관세장벽은 개별 기업뿐 아니라 국가경제에 매우 중요한 의미를 가지기 때문에 정부에서는 통합무역정보서비스(TradeNAVI)에 국가별, 품목별, 유형별 무역규제를 검색할 수 있도록 서비스를 제공하고 있다.

표 9-2 비관세장벽 검색항목

대상국가	업종	비관세장벽 유형
미국, 중국, 일본, 대만, 홍콩, 캐나다, 러시아, 말레이시아, 싱가포르, 호주, 그리스, 네덜란드, 덴마크, 독일 등	화장품, 농축산물, 수산물, 식품, 의약품, 생활/유아용품, 패션/의류, 의료기기, 가전제품, 무선통신기기, 디스플레이, 정보기기, 자동차, 자동차부품, 철강금속, 화학물질, 금속광물, 금융서비스, 방송통신서비스, 문화콘텐츠	기술장벽, 식품위생 및 동식물 검역, 수량통제조치, 수입쿼터, 가격규제, 금융관련조치, 무역관련투자조치, 정부조달제한, 지적재산권, 수출관련 조치, 인증, 디지털 통상,

자료: 통합무역정보서비스(www.tradenavi.or.kr)

다음은 [디지털통상]과 관련된 비관세장벽을 조사하기 위해 검색한 결과이다. 총 19건이 검색되었으며, 중국, EU, 베트남, 인도, 인도네시아, 러시아, 브라질, 터키에서 비관세장벽이 확인되었으며 주된 내용으로는 디지털서비스거래세도입, 데이터 현지화 규제, 사이버보안 및 개인정보보호 등으로 나타났다.

번호	국가	관련HS(6단위)	유형	제목
19	터키	841459	디지털통상	디지털 서비스 거래세(DST) 도입
18	터키	841459	디지털통상	터키 데이터 현지화 규제
17	브라질	841459	디지털통상	브라질 데이터 현지화 규제
16	러시아	841459	디지털통상	러시아 전자상거래(Online- Retailer & Digital Produ…
15	러시아	841459	디지털통상	러시아 인터넷 서비스 규제
14	러시아	841459	디지털통상	러시아 데이터 현지화 규제
13	인도네시아	841459	디지털통상	인도네시아 인터넷서비스 규제
12	인도네시아	841459	디지털통상	인도네시아 데이터 현지화 요건

검색된 비관세장벽 내용 중 [러시아, 전자상거래]의 세부내용을 살펴보면 다음과 같다. 하단에 HS-Code가 제시되어 있으므로 수출하고자 하는 제품의 HS-Code와 비교함으로써 진출 품목과의 연관성을 판단할 수 있다.

표 9-3 비관세장벽 검색결과 예시

제목	러시아 전자상거래(Online- Retailer & Digital Products) 규제
국가	러시아
유형	디지털통상
개요	• 러시아는 전자상거래에 대한 관세면세 상한선을 대폭 축소하는 동시에 14가지 유형의 온라인 거래에 대해 18%의 부가세를 부과
상세 내용	• 러시아는 2013년 12월 푸틴대통령이 '전자상거래 간소화'를 발표한 이후 EAEU동맹 역외지역의 온라인에서 구매하는 제품에 대한 관세면제점을 지속적으로 축소 - EEC는 관세면제 상한선을 종전 1,100달러에서 2019년 1월 570달러로 줄인데 이어 2020년 1월부터는 다시 270달러로 줄일 예정 • 2016년 7월 구글TAX로 알려진 법이 채택되었는데 2017년 1월 현재 온라인으로 거래되는 상품 및 서비스 14종에 대해 18%의 부가세를 부과

	- 부가세 부과대상품목은 소프트웨어 응용 및 게임 데이터 베이스, 광고, 온라인 경매, 온라인 소매, 데이커보관, 호스팅 프로바이더, 데모인 등록, 검색엔진, 디지털 상품(도서, 음악, 오디오비디오 제품, 그래픽) 등이 포함됨 - 2017년1월에는 초대형 온라인 판매사이트에 대해 연방 국세청 등록을 의무화함 (*) 하단 '관련 HS'는 적용품목의 예를 보여주며, 디지털통상 및 e-커머스 규제는 적용품목이 전산업에 걸침
관련 HS	841459, 844331, 844332, 847139, 847160, 851650, 851840, 851850, 851981, 851989, 852841, 852849, 852850, 852851, 852852, 852859, 852861, 852869, 852870, 852871, 852872, 852873, 857130, 901710, 901720, 910591, 910610, 910690, 950490

자료: 통합무역정보서비스(www.tradenavi.or.kr)

2) 기술장벽(TBT)

무역관련 기술장벽은 국가간 서로 상이한 기술규정, 표준, 적합성평가절차 등을 적용함으로써 상품의 자유로운 이동을 저해하는, 무역상 장애요소를 의미한다. 기술장벽의 유형으로는 ① 기술규정 및 표준에 의한 장벽, ② 강제검사 및 인증제도상의 장벽, ③ 라벨링 요건상의 장벽 등이 있다.

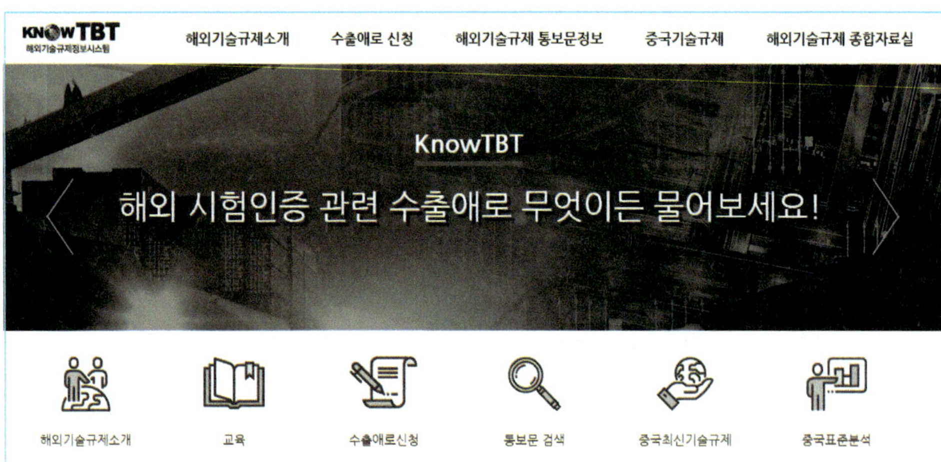

자료: 해외기술규제정보시스템(www.knowtbt.kr)

기술장벽을 조사하는 방법은 WTO TBT-IMS 홈페이지(http://tbtims.wto.org)와 해외기술규제정보시스템(https://www.knowtbt.kr)을 활용하는 방법이 있다. 해외기술규제정보시스템은 국가기술표준원이 운영하는 서비스로 WTO의 TBT 통보문을 국가별, 업종별로 분류하여 검색해 볼 수 있다.

진출대상국의 수출품목과 관련된 기술장벽을 조사하기 위해서는 해외기술규제정보시스템 홈페이지의 「통보품 검색」을 클릭한 후 해당 업종과 국가를 선택하면 된다. [미국, 화장품]을 선택한 결과는 다음과 같다.

총 36개의 게시물이 있습니다.

Symbol 국가	[대분류] 세부분류 제목	통보일 의견제시일	 의견
USA/1531 미국	[식의약품(보건의료 또는 헬스케어)] 화장품 연방 식품, 의약품 및 화장품법 503A 조에 따라 의약품을 합성하는 데 사용할 수 있…	2019-09-27 2019-12-04(마감)	0
USA/1287/Add.2 미국	[식의약품(보건의료 또는 헬스케어)] 화장품 아세트산납에 대한 색상 첨가제 등록에 대한 규정 복원	2019-04-09 미지정	0
USA/1287/Add.1 미국	[식의약품(보건의료 또는 헬스케어)] 화장품 인증에서 제외되는 색상첨가제 목록의 종료; 아세트산 납	2018-11-06 미지정	0
USA/293/Add.8 미국	[식의약품(보건의료 또는 헬스케어)] 화장품 기관 정보수집활동; 수집안; 의견 요청; 일반의약품 자외선차단 약제품에 관한 자외…	2018-08-27 2018-10-22(마감)	0

총 36개의 TBT 통보문이 미국의 화장품 산업과 관련된 기술규제로 나타났다. 검색결과 중 「처방전 없이 살 수 있는(OTC) 자외선 차단제(통보번호: 293)」를 클릭하면 다음의 결과물이 나타난다.

WORLD TRADE ORGANIZATION	G/TBT/N/USA/293/Rev.1/Add.1 2011년 9월 19일

Committee on the Technical Barriers to Trade

NOTIFICATION

부록

제목: 처방전 없이 살 수 있는(OTC) 자외선 차단제; 제형에 관한 자료 및 정보 요청; 의견마감일 연장

담당기관: 미국 보건복지부(Department of Health and Human Services) 산하, 식약청(FDA)

조치사항: 입법예고(Advance notice of proposed rulemaking); 자료 및 정보 요청; 의견마감일 연장

요약: 미 식약청(FDA)은 2011년 6월 17일에 발표한 입법예고에 대한 의견마감일을 연장함. 입법예고는 적용 승인을 받지 않고 거래되는 처방전 없이 살 수 있는(OTC) 자외선 차단제의 일부 제형에 관한 자료 및 정보를 요청함. 입법예고에 대한 의견마감일은 2011년 9월 15일임. 동 문서를 통해 의견마감일을 2011년 10월 17일까지 연장함.

마감일: 전자 혹은 서면 자료 및 정보를 2011년 10월 17일까지 제출바람.

관련 문서: http://www.gpo.gov/fdsys/pkg/FR-2011-09-14/html/2011-23479.htm
http://www.gpo.gov/fdsys/pkg/FR-2011-09-14/pdf/2011-23479.pdf

3) 환경규제

환경규제는 「국민건강 및 환경보전과 지속 가능한 경제 발전을 위해 국내·외에서 제정된 환경관련 법률 및 표준과 국제기구에서 정한 환경관련 협약 및 표준」을 의미하며, 국제환경규제는 대외적으로는 자국 혹은 지구적 환경보호를 표방하지만, 실제적으로는 자국 산업의 보호를 위한 비관세 수출장벽으로 작용되고 있다.

이에 산업통상자원부는 국제환경규제 기업지원센터(https://www.compass.or.kr)를 지정하고 국제환경규제에 관한 종합적인 정보를 제공하고 있다.

진출대상국의 국제환경규제를 검색하기에 앞서 「국제환경규제 분석보고서」를 검색하여 관련 있는 자료를 다운받아 활용할 것을 추천한다. 국제환경규제의 전문적이고 복잡한 내용을 기업의 필요에 맞춰 실질적인 정보가 제공될 수 있도록 선제적으로 준비한 것이기 때문이다.

▎국제환경규제 정보분석 프로세스▐

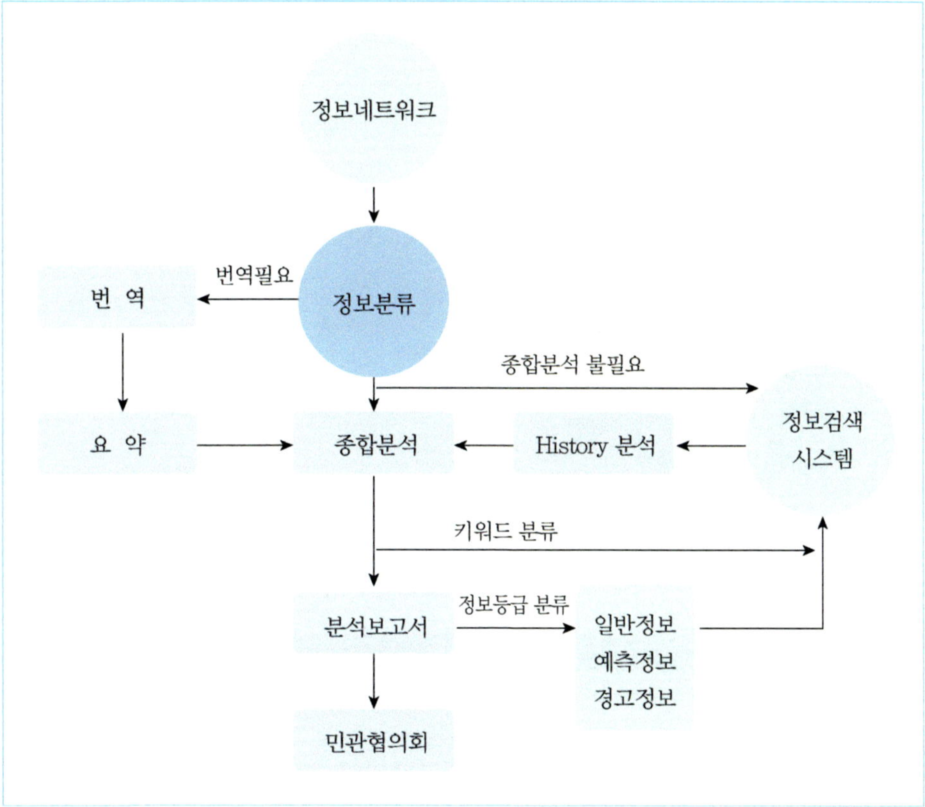

자료: 국제환경규제 기업지원센터 홈페이지(www.compass.or.kr)

중국으로 화장품을 수출하고자 하는 기업은 2020년 발간한 「중국, 신규 화장품 원료규정 준수 가이드」를 활용하면, 개별 환경규제를 분석하는 것에 비해 시간과 비용을 줄일 수 있다.

| 표 9-4 | 환경규제 검색결과 예시: 중국

제목	중국, 신규화장품 원료규정 준수 가이드		
보고서 번호	318-20-026	규제분류	화학물질
키워드	중국, 화학, 화장품, 화장품원료, NCI, NPMA		
요약	• 기존 중국의 '화장품감독관리조례'는 모든 새로운 화장품 원료의 시판 전 승인을 위해 엄격한 요구사항과 획일적인 등록 및 허가 체계를 적용 – 불명확한 심사 기간, 낮은 합격률 등으로 수출기업의 중국 시장 진입 장벽으로 작용 • 2021년 1월 1일, 중국은 '화장품감독관리조례'를 개정·시행 예정 – 방부재, 자외선차단제, 착색제, 염모제, 미백제 등 저위험도의 신규 원료는 국무원 약품감독관리부문 신고제로 변경 – 중국 내 신고·등록인 책임제도 도입으로 품질관리체계 수립하고 생산·출시 후 감독 관리 수행토록 함.		

자료: 국제환경규제 기업지원센터 홈페이지(www.compass.or.kr)

국제환경규제 분석보고서를 검색한 후 관련 정보가 부족한 경우, 국제환경규제 정보검색 메뉴를 활용하여 직접 환경규제를 검색하여 살펴볼 수 있다. [중국, 화장품]을 선택한 후 검색하면 다음의 관련 정보를 얻을 수 있다. 총 7건이 검색되었으며 최근 규제는「중국 식품 및 화장품의 과대포장 규제 강화 예고」이다.

4) 해외인증

인증제도는 생산자가 규격 또는 사양에 적합한 품질의 제품 또는 서비스를 공급하고 있음을 공신력을 가진 기관에서 보증하고 특정마크를 부여하는 제도이다. 인증제도는 제품의 안전성과 신뢰도를 쉽게 확인할 수 있도록 해주고 소비자의 제품선택에 기준을 제공하는 긍정적인 측면이 있으나, 무역에 있어서는 제한적 운영으로 인해 무역장벽이 되기도 한다.

해외 진출에 앞서 자사의 제품이 해당 국가가 요구하는 인증을 갖추었는지 반드시 확인이 필요하다. 해외규격인증은 각 나라에서 생산되는 제품을 품질과 안전등을 고려하여 자국 내 기준에 따른 규격화 제도로 국가별로 다른 기준을 적용하는 점에서 해외기업의 주의가 요구된다.

해외인증에 관한 정보는 통합무역정보서비스를 통해 검색이 가능하다. [중국, 의료기기]를 검색어로 중국 진출에 필요한 인증을 살펴보면,「CFDA (의료기기)」 인증이 필요함을 알 수 있다.

표 9-5 해외인증 정보 검색결과

명칭	CFDA(의료기기)
품목분류(HS)	8419, 9018, 901819, 9019, 902000, 9021, 9022
인증구분	의무
개요	• 의료기기 등록 제도를 통해 중국에서 판매, 사용되는 모든 의료기기 제품은 CFDA 인증 취득을 해야 함. • CFDA 인증 취득은 중국 의료기기 시장 진출에 있어 강제적이고 필수

	적인 기본 요구 조건임. 또한 CFDA에서 제정한 의료기기 제품 등록 관리 방법의 규정 및 절차에 따라 판매되고 있는 의료기기에 대해서 지속적인 사후 감독을 시행함으로써 소비자들의 의료기기 사용의 안정성과 유효성을 보장하고 있음. • 의료기기 등급은 1등급, 2등급, 3등급으로 분류되며 CFDA 의료기기 인증 취득 시 해외의료기기의 경우에는 해외 제조업체는 중국 내의 지정기구를 그 대리인으로 함. 또한 해외 제조업체는 중국 내의 상응하는 자격요건을 갖춘 법인기구나 중국의 업체에 의료기기 판매 및 사후 관리 서비스를 위탁해야 함. • 작년 법 개정으로 인해 해외의료기기의 경우 GMP 적합인정을 받지 않고도 품목허가만 받으면 바로 판매가 가능해졌음.
대상품목	전자가속기, 유아용온열기, 보육기, 의료기기 시스템, 산호포화도 측정기, 근전도 및 유발반응 진단기, 자기공명 (MR) 진단기, CO2 감시, 전기경련 치료기, ECT, 한방의료기기, 심전계, B형 초음파진단기기, 컬러음파 진단기기, 기타초음파진단 장치, 소변분석기, 혈액분석기, 환자감시, 내시경, 산소호흡기, 고압증기 멸균기, 호흡가스 감시기, 혈압계, 수액펌프, 감사선 치료기, 수술장비 측정기, EO가스 멸균기, 심장 박동기, 유아용 황달치료기, 전기분해기, 홀터, 인공장기, 뇌파계, 심실제동기, 마취장비, 인공심폐기, 의료용 전원장치, 고주파 치료기, 혈액 정화장비용 체외순환기기, x선 필름 현상기, 쇄석기, X선 치료기, 유방진단기, 혈액투석장치, 복박투석기, 레이저, 중공섬유투석시, 초음파진단기, 인공심장 이식용박동기, 복지의료기, 혈당 분석기 등

자료: 해외인증정보시스템(www.certinfo.kr)

해외인증에 관한 전문적인 정보는 한국산업기술시험원에서 운영하는 해외인증정보시스템 (https://www.certinfo.kr)에서 찾아볼 수 있다. 해외인증정보시스템에서는 국가별 인증정보, 인증마크별 인증정보, 맞춤형 정보조사 등을 제공한다. 다음은 [중국]의 인증정보를 검색한 화면이다. 전체 23개의 인증정보가 있으며 CCC, CCS, CFDA, CGC, CPA 등이 목록에 나타났다. 상세한 인증과 관련된 정보는 유료로 제공되고 있다.

한편, 해외인증정보시스템은 인증마크별로도 구분하여 인증정보를 제공하고 있다.

CHAPTER 10

해외공공조달시장의 이해

1. 해외공공조달시장이란 무엇인가?

해외공공조달시장은 정부 및 국제기구가 공공서비스 제공을 위해 구매하는 시장을 의미하며, 정부조달시장, 국제기구 조달시장, 개발원조(ODA: Official Development Assistance)시장 등 3가지로 구분된다. KOTRA(2018)에 따르면 2017년 기준, 9.5조 달러로 추정되는 해외 조달시장은 세계 각국 정부 조달(9.29조 달러), 국제기구 조달(476.5억 달러), ODA 조달(1,776억 달러)규모이다.

전통적으로 정부조달분야는 유무형의 차별과 장벽을 통해 외국기업의 진출이 제한적인 시장으로 판단되어져 왔다. 특히 개별 정부의 조달시장은 국내기업의 보호, 일자리 창출, 국제수지 개선 등을 이유로 외국기업의 진입을 제한하여 왔다(최장우, 2010). 정부조달은 비상업적인 특수구매로 GATT에서도 내국민대우원칙을 예외적으로 적용하였다. 그러나 1979년 도쿄 정부조달협정 이후 1994년 WTO정부조달협정이 체결되면서 개방되기 시작하여 2020년 2월말 기준으로 48개국이 GPA (정부조달협정)에 가입한 상태이다. 구체적으로 살펴보면, 한국, 일본, 홍콩, 대만, 싱가포르, 캐나다, 미국, 아루바(네델란드령), 아이슬란드, 노르웨이, 스위스, 리히텐슈타인, EU 및 EU 27개 회원국, 영국, 이스라엘, 아르메니아, 뉴질랜드, 몬테네그로, 우크라이나, 몰도바, 호주 등이다.

WTO 정부조달협정 전문은 "국제무역 수행의 더 많은 자유화 및 확대를 달성하고 국제무역 수행을 위한 틀을 개선할 목적으로, 정부조달을 위한 효과적인 다자간 틀의 필요성을 인정하고, 정부조달에 관한 조치가 국내 공급자, 물품 또는 서비스를 보호하거나 외국 공급자, 물품 또는 서비스 간에 차별하도록 준비, 채택 또는 적용되도록 하여서는 아니 된다는 것을 인정하며, 정부조달 제도의 무결성 및 예측가능성이 공공자원의 효율적이고 효과적인 관리, 당사자 경제의 성과 그리고 다자간 무역제도의 기능에 불가결하다는 것을 인정하고, 이 협정에 따른 절차적 약속이 각 당사자의 특별한 상황을 받아들일 수 있도록 충분히 유연하여야 한다는 것을 인정하며, 개발도상국, 특히 최빈개발도상국의 개발, 재정 및 무역 상 소요를 고려할 필요성을 인정하고, 정부조달에 관한 투명한 조치, 투명하고 공평한 방식에 따른 조달의 실시, 그리고 국제연합 부패방지협약과 같은 적용될 수 있는 국제규범에 따라 이익상충 및 부패 관행을 회피하는 것이 중요함을 인정하며, 이 협정의 적용을 받는 조달에서 전자적 수단을 사용하고 그 사용을 장려하는 것이 중요하다는 것을 인정하고, 이 협정의 당사자가 아닌 세계무역기구 회원국이 이 협정을 수락하고, 이 협정에 가입할 것을 장려하기를 희망하면서 다음과 같이 합의한다."고 밝히고 있다.

이에 따라 우리나라는 조달청을 중심으로 해외조달정보센터를 개설하고 해외조달제도와 절차, 국가별 조달시장 정보를 제공하고 해외조달시장 진출유망기업(G-PASS 기업)을 모집하여 지원하고 있으며, KOTRA는 해외공공조달 선도기업 육성사업을 수행하고 있다.

참고자료

G-PASS 기업

G-PASS기업은 국내 정부조달을 통해 조달청이 기술력과 신뢰성을 이미 인정하고, Target 국가에 대한 수출 경쟁력을 갖춘 기업을 대상으로 해외 조달시장에서도 경쟁력을 갖게끔 지원해 주는 제도로 주요 지원 대상 국가는 조달시장 진출이 유망한 대륙별 거점 국가로 '20년 현재 14개 지역으로 중국, 베트남, 인도네시아, 러시아, UAE, 미국, 터키, UN, 인도, ODA, 호주, 사우디, 미얀마, 우즈벡으로 이루어져 있으며, '20년 현재 708개사가 선정되어 있다.

사업구분	세부 내용
해외전시회	정부조달전시회에 약 5~7개 기업이 단체로 참가하여 한국기업홍보관을 구성하고 정부 차원의 우수조달기업 해외홍보 및 마케팅을 지원하는 사업
	참가업체의 부스임차료 및 운송비 등 경비의 일부분을 사후지원하며 통역 및 차량임차를 지원
정부조달 수출컨소시엄 파견	수출유망지역으로 조달청과 우수조달기업이 함께 정부조달 수출컨소시엄을 구성하여, 우수조달기업 해외 조달시장 진출 및 수출협상을 지원하는 사업
	현지 바이어 초청 기업상담회 개최, 해외 유관 조달기관과의 면담을 통한 우리 기업의 해외 조달시장 진출 방안 논의
개별전시회 참가지원	해외마케팅 관련 재정지원책으로 G-PASS기업 대상 개별 해외전시회 참가 경비 중 부스비 임차료 및 운송비 등 경비의 일부를 지원하는 사업
바이어 초청 국내 상담회	매년 KOPPEX 바이어 초청 상담회가 정기적으로 개설되고 있으며, 비정기적으로 해외 주요 국가별 바이어 초청 상담 프로그램을 진행
멘토링 등 교육제공	해외조달시장에 기진출한 선배기업과 초보기업간의 네트워을 형성하여 현장에서 필요한 실무 조언을 들을 수 있도록 기업간 멘토링 기회 제공
	해외 주요 국가의 조달시장 설명회를 상시 개설하여 국가별 조달시장의 특성과 동향을 파악할 수 있는 교육기회 제공
온라인 홍보	해외 수요기관 및 조달기관 관계자, 해외 바이어를 대상으로 매월 G-PASS기업 홍보웹진을 발행하여 우수조달기업을 홍보
	글로벌코리아마켓(www.globalkoreamarket.go.kr)을 통해 G-PASS 기업의 대표제품을 상시 홍보하고 관심 바이어 정보를 제공

최근 정부조달시장은 WTO-GPA(정부조달협정)과 다자간 및 양자간 FTA를 통해 개방이 이루어지고 있다. 특히 최근에 타결되거나 논의되는 무역협정(CPTPP, 태평양동맹 등)에서 개도국의 경제상황을 고려하여 단계별 양허방식을 도입하거나, 국가간의 민감성 및 상호 경제관계를 고려한 상호주의 조항을 적극 활용하는 등 조달협정의 활용 측면에서 유연성이 강화되고 있어 신흥국 조달시장 접근성이 높아지고 있다(양평섭 외, 2019). 〈표 10-1〉은 WTO-GPA 주요 가입국 양허하한선이다.

표 10-1 WTO 정부조달협정 주요 가입국 양허 하한선

구분	중앙정부			지방정부(광역/기초)			공기업		
	물품	서비스	건설	물품	서비스	건설	물품	서비스	건설
한국	13	13	500	20/40	20/40	1,500	40	40	1,500
미국	13	13	500	35.5	35.5	500	25만$/40	25만$/40	500
캐나다	13	13	500	35.5	35.5	500	35.5	35.5	500
EU	13	13	500	20	20	500	40	40	500
일본	10	10	450	20	20	1,500	13	13	1,500

* 미국은 상호주의를 적용, 우리나라에 대하여 지방정부 및 공기업의 건설서비스를 1,500만 SDR로 유보.

해외공공조달시장은 기업들에게 다음의 의의를 가진다. 먼저 새로운 시장으로서의 의의이다. 지금까지 해외진출은 수출대상국의 민간시장을 중심으로 논의되어 왔다. 그러나 선진국을 중심으로 공공조달시장의 개방이 확대되었을 뿐 아니라 입찰과정과 선정과정이 투명해지면서 외국기업의 진출이 활발해지고 있다. 특히 국제기구 조달시장은 누구나 참여할 수 있다는 점에서 더욱 그러하다. 두 번째는 신뢰할 수 있는 시장이라는 점이다. 공공조달은 정부 혹은 공공기간이 지급을 보증하는 거래로 무역의 대표적인 위험인 대금미지급 가능성이 매우 낮은 안전한 거래이다. 세 번째는 신규시장 진입을 위한 브랜드 인지도 확보에 따른 유리한 무역거래가 가능하다는 점이다. 시장 진입에 앞서 수출대상국 공공조달 실적의 보유는 현지 유통업체/구매업체와 무역 협상 시 제품 품질에 대한 보증의 역할을 함으로써 유리한 협상을 가능하게 한다. 마지막으로 국제조달시장에 참여한다는 것은 개방된 외국시장 혹은 국제기구시장으로의 진출을 위한 교두보 역할을 한다는 의미가 가장 크며, 장기적으로 기업의 글로벌 시장점유의 밑거름이 된다는 점에서 큰 의의가 있다(이미정 외, 2014).

2. 해외공공조달시장은 어떻게 조사할 수 있을까?

해외공공조달시장의 국내 기업의 진출을 촉진하고 지원하기 위해 조달청은 해외조달시장진출지원센터(G-PAss : Global Procurement Assistance Center)를 운영하고 있으며 주된 정보는 홈페이지에 게시하고 있다.

1) 국제기구조달

국제기구조달은 유엔조달로 대표된다. 유엔조달시장은 유엔본부 및 40여개의 산하기구, 30여개의 평화유지군(PKO)에 물품 및 서비스를 공급하는 시장으로 세계적으로 유엔의 역할이 커지는 추세에 따라 조달시장의 규모도 증대되고 있다.

유엔조달시장의 총 규모는 2018년 기준 총 188억달러 규모로 2011년부터 지속적으로 증가하는 추세이며, 2016-2018년 유엔 각 기구별 연평균 조달구매액을 분석할 때, UNICEF, UNPD, UNHCR, UNOPS 순으로 조달규모가 크며 개발도상국 등에 대한 구호활동 및 평화유지 목적의 조달수요가 다수를 차지하고 있는 것으로 나타났다.

| 그림 10-1 | 물품 및 서비스 구매 총액(2011-2018)

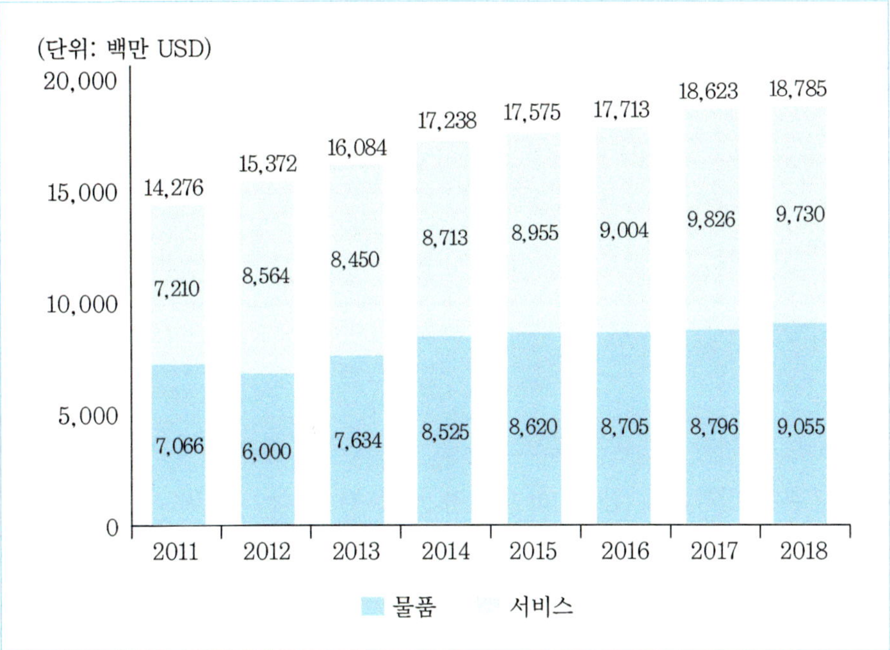

자료: UN(2019), Annual Statistical Report on United Nations Procurement

UN조달의 구매방식은 완제품 납품계약, R&D프로젝트 조달방식, UN기관 협력조달, 정부연계납품으로 구분된다. 구체적인 내용은 다음과 같다.

| 표 10-2 | UN조달 구매방식

구매방식	상세
완제품 납품계약	• 다양한 분야의 물품 및 서비스 구매를 위한 일반 입찰방식. • 특정 프로젝트에 소요되는 물품 및 서비스에 대한 턴키 방식의 일괄발주가 다수. • 개별물품의 단독 구매비중은 적은 편.
R&D 프로젝트 조달방식	• 유엔기구에서 진행하는 특정 R&D프로젝트의 의약품, 의료기기, 신약 등 의료 R&D 조달 위주.

구매방식	상세
UN기관간 협력조달(공동구매) (Collaborative procurement)	• 유니세프 등 유사한 물품/서비스를 다수 수요하는 기관이 협력하여 공동으로 구매하는 방식. • 장기계약(LTA) 또는 협력조달에 참가하는 타 유엔기관의 자료: 해외조달정보센터계약제도를 이용.
정부연계 납품	• UN평화유지군(PKO) 등이 사용하는 전략적 방위산업 분야 제품의 경우 UN에서 일정기간 무상사용 후 동일한 제품을 발주.

자료: 해외조달정보센터(www.globalkoreamarket.go.kr)

UN조달에 참여과정은 공통적으로 ① 선 입찰공고에 대한 입찰참여의향(Interest) 표명, ② 본 입찰공고에 입찰, ③ 낙찰자 선정, ④ 계약이행 및 사후관리 순으로 구성된다.

| 그림 10-2 | UN조달 입찰과정

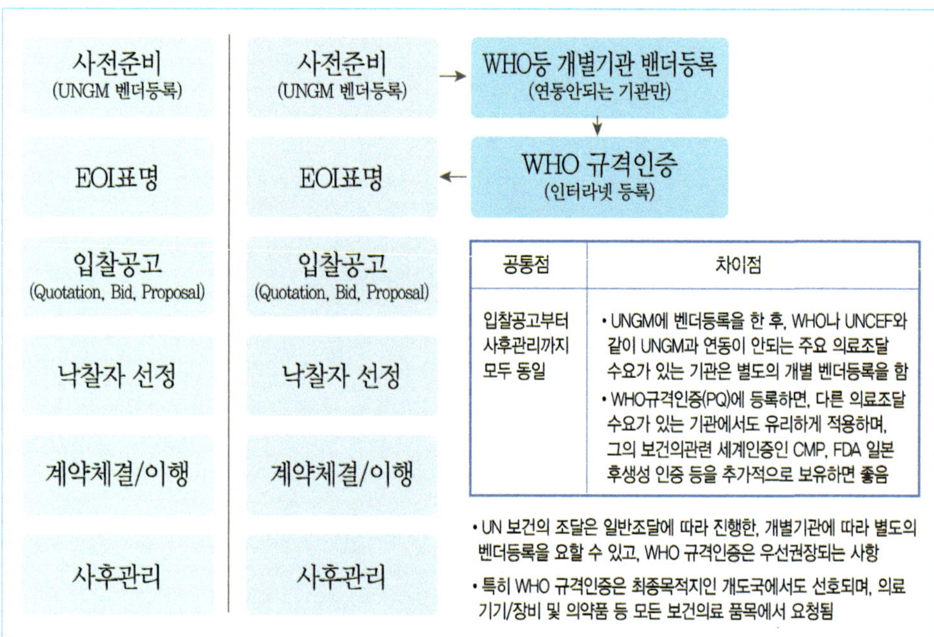

자료: 해외조달정보센터(www.globalkoreamarket.go.kr)

해외조달정보센터는 우리나라 기업의 진출유망분야를 10대 수출품목과 전문가 추천품목으로 구분하여 다음과 같이 추천하고 있다.

표 10-3 우리기업 진출유망분야

구분	10대 수출품목	전문가 추천품목
우선 유망품목	• 자동차 • 무선통신기기, • 평판디스플레이 및 센서 • 플라스틱 제품(바켓스)	• 자동차 • 의약품, 치료용품, 의료장비용 구성품 • 컴퓨터(서비스, 장비 및 악세서리) • IT(서비스, 구성품) • 네트워크 장비 • 방위서비스 • 보안서비스 • 의류, 침구류 및 주방용품 • 소프트웨어 • 가구, 사무기기 및 사무용품 • 발전기, 램프 등
차선 유망품목	• 자동차 부품 • 철강판 • 석유제품 • 선박해양 구조물 및 부품 등	• 방산물품 • 전기용품 • 텐트, 수면매트 • 위생용품 등

자료: 해외조달정보센터(www.globalkoreamarket.go.kr)

각 유엔기구들은 UN 공통조달플랫폼 'UNGM'(UN Global Marketplace, http://www.ungm.org)에 개별적으로 공고를 게재하고 입찰을 통해 물품과 서비스를 조달하고 있다.

다음의 화면은 입찰공고 리스트이다. 수요기관(UN Organization), 수혜국가(Beneficiary country/territory), 유형(Not set, Request for EOI, Request for proposal, Request for quotation, Invitation to bid, Request for prequalification, Request for information, Grant support-call for proposal, Pre-bid notice, Individual consultant) 등을 선택하고 원하는 정보를 검색할 수 있다.

그림 10-3 UN공통조달플랫폼 입찰공고 게시화면

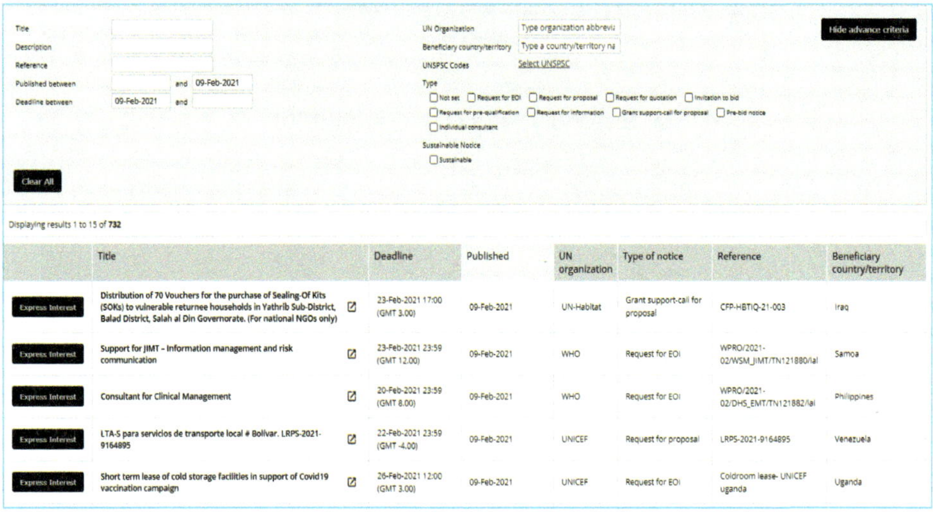

Title
Description
Reference
Published between and 09-Feb-2021
Deadline between 09-Feb-2021 and
UN Organization: Type organization abbrevi
Beneficiary country/territory: Type a country/territory na
UNSPSC Codes: Select UNSPSC
Type
☐ Not set ☐ Request for EOI ☐ Request for proposal ☐ Request for quotation ☐ Invitation to bid
☐ Request for pre-qualification ☐ Request for information ☐ Grant support-call for proposal ☐ Pre-bid notice
☐ Individual consultant
Sustainable Notice
☐ Sustainable
Hide advance criteria
Clear All

Displaying results 1 to 15 of **732**

	Title	Deadline	Published	UN organization	Type of notice	Reference	Beneficiary country/territory
Express Interest	**Distribution of 70 Vouchers for the purchase of Sealing-Of Kits (SOKs) to vulnerable returnee households in Yathrib Sub-District, Balad District, Salah al Din Governorate. (For national NGOs only)**	23-Feb-2021 17:00 (GMT 3.00)	09-Feb-2021	UN-Habitat	Grant support-call for proposal	CFP-HBTIQ-21-003	Iraq
Express Interest	**Support for JIMT - Information management and risk communication**	23-Feb-2021 23:59 (GMT 12.00)	09-Feb-2021	WHO	Request for EOI	WPRO/2021-02/WSM_JIMT/TN121880/lal	Samoa
Express Interest	**Consultant for Clinical Management**	20-Feb-2021 23:59 (GMT 8.00)	09-Feb-2021	WHO	Request for EOI	WPRO/2021-02/DHS_EMT/TN121882/lal	Philippines
Express Interest	**LTA-S para servicios de transporte local # Bolivar. LRPS-2021-9164895**	22-Feb-2021 23:59 (GMT -4.00)	09-Feb-2021	UNICEF	Request for proposal	LRPS-2021-9164895	Venezuela
Express Interest	**Short term lease of cold storage facilities in support of Covid19 vaccination campaign**	26-Feb-2021 12:00 (GMT 3.00)	09-Feb-2021	UNICEF	Request for EOI	Coldroom lease- UNICEF uganda	Uganda

다음의 화면은 입찰공고 중 하나를 선택하여 클릭한 것이다. UNDP에서 올린 것으로 예멘에 필요한 트윈 스크류 고속 파일럿 보트를 구매한다는 내용이다.

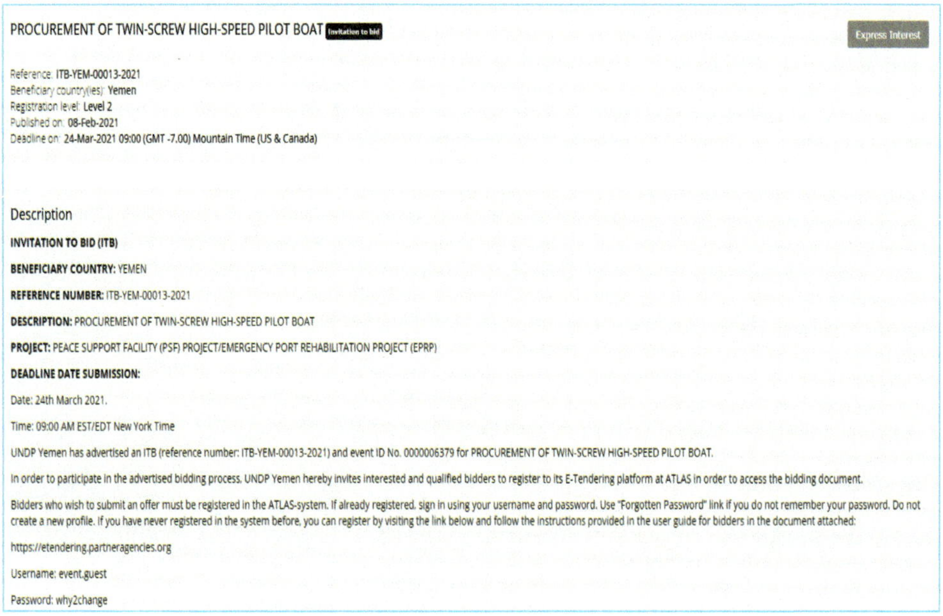

PROCUREMENT OF TWIN-SCREW HIGH-SPEED PILOT BOAT Invitation to bid

Express Interest

Reference: ITB-YEM-00013-2021
Beneficiary country(ies): Yemen
Registration level: Level 2
Published on: 08-Feb-2021
Deadline on: 24-Mar-2021 09:00 (GMT -7.00) Mountain Time (US & Canada)

Description

INVITATION TO BID (ITB)

BENEFICIARY COUNTRY: YEMEN

REFERENCE NUMBER: ITB-YEM-00013-2021

DESCRIPTION: PROCUREMENT OF TWIN-SCREW HIGH-SPEED PILOT BOAT

PROJECT: PEACE SUPPORT FACILITY (PSF) PROJECT/EMERGENCY PORT REHABILITATION PROJECT (EPRP)

DEADLINE DATE SUBMISSION:

Date: 24th March 2021.

Time: 09:00 AM EST/EDT New York Time

UNDP Yemen has advertised an ITB (reference number: ITB-YEM-00013-2021) and event ID No. 0000006379 for PROCUREMENT OF TWIN-SCREW HIGH-SPEED PILOT BOAT.

In order to participate in the advertised bidding process, UNDP Yemen hereby invites interested and qualified bidders to register to its E-Tendering platform at ATLAS in order to access the bidding document.

Bidders who wish to submit an offer must be registered in the ATLAS-system. If already registered, sign in using your username and password. Use "Forgotten Password" link if you do not remember your password. Do not create a new profile. If you have never registered in the system before, you can register by visiting the link below and follow the instructions provided in the user guide for bidders in the document attached:

https://etendering.partneragencies.org

Username: event.guest

Password: why2change

https://www.ungm.org/Public/Notice/121856

2) 수출대상국 공공조달시장

수출대상국의 공공조달 수요를 조사하기 위한 가장 효과적인 방법은 글로벌 조달장터(ITC Procurement Map)을 활용하는 것이다. ITC Procurement Map은 전 세계 190여 개국의 정부입찰공고와 해당 국가의 조달제도 및 중소기업 지원 정책 정보 등을 제공하는 정부조달정보 통합 제공 시스템으로 UN과 WTO가 공동으로 설립한 집행기구(joint agency)인 ITC(International Trade Centre)가 정보를 제공하고 있으며, ITC Procurement Map을 통해 수출지원정보도 이용이 가능하다는 특징이 있다. 다음의 화면은 ITC Procurement Map에서 국가를 [Korea]로 선택하고 검색한 결과화면이다.

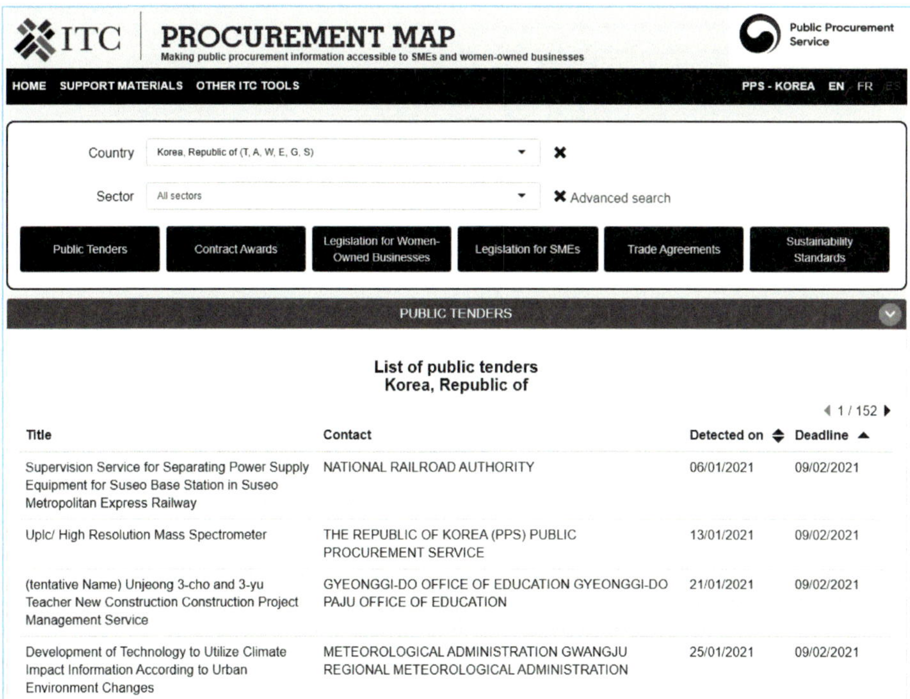

각국의 공공조달시장은 구조와 체계가 서로 다르기 때문에 진출하고자 하는 국가에 대한 추가적인 조사가 필요하다. 해외조달정보센터는 주요 국가별로 조달체계를 소개하고 있다.

표 10-4 해외조달정보 제공 국가현황

구분	미주/유럽	아시아
국가	미국, 캐나다, 터키, EU, 영국, 러시아	중국, 일본, 인도네시아, 베트남, 호주, 인도, 우즈베키스탄, 미얀마, 사우디아라비아, 아랍에미리트

자료: 해외조달정보센터(www.globalkoreamarket.go.kr)

다음은 국가별 진출 유망품목이다.

표 10-5 해외조달정보 제공 국가현황

구분	기관/국가	유망품목
국제기구	UN	의약품, 의료기기, 일반차량
	국제적십자사	패밀리 텐트, 타포린(방수포), 에너지 관련 장비
구주	덴마크	의료기기, 재활기구, 진단시약
	루마니아	인프라 건설공사, 수처리 관련 물품, 의료장비 기자재
	벨기에	의료기기 및 소모품, LED 전구, 보안장비
	벨라루스	의약품, 전기차 부품, 수처리 기자재
	세르비아	의료기기, 진단시약 및 의약품, 기계 및 기계장치
	영국	디지털 헬스케어, 교육장비 및 기자재
	체코	인프라 건설, 의료기기
	크로아티아	의료기기, 의약품, 인프라 관련 기자재
	폴란드	의료기기, 지능형 교통관리 시스템 관련 장비, 전력기자재
미주	미국	의약품 및 생물학적 제제, 석유 및 액체농축연료, 자동전산처리 소프트웨어
	캐나다	정보보안, 청정기술, 대중교통
	파라과이	의료용품, 전력기자재, 컴퓨터·SW·통신 및 주변기기
	페루	앰뷸런스, 쓰레기 수거차, 조립식건물자재

구분	기관/국가	유망품목
아시아	방글라데시	수처리 기자재, 전력 기자재, 의료용품 및 의료기기
	베트남	전력기자재, 의료기기, 정보통신기기
	캄보이다	의료 부문, 건설 기술 용역
아프리카	남아공	의료기기, 의약품
	모잠비크	의료기기, 의약품, 교과서
	에티오피아	의료기기, 의약품
	케냐	의료기기, 의약품, 방산

자료: KOTRA(2018), 글로벌 조달시장 진출가이드.

3) ODA조달

ODA(Official Development Assistance)는 공적개발원조로 정부에 의해 개발도상국 또는 국제기구에 공여되는 것으로, 개발도상국의 경제·사회 발전과 복지향

그림 10-4 ODA 입찰정보 화면

ODA입찰정보

입찰마감일시 2020/11/11 ~ 2021/03/11 초기화 검색

31 topics / 1 of 4 pages

번호	입찰공고번호	입찰공고명	입찰마감일시
1	20201004412-01	(재공고) (긴급) 스리랑카 농산물 수출입 검역시스템 개선사업 PC 용역	2020/11/25
2	20201122757-00	(긴급) 방글라데시 청년창업 활성화를 위한 대학 창업교육 지원사업 PMC 용역	2020/12/07
3	20201123469-00	에티오피아 오로미아주 라디오 방송을 통한 초등교육 역량강화사업 연주소 및 송신소 가구류 공급	2020/11/25
4	20201124320-00	KOICA 스마트워크 망분리 사업	2020/12/01
5	20201126896-00	서아프리카 및 중동중앙아 지역 직업훈련분야 3개 사업 종료평가	2020/12/30

자료: 해외조달정보센터(www.globalkoreamarket.go.kr)

상에 기여하기 위해 제공되는 자금 또는 기술협력을 말한다. 세계 ODA 시장은 약 1,200억 달러 규모(130조 원)의 거대시장으로 추정되면 한국은 한국국제협력단 (KOICA)를 통해 수행하고 있다. KOICA 발주계약의 절반 이상을 중소기관이 차지하고 있으며, 주로 기자재 지원, 인프라건설, 교육, 보건의료, IT분야 등에 진출이 활발하게 이루어지고 있다. 따라서 해외공공조달시장을 진출을 계획하는 기업은 ODA 조달정보를 적극 활용할 필요가 있다. 조달청은 해외조달정보센터를 통해 ODA입찰정보를 제공한다.

CHAPTER 11

국제 전자상거래 환경은 어떻게 변화하는가?

1. 국제 전자상거래 환경의 변화

WTO는 1991년 5월 20일 '세계전자상거래에 관한 Geneva 각료선언'의 채택으로 전자상거래에 관한 통상관련 쟁점들을 검토하기 위한 작업프로그램을 개발하고 WTO의 각 이사회별로 논의를 진행하도록 하여 WTO에서 본격적으로 국제 전자상거래에 관한 논의가 시작되어 현재에 이르고 있다. 본 교재는 기업의 관점에서 국제통상 환경을 조사하는 것을 목적으로 한다. 이에 국제 전자상거래의 규범 측면보다는 해외 시장 진출을 위한 수단으로서 국제 전자상거래 환경에 관해 살펴본다.

국제 전자상거래는 현지에 직접 진출하지 않고도 해외 진출을 할 수 있어 거래비용이 절감되고 무역에 따르는 위험을 감소시킬 수 있다. 특히 IT기술과 물류서비스의 발달로 최근 급성장하고 있다. 소비자 거래 뿐 아니라 기업 간 거래도 온라인 중심으로 빠르게 전환되고 있다. 다음은 전통적 무역과 국제 전자상거래 무역의 특성을 정리한 표이다.

표 11-1 전통적 무역과 국제 전자상거래 무역 비교

구분	전통적 무역	전자상거래 무역
거래대상	해외 수입 기업(B2B, 고정바이어)	해외 소비자 主 (B2C, 불특정 다수 소비자)
거래주기	정기적	실시간(비정기)

구분	전통적 무역	전자상거래 무역
판매특징	多량, 高액, 少건 수출 건당 금액 : 64,883달러	少량, 少액, 多건 수출 건당 금액 : 338달러
배송시간	장기(수개월)	단기(2주 이내)
주요 물류수단	선박물류	항공물류
물류원가	원가 낮음(대량 운송)	원가 높음(개별 배송)
거래방식	오프라인(서면거래)	온라인 주문
상품전환주기	느림	빠름
마케팅 방식	전시회, 상담회, 박람회 등 오프라인 위주	온라인 마케팅 (SNS, 판매 이벤트, 검색엔진 광고 등)
수출통관	수출신고 의무(관세사 활용)	수출신고 의무無 (수출통관목록 제출)
계약해지	어려움(거래 기준을 엄격히 적용)	용이함 (소비자 변심에 따른 주문취소/반품 빈번

자료: 안병수(2017), 전자상거래무역 확산을 위한 법률개정방안에 관한 연구.

국제 전자상거래 환경을 조사하기 위해서는 국제 전자상거래가 어떤 방식으로 이루어지는가에 대한 이해가 필요하다. 다음 그림은 국제 전자상거래를 통해 수출하는 과정을 나타낸 것이다. 구체적으로 살펴보면, 먼저 수출하고자 하는 제품을 타겟 국가의 소비자들이 이용하는 전자상거래 플랫폼에 입점을 시킨 후 주문이 접수되면 결제를 확인한 후 제품을 포장하여 국제 물류 서비스 업체를 통해 배송하는 과정으로 구성된다.

┃ 그림 11-1 ┃ Export Logistics process of cross-border e-commerce

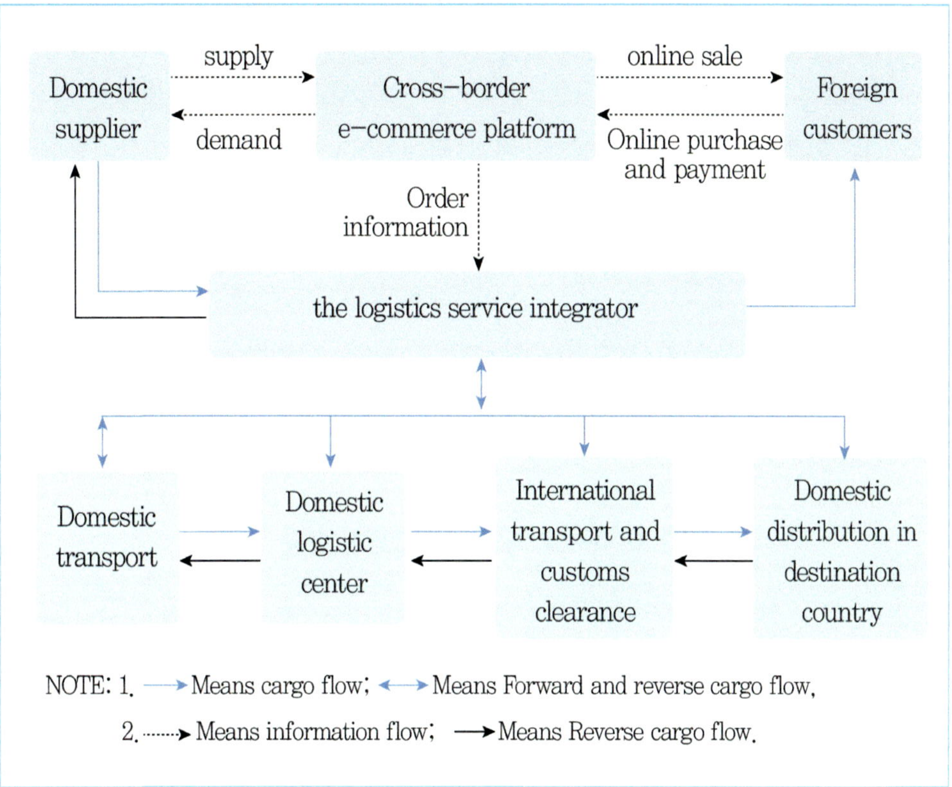

자료: Zhao(2019), A New Mode of Cross-Border E-Business Export Logistics Based on Value Chain.

국제 전자상거래는 자원이 부족한 중소기업에게 기회로 인식되고 있다. 거래 주기가 짧고 상품전환 주기가 빠르며 수출통관이 용이할 뿐 아니라 소비자를 직접 만날 수 있는 기회가 제공되기 때문이다. 또한 국제 전자상거래를 통해 시범적으로 진출한 후 결과를 이용하여 적극적으로 진출하는 방안을 모색할 수 있다는 점도 매력적이다. 따라서 진출국으로의 국제 전자상거래 무역 환경 조사는 매우 중요한 의의를 가진다.

2. 진출 가능한 국제 전자상거래 플랫폼 조사

국제 전자상거래를 통해 해외에 진출하는 방식은 ① 해외온라인쇼핑몰 입점, ② 국내역직구몰 입점, ③ 해외직판독립몰 운영, ④ 온라인 해외 판매대행사 활용이 있다. 본 교재에서는 해외온라인쇼핑몰과 국내역직구몰을 중심으로 살펴본다.

1) 해외온라인쇼핑몰

해외온라인쇼핑몰은 본사 위치와 상관없이 글로벌 소비자를 상대로 쇼핑몰 서비스를 운영하는 플랫폼을 의미한다. 크게 글로벌 오픈마켓, 특화전문몰, 신흥국 현지쇼핑몰로 구분된다.

표 11-2 해외온라인쇼핑몰 현황

구분	명칭	본사	진출 지역	특징
글로벌 오픈 마켓	아마존	미국	미국, 유럽, 중국, 일본, 캐나다, 인도 등(13개국)	세계 최대 온라인 유통업체로 성장한 미국의 대표적인 온라인 종합쇼핑몰(미국 내 방문객과 거래액 기준 1위, 소비자 만족도 1위)
	이베이	미국	미국, 유럽, 중국, 일본 등(39개국)	현재 39개 국가에 3억 명이 넘는 회원을 보유하고 있는 세계 최대 규모의 전자상거래 사이트('01년 한국의 '옥션', '09년 'G마켓' 인수)
	타오바오	중국	중화권	중국의 최대 오픈마켓으로 누구나 판매할 수 있는 C2C 쇼핑몰(중국 최대 인터넷 기업인 알리바바 그룹 산하)
	티몰	중국	중화권	중국 대표 B2C 쇼핑몰(알리바바 그룹 산하)로 5만여 기업이 7만여 브랜드의 제품 판매, 중국 오픈마켓 중 진입장벽이 가장 높은 내륙인 전용 채널

구분	명칭	본사	진출 지역	특징
	글로벌 티몰	중국	중화권	티몰의 진입장벽이 너무 높아 외국 기업들의 진출이 사실상 차단되는 경향이 있자 중국 정부에서 입점 조건 을 완화하여 '14년 2월에 론칭
	징둥	중국	중화권	중국 전자상거래 업계 2위로 최대 물류 시설 확보, 차별화된 배송 서비스를 통해 시장점유율이 지속적인 성장
	라쿠텐	일본	일본	시장 점유율 1위의 일본 최대 쇼핑몰로 엄격한 심사 조건과 높은 입점 비용, 까다로운 판매 규율을 가지는 입점형 대형 쇼핑몰
특화된 쇼핑몰	엣시	미국	미국, 유럽	수공예품 전문 오픈마켓으로 세계 200개 국가에서 회원 2천2백만 명이 가입, 115만 개 상점 존재
	뉴에그	미국	미주지역, 중화권	전자기기 전문 오픈마켓으로 미국 온라인 오픈마켓 시장에서 2위
	웨이핀후이	중국	중화권	'VIPSHOP'으로도 알려진 중국 최대의 여성 전용 온라인 할인점으로 의류, 화장품, 액세서리 등 판매
	아소스	영국	유럽, 미국, 호주, 러시아 등	영국 최대의 의류 판매 오픈마켓으로 40개 국가에서 6만여 브랜드들이 입점하여 패션아이템 판매
신흥국 현지 쇼핑몰	큐텐	싱가포르	중국, 말레이시아, 싱가포르, 일본 등	G마켓의 설립자(구영배 대표)가 이베이와 합작 투자해 설립한 동남아 타겟의 한국형 글로벌 마켓

구분	명칭	본사	진출 지역	특징
	라자다	독일	베트남, 필리핀, 싱가포르, 태국, 인도네시아 등	독일 로케트인터넷그룹이 론칭한 동남아 최다 진출 현지 온라인 종합쇼핑몰로 전자제품, 의류와 패션잡화, 생활용품을 판매하는 오픈마켓 사이트
	일레브니아	인도네시아	인도네시아	국내 오픈마켓 '11번가'가 인도네시아 XL통신사와 합작한 인도네시아 현지 종합몰

자료: 김나라(2016), 온라인을 통한 중소기업의 수출 성공사례 분석.

주요 해외온라인쇼핑몰의 입점 요건은 쇼핑몰별로 차이가 있다. 상세한 조사를 통해 적합한 쇼핑몰을 선정하고 진출계획을 수립할 필요가 있다. 상세한 입점 요건은 해당 쇼핑몰의 홈페이지를 참고하면 된다.

표 11-3 | 해외온라인쇼핑몰 입점 요건

명칭	입점 요건	입점 비용	수수료(%)	기타
아마존	미국법인(선택), 미국은행계좌	×	11~15	해외송금서비스 Payoneer를 통해 USD 가상계좌 개설 가능
이베이	페이팔 계좌	×	7~13	신규 등록자의 경우 첫 3개월 간 판매한도 금액이 500달러로 제한
타오바오	한국개인·법인 가능	×	×	상표권 필요 없음
티몰	중국법인, 중국은행 계좌	보증금 5~15만 위안, 연회비 3~6만 위안	5	중국 상표권 필수(중국 법인 설립과 상표등록을 한 지 3년이 넘어야 함)

명칭	입점 요건	입점 비용	수수료(%)	기타
글로벌 티몰	한국법인가능	보증금 약 15만 위안, 연회비 약 11만 위안	5	한국 상표권 필수, 중국 내에 A/S센터와 반품된 제품을 보관할 창고를 둬야함
라쿠텐	일본법인(대표자 조건 일본인), 일본은행 계좌	보증금 500만엔, 연회비 60만엔	2~7	상품 등록 수는 등급에 따라 5,000~20,000개
엣시	한국개인·법인가능	×	3.5(상품등록 4개월 후부터)	상품 등록 후 4개월까지는 상품 당 0.2달러의 등록비
뉴에그	한국법인가능, 은행계좌	×	11~15	W-9증명서(미국 국세청 발급 공식 세금 등록번호), 제품관련 보험증명서
큐텐	한국법인가능, 한국계좌가능	×	7~12	국내 중소기업에게 유리한 조건 제공
라자다	한국개인·법인가능	×	10	최소 5개 이상의 재고 수량을 준비해야함
일레브니아	한국개인·법인가능	×	10	한국 셀러 전담 담당자에게 문의 가능

자료: 김나라(2016), 온라인을 통한 중소기업의 수출 성공사례 분석.

2) 국내 역직구몰

국내 역직구몰은 해외에 있는 소비자가 국내에서 제공되는 서비스를 통해 물품을 구매할 수 있는 쇼핑몰을 의미한다. 국내 온라인 쇼핑몰의 글로벌 사이트와 해외직판전문몰로 구분할 수 있다.

| 표 11-4 | 국내 역직구몰 현황

구분	명칭	운영 형태	배송 국가
국내 온라인 쇼핑몰의 글로벌 사이트	글로벌 G마켓	국내 쇼핑몰 상품과 연동하여 해외샵에 노출, 해외 고객 상담 및 판매는 업체 진행, 일부 배송 서비스 지원	중화권, 미국 등
	글로벌 11번가		영어권 100여 개국
	글로벌 인터파크		중국, 동남아, 북미
	글로벌 롯데닷컴		미국, 중국 등
해외 직판 전문몰	더제이미닷컴	상품 등록, 해외 고객상담(CS), 마케팅, 배송, 사후관리까지 원스톱 지원	중국
	OKdgg		영어·중화권, 일본
	판다코리아닷컴		중국
	kmall24		영어·중화권, 일본

자료: 김나라(2016), 온라인을 통한 중소기업의 수출 성공사례 분석.

3. 해외쇼핑몰을 통한 시장 분석

해외온라인쇼핑몰은 진출대상국의 시장현황을 분석하기에 매우 유용하다. 소비자의 전자상거래 활용도가 높은 국가일수록 더욱 그러하다. 현지의 주요 경쟁사뿐 아니라 글로벌 경쟁 제품들이 모두 입점해 있기 때문이다. 해외온라인쇼핑몰을 통해 얻을 수 있는 경쟁사 정보는 제품의 특성과 장점, 가격, 경쟁현황 뿐 아니라 소비자들의 반응까지 알 수 있다.

최근 동남아시아 시장에서 급성장하고 있는 해외온라인쇼핑몰의 하나인 쇼피(https://shopee.com)를 통해 살펴본다. 쇼피는 첫 화면에서 인도네시아, 대만, 베트남, 태국, 필리핀, 말레이시아, 싱가포르, 브라질 중 하나의 국가를 선택할 수 있다.

싱가포르를 선택하고 품목명 혹은 관련 키워드를 검색하면 입점한 제품의 목록이 표시된다. 각 제품을 클릭하면 상세 페이지가 열리고 주요 판매 정보를 알 수 있다. 다음은 'hand cream'으로 검색한 결과이다. 다양한 제품이 검색되어 나타나는 것을 볼 수 있다. 가장 먼저 노출된 제품은 한국에서 국제 전자상거래를 통해 판매되는 제품으로 나타났다.

다음은 제품 상세페이지이다. 제품의 사진, 특성, 가격, 배송, 구매 혜택, 사용후기 등을 제시하고 있다. 제공되는 판매정보와 소비자 후기를 통해 시장조사를 실시하면 된다.

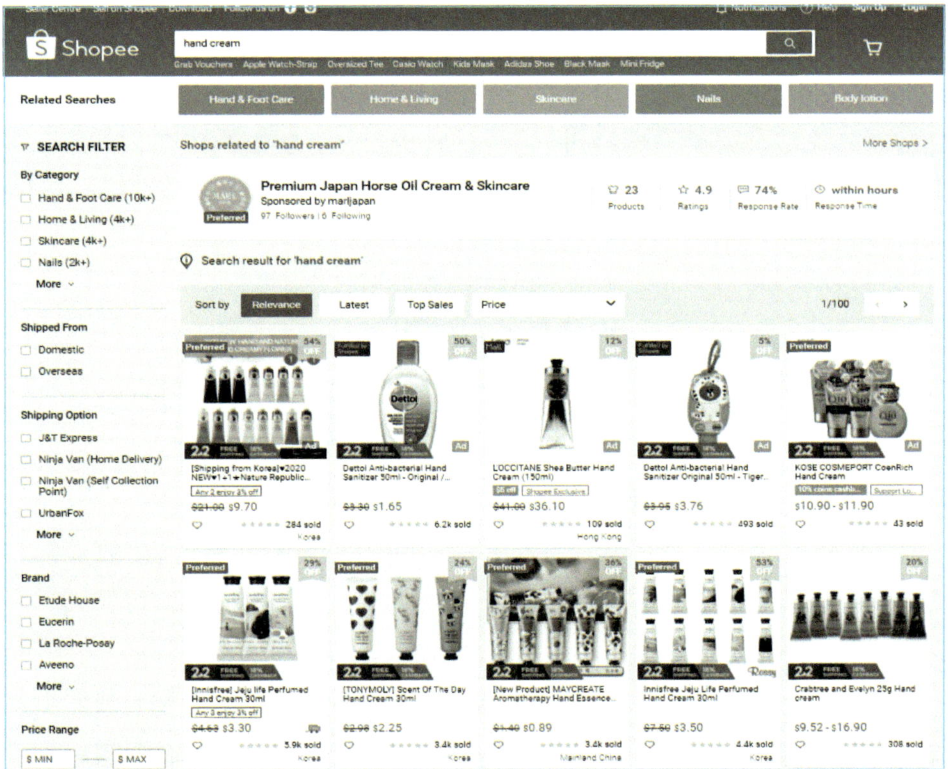
Shopee
hand cream
Related Searches
Hand & Foot Care
Home & Living
Skincare
Nails
Body lotion
SEARCH FILTER
By Category
Hand & Foot Care (10k+)
Home & Living (4k+)
Skincare (4k+)
Nails (2k+)
More
Shipped From
Domestic
Overseas
Shipping Option
J&T Express
Ninja Van (Home Delivery)
Ninja Van (Self Collection Point)
UrbanFox
More
Brand
Etude House
Eucerin
La Roche-Posay
Aveeno
More
Price Range
$ MIN
$ MAX
Shops related to 'hand cream'
More Shops >
Premium Japan Horse Oil Cream & Skincare
Sponsored by marijapan
23 Products
4.9 Ratings
74% Response Rate
within hours Response Time
Search result for 'hand cream'
Sort by
Relevance
Latest
Top Sales
Price
1/100
[Shipping from Korea]♥2020 NEW♥1+1★Nature Republic...
$21.00 $9.70
284 sold
Dettol Anti-bacterial Hand Sanitizer 50ml - Original /...
$3.30 $1.65
6.2k sold
LOCCITANE Shea Butter Hand Cream (150ml)
$41.00 $36.10
109 sold
Dettol Anti-bacterial Hand Sanitizer Original 50ml - Tiger...
$3.95 $3.76
493 sold
KOSE COSMEPORT CoenRich Hand Cream
$10.90 - $11.90
43 sold
[Innisfree] Jeju life Perfumed Hand Cream 30ml
$4.63 $3.30
5.9k sold
[TONYMOLY] Scent Of The Day Hand Cream 30ml
$2.98 $2.25
3.4k sold
[New Product] MAYCREATE Aromatherapy Hand Essence...
$1.40 $0.89
3.4k sold
Innisfree Jeju Life Perfumed Hand Cream 30ml
$7.50 $3.50
4.4k sold
Crabtree and Evelyn 25g Hand cream
$9.52 - $16.90
308 sold

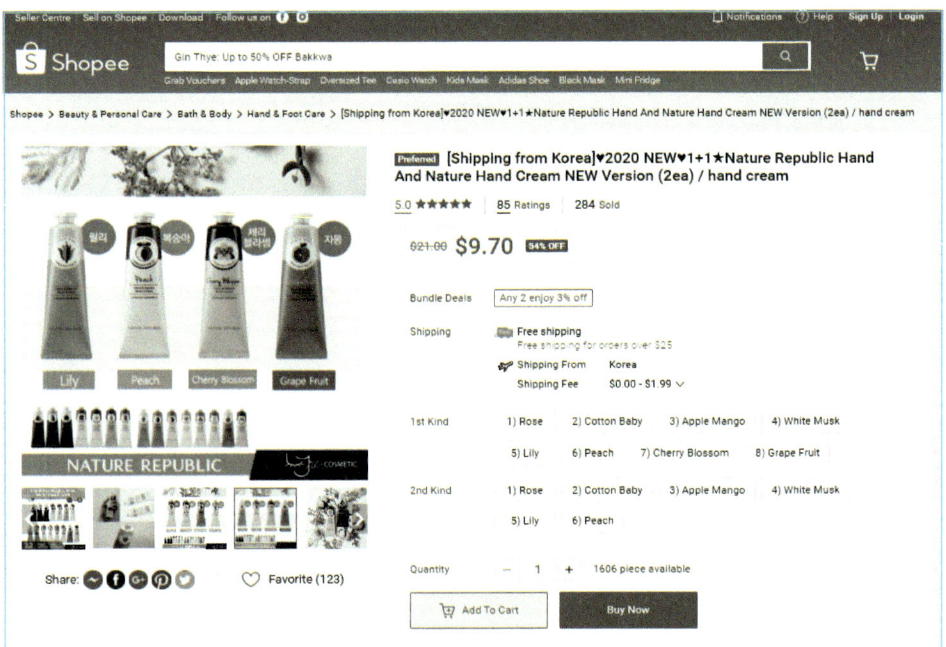
Seller Centre | Sell on Shopee | Download | Follow us on
Notifications
Help
Sign Up
Login
Shopee
Gin Thye: Up to 50% OFF Bakkwa
Shopee > Beauty & Personal Care > Bath & Body > Hand & Foot Care > [Shipping from Korea]♥2020 NEW♥1+1★Nature Republic Hand And Nature Hand Cream NEW Version (2ea) / hand cream
Preferred [Shipping from Korea]♥2020 NEW♥1+1★Nature Republic Hand And Nature Hand Cream NEW Version (2ea) / hand cream
5.0 85 Ratings 284 Sold
$21.00 $9.70 54% OFF
Bundle Deals
Any 2 enjoy 3% off
Shipping
Free shipping
Shipping From Korea
Shipping Fee $0.00 - $1.99
1st Kind
1) Rose 2) Cotton Baby 3) Apple Mango 4) White Musk
5) Lily 6) Peach 7) Cherry Blossom 8) Grape Fruit
2nd Kind
1) Rose 2) Cotton Baby 3) Apple Mango 4) White Musk
5) Lily 6) Peach
Quantity
1
1606 piece available
Add To Cart
Buy Now
Lily
Peach
Cherry Blossom
Grape Fruit
NATURE REPUBLIC
Share:
Favorite (123)

Part Ⅱ 주석

45) WTO와 지역무역협정으로 구분하고 지역무역협정의 종류의 하나로 자유무역협정 (FTA)으로 분류하는 것이 일반적이나 본 교재에서는 편의상 지역무역협정의 가장 많은 비중을 차지하고 대표적인 FTA로 설정하고 내용을 전개한다.

46) 베트남은 ASEAN 회원국이나 별도의 FTA를 통해 ASEAN 전체 국가보다 더 높은 수준의 경제협력을 위한 FTA를 별도로 체결함. 특혜관세는 한-베 FTA와 한-ASEAN FTA 중 유리한 협정을 선택하여 적용할 수 있음.

47) 다음은 관세청 홈페이지(www.customs.go.kr)를 참고하여 구성한 것이다.

48) Documentary compliance captures the time and cost associated with compliance with the documentary requirements of all government agencies of the origin economy, the destination economy and any transit economies.

49) Border compliance captures the time and cost associated with compliance with the economy's customs regulations and with regulations relating to other inspections that are mandatory in order for the shipment to cross the economy's border, as well as the time and cost for handling that takes place at its port or border.

부 록

Appendix

부록 1

중국과 베트남의 1985년부터 2019년까지의 연도별 GDP 성장률을 찾고, 이 국가들의 상황을 비교해보자.

❶ THE WORLD BANK Data (https://data.worldbank.org) 홈페이지

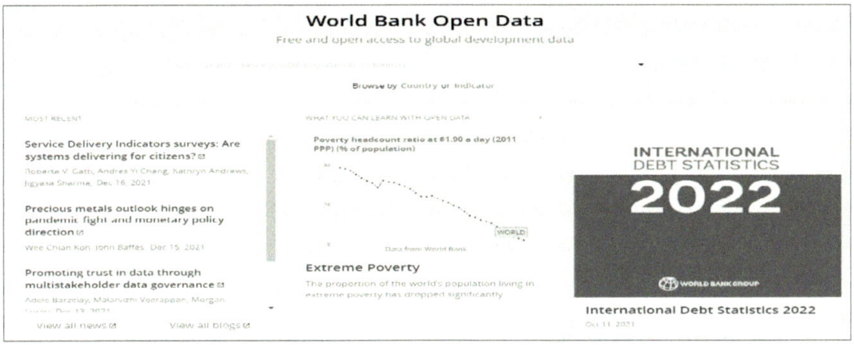

❷ 검색창에 [GDP, China, Vietnam]을 입력

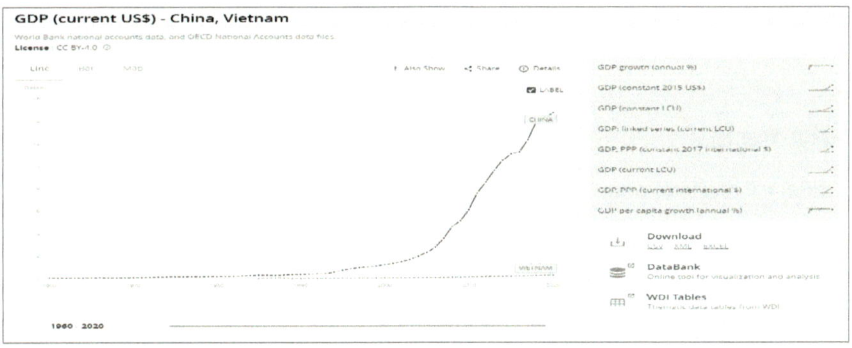

❸ Download에서 Excel을 선택하고, 파일에서 보고서 작성에 필요한 데이터만 정리하기

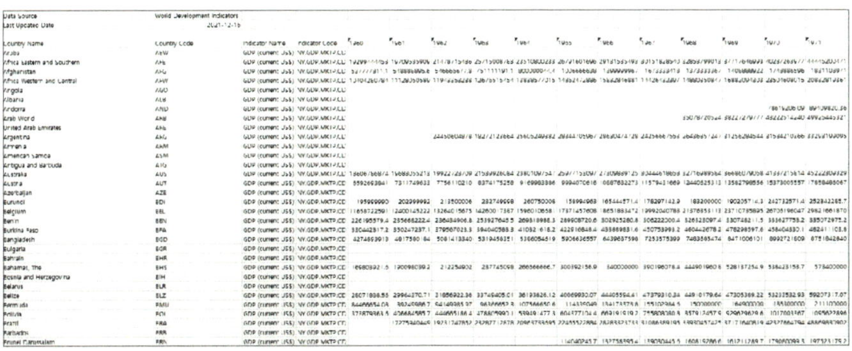

참고 The World Bank Data 홈페이지에서 제공하는 자료

Agriculture & Rural Development	Aid Effectiveness
Climate Change	Economy & Growth
Education	Energy & Mining
Environment	External Debt
Financial Sector	Gender
Health	Infrastructure
Poverty	Private Sector
Public Sector	Science & Technology
Social Development	Social Protection & Labor
Trade	Urban Development

| 제공 자료 예시

Trade ▶ Exports of goods and services (% of GDP) - World, China, Vietnam

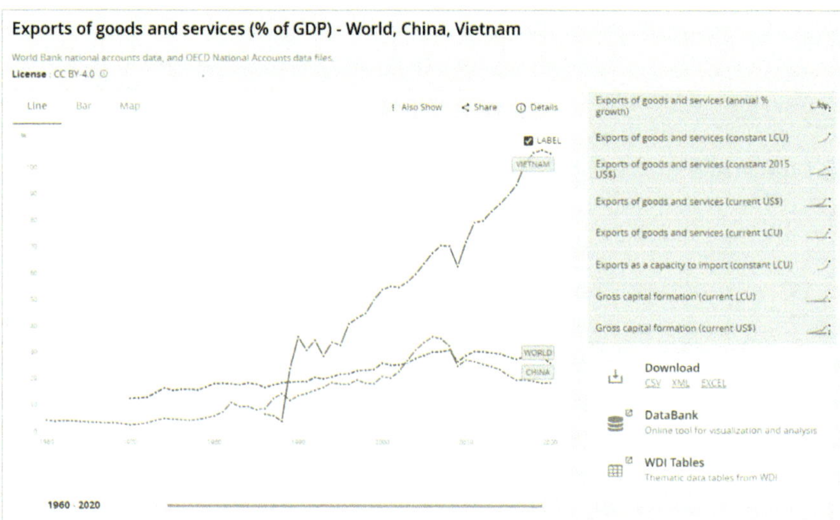

부록 2

최근 다양한 경로를 통해 해외시장정보 수집이 가능하다. 여러 방식을 활용하여 정보를 수집해보고, 어떤 유용한 정보들이 있고, 부족한 점들은 무엇이 있는지 토의해보자.

| 국내 참고자료

국내 주요 기관에서 제공하는 국가 및 지역정보, 무역통상정보, 무역통계 등을 활용하여 진출하고자 하는 지역의 기본 정보를 확인할 수 있다.

한국무역협회

https://www.kita.net
무역통상정보, 무역통계 등

KOTRA 해외시장뉴스

https://news.kotra.or.kr
국가·지역정보 등

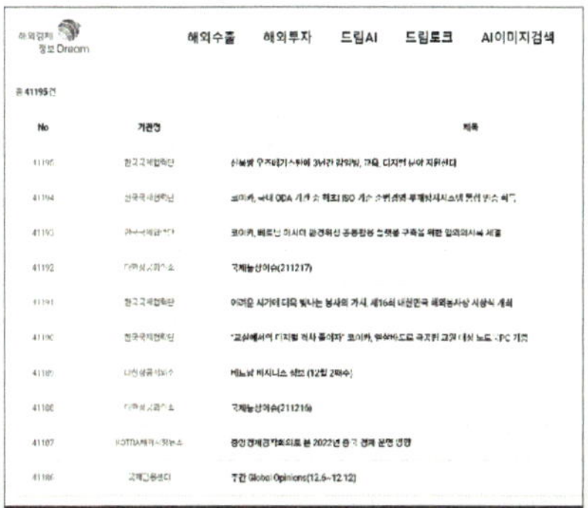

KOTRA 해외경제정보Dream

https://dream.kotra.or.kr
해외수출, 해외투자 등

한국수출입은행 해외경제연구소

https://keri.koreaexim.go.kr
국제지역정보, 해외직접투자통계 등

| 신흥지역정보 참고자료

대외경제정책연구원 신흥지역정보 종합지식포탈에서 70여개 신흥 지역 및 국가의 최신 뉴스와 전문가 분석자료, 연구자료 등을 확인할 수 있다.

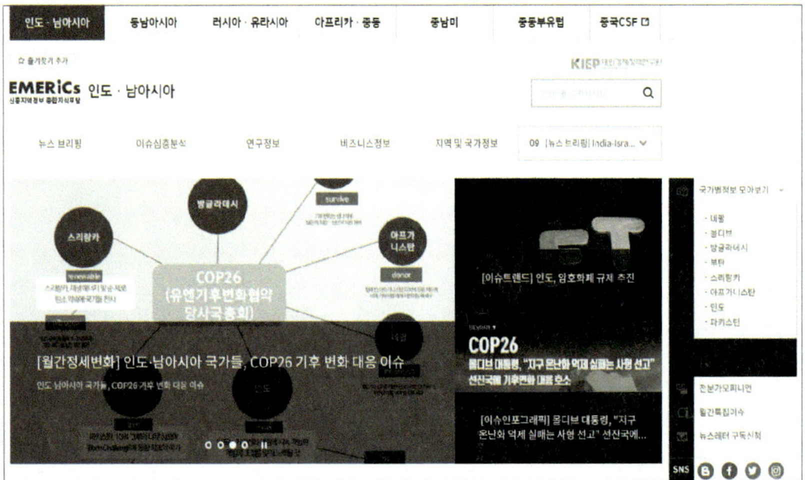

대외경제정책연구원 신흥지역정보 종합지식포탈

https://www.emerics.org

| 산업정보 참고자료

KOTRA와 산업연구원에서 제공하는 산업 분야의 정보를 확인할 수 있다.

KOTRA 산업정보

https://news.kotra.or.kr

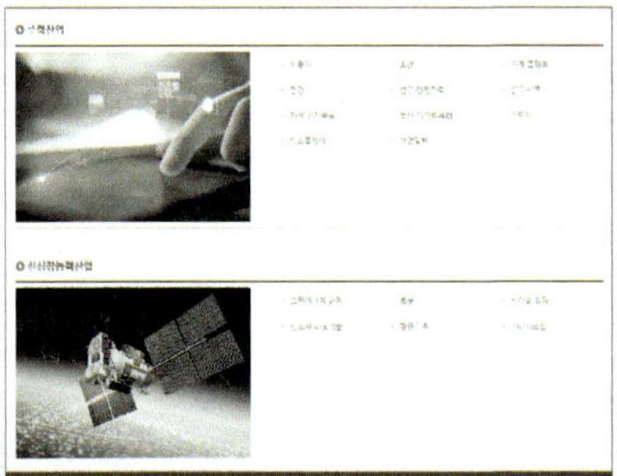

산업연구원 산업별 정보

https://www.kiet.re.kr

| 해외 참고자료

IMF, OECD, WORLD BANK에서 제공하는 데이터를 통해 진출하고자 하는 국가 및 지역에 대한 다양한 정보를 얻을 수 있다. 이러한 오픈 데이터를 활용하는 경우 시간과 비용을 줄일 수 있다는 장점이 있으나, 원하는 정보를 모두 얻기는 어렵다. 따라서 세부 정보를 찾기 위해서는 해당 국가 및 지역, 산업에 대한 추가적인 정보 수집이 필요하다.

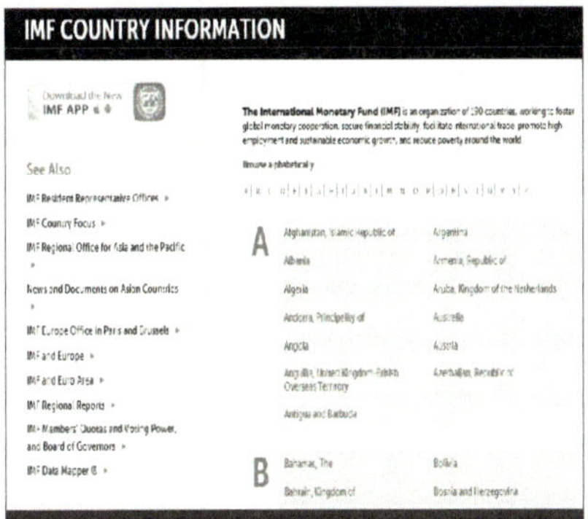

IMF Country Information

https://www.imf.org

Countries ▸ 국가 선택

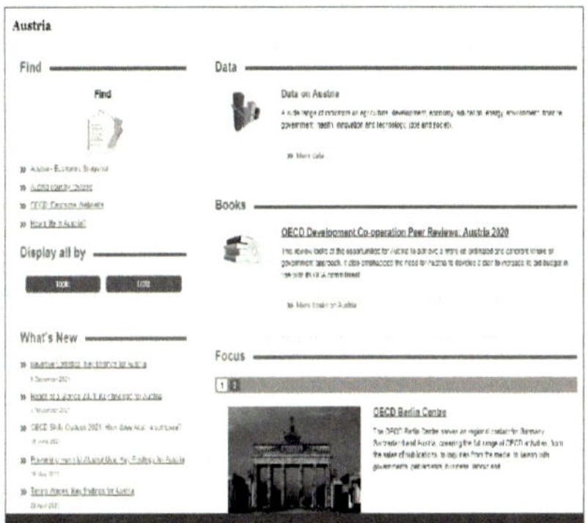

OECD

https://www.oecd.org

Countries ▸ 국가 선택

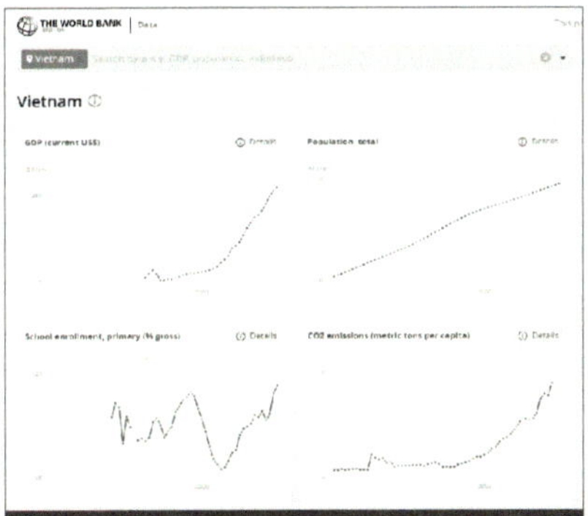

WORLD BANK Data

https://data.worldbank.org

World Bank Open Data ▸ 국가 선택

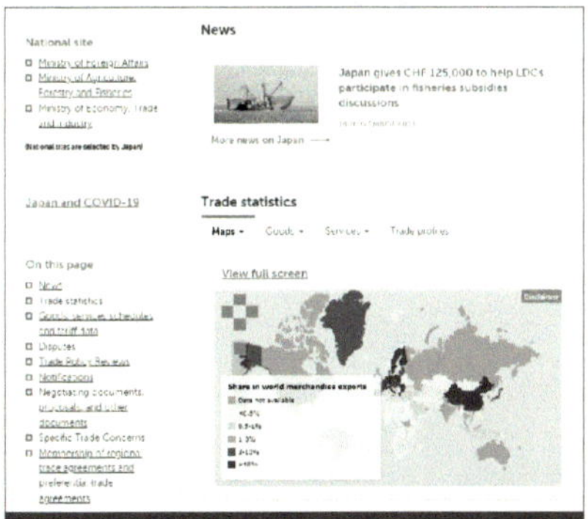

WORLD TRADE ORGANIZATION

https://www.wto.org

wto membership ▸ 국가 선택

부록 3

해외시장조사의 과정에 주요 기관에서 제공하는 무역통계 자료를 활용할 수 있다. 일반적으로 무역통계는 우리나라와 외국간의 무역 거래에 의한 상품의 수출과 수입통계이며, 수출입 통계는 수출입 물품 중 다음의 보통 무역통계에서 정한 기준에 적합한 물품에 대하여 작성된다.

| 보통 무역통계

원칙적으로 대한민국과 외국 간에 물리적으로 이동되거나 이동이 예정되는 모든 상품에 대하여 다음의 보통 무역통계에서 정하는 기준에 의하여 작성되는 통계로서 일반적으로 무역통계란 보통무역통계를 의미한다.

| 보조 무역통계

보조통계에는 성질상 무역통계에 분류되지 않는 세관별 수출입통계, 선박(항공기) 입출항 통계, 여행자 출입국 통계가 포함된다.

한국무역협회 무역통계

https://stat.kita.net

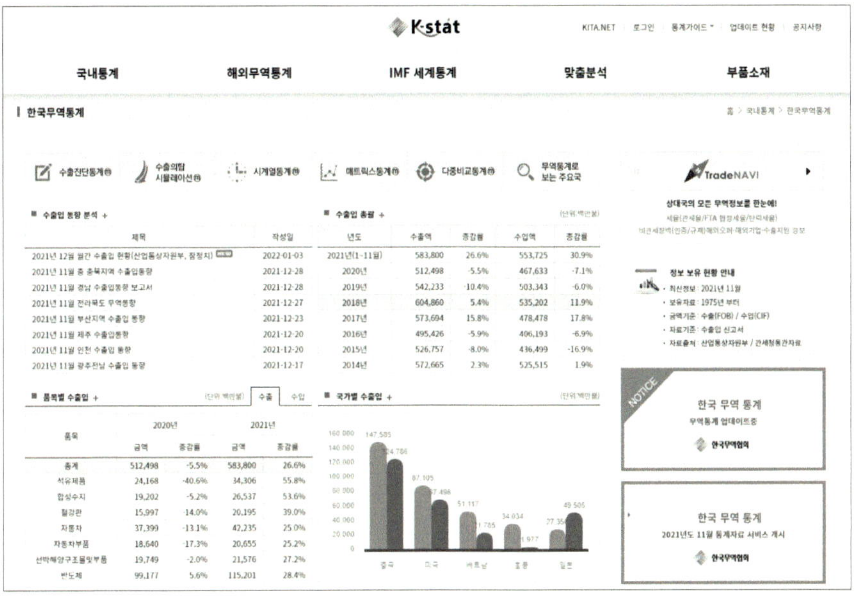

| 수록 정보

연월별, 국가별, 품목별, 대륙경제권별 수출입 통계	한국, 남북, 북한, 미국, 일본, 중국, EU(27개국), 영국, 홍콩, 인도, 대만, ASEAN(10개국), 브라질, 러시아, 터키, 호주, 캐나다, 칠레, 페루, 멕시코, 사우디아라비아, 우즈베키스탄, 뉴질랜드, 콜롬비아, 남아프리카공화국 , 우크라이나, 카자흐스탄
전세계 국가 간 교역현황 및 관련통계	세계무역통계(DOTS)
주요국의 부품소재통계	중국, 일본, 미국
맞춤분석형 통계	자사수출입통계, 맞춤통계, 분석통계

단, 해외무역통계는 자료 입수 시점(국가별로 상이)에 매월 업데이트되는 정보로 향후 정정신고 등에 의한 변경값은 반영되지 않음

한국무역통계 정보포털 TRASS

https://www.bandtrass.or.kr

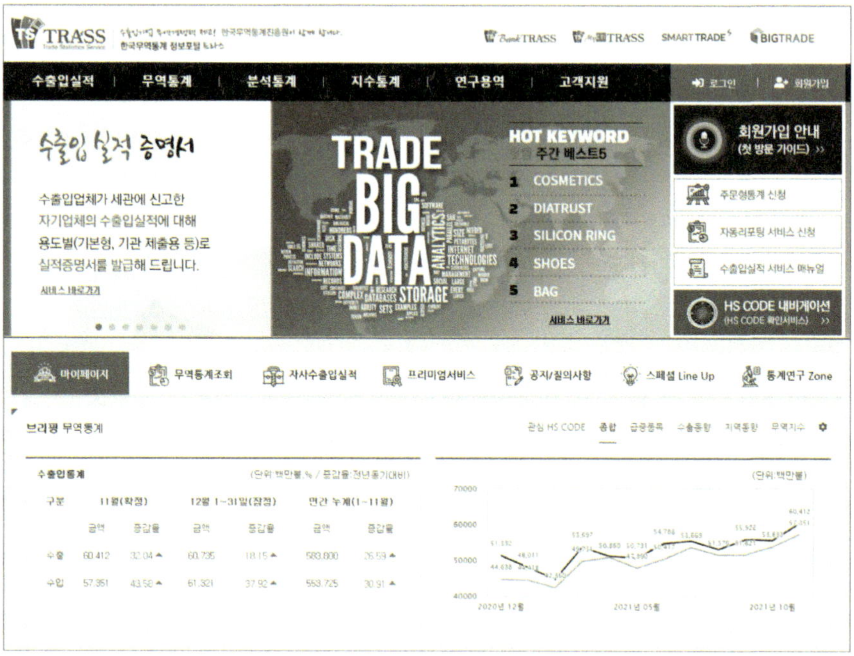

| 수록 정보

무역통계	수출입통계	총괄, 기본조회, 상세조회, 잠정치조회
	화물통계	중량 기준, 컨테이너 기준, 물류연보조회
	테마통계	FTA통계, 무역규모/기업순위 통계, 중소기업 맞춤형 통계, 전자상거래 수출입통계, 거래품명 통계
	시장분석	SELF 진단, 무역변화추이, 수출유망국가, 지속성 예측, 단가 정보, 핫템 아이템
분석통계	품목별 동향분석	품목별 동향분석
	산업별 동향분석	산업별 동향분석
	현안 이슈분석	현안 이슈분석
지수통계	무역경기확산지수	지수 설명, 지수분석 보고서, 세부지수 검색
	수출입단가·교역조건지수	지수 설명, 지수분석 보고서, 세부지수 검색
	농축수산물·수입가격지수	지수 설명, 지수분석 보고서, 세부지수 검색
	무역경기순환시계	무역경기순환시계

부록 4

해외시장조사 과정에 주요 기관에서 제공하는 지수를 활용하여 해당 국가 및 지역의 현황을 분석할 수 있다.

IMD 국가경쟁력 지수

https://www.imd.org/centers/world-competitiveness-center

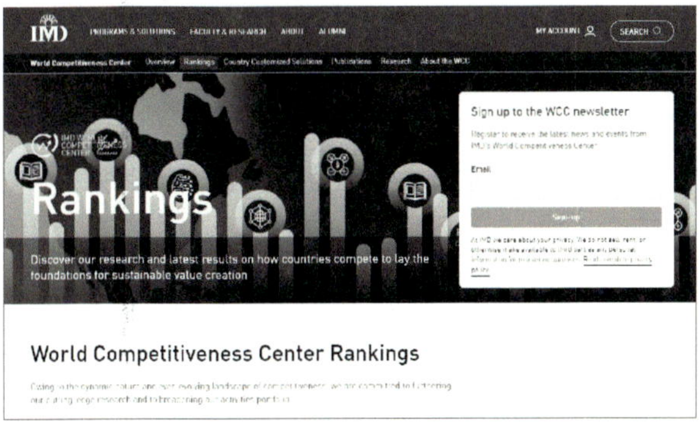

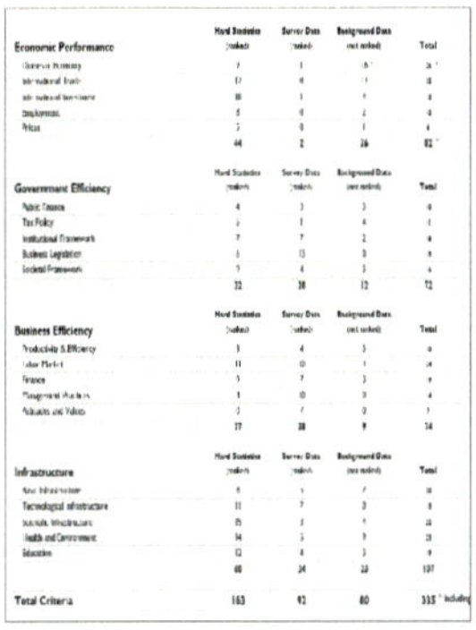

개요	스위스의 국제경영개발대학원(IMD, International Institute for Management Development)에서 매년 6월 발표하는 자료
대상	OECD 국가 및 신흥국 64개국
목적	국가와 기업이 그들의 부를 증진하고 삶의 질을 향상시키기 위하여 보유하고 있는 역량 평가 *국가: 기업하기 좋은 환경을 만들어 줄 수 있는 역량 *기업: 효율적으로 운영하는 역량
구성	4대 분야, 20개 부문, 335개 항목 *통계자료 163개 + 설문조사 92개 + 보조지표 80개
측정	통계: 국제기구, 각국 정보통계, 민간기업 등의 자료 기반 설문: 전 세계 기업인들을 대상으로 IMD 및 각국 파트너기관이 온라인 설문조사 실시(최소 80명 이상 응답자 확보)

THE WORLD BANK의 Ease of Doing Business(기업환경평가)

https://www.doingbusiness.org

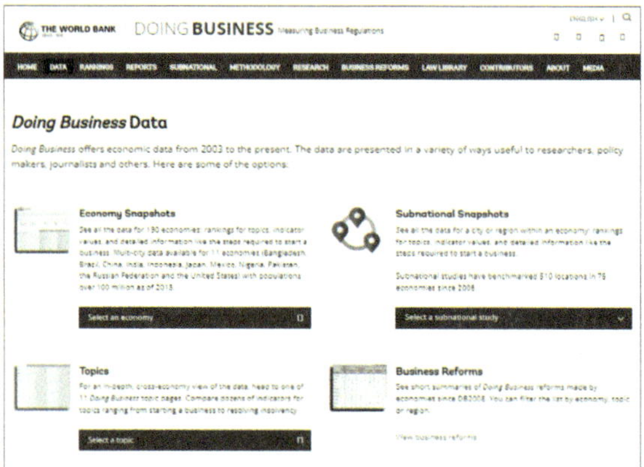

개요	세계은행은 2003년부터 매년 기업의 생애주기(Life cycle)에 따라 각국이 기업 경영에 적합한 법률 혹은 제도를 가지고 있는지를 평가한 뒤 기업환경평가 보고서(Doing Business Report)로 발간 및 공표하고 있음
대상	190개국을 9개 지역으로 구분
구성	• 5개 영역 12개 세부지표로 구성 • 설립(창업, 고용), 지역 정착(건축 인허가, 전기공급, 재산권 등록), 금융접근성(대출, 소액투자자 보호), 일상적인 업무처리(세금납부, 통관행정, 정부조달계약), 기업의 위험 관리(계약의 강제이행, 기업 도산)로 구성됨 • 12개 영역 중 평가순위에 영향을 미치는 요소는 10개 지표로, 고용과 정부조달계약은 순위에 포함되지 않음

부록 5

해외시장조사 과정에서 구한 데이터를 활용하여 통계분석을 실시해보자. 단순 자료로 확인하기 어려운 정보를 얻을 수 있다.

| 실습 예시

한 국가의 민주주의 수준을 해당 국가의 부패인식지수, 제도적 품질, 정치적 안정성, 기업환경과 연결하여 설명해 보자.

1단계 데이터 구하기

먼저 EIU(Economist Intelligence)에서 매년 발표하는 민주주의 지수는 0에서 10사이로 측정되며, 분석을 위해 선정된 20개국의 2020년 민주주의 지수 및 순위는 다음과 같다.

자료1 EIU의 민주주의 지수 다운로드

https://www.eiu.com/n/campaigns/democracy-index-2020/

순위	체제 유형	국가	민주주의 지수
1	완전한 민주주의	Norway	9.81
11		Taiwan	8.94
14		Germany	8.67
16		United Kingdom	8.54
21		Japan	8.13
23		South Korea	8.01
24	결함있는 민주주의	France	7.99
25		United States	7.92
45		South Africa	7.05
49		Brazil	6.92
73		Thailand	6.04
95	혼합된 체제	Kenya	5.05
104		Turkey	4.48
124	권위주의 체제	Russia	3.31
130		Cambodia	3.1
137		Vietnam	2.94
145		United Arab Emirates	2.7
151		China	2.27
164		Syria	1.43
167		North Korea	1.08

자료2 〉 부패지수 데이터 다운로드

https://www.transparency.org/en/cpi/2020/index/nzl

자료3 〉 제도적 품질 지수 다운로드

https://databank.worldbank.org ▶ Worldwide Governance Indicators 검색

▶ Political Stability and Absence of Violence/Terrorism: Estimate 체크

자료4 〉 정치적 안정성 지수 다운로드

https://databank.worldbank.org ▶ Worldwide Governance Indicators 검색

▶ Regulation Quality : Estimate 체크

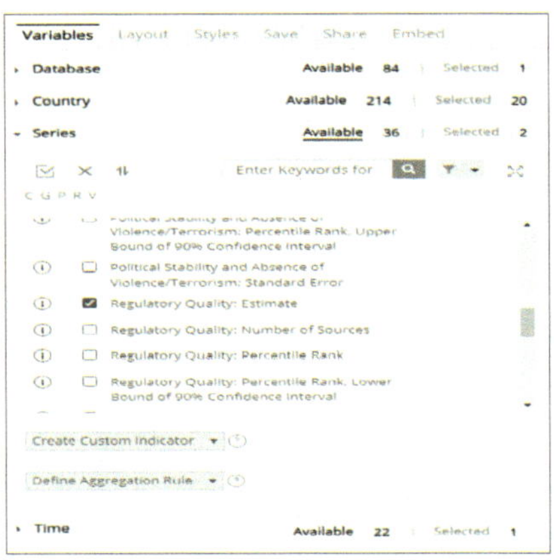

	A	B	C	D	E	F
1	Country N	Country C	Series Nar	Series Coc	2020 [YR2020]	
2	Brazil	BRA	Political S	PV.EST	-0.4217	
3	Brazil	BRA	Regulaton	RQ.EST	-0.16165	
4	Cambodia	KHM	Political S	PV.EST	-0.23588	
5	Cambodia	KHM	Regulaton	RQ.EST	-0.61641	
6	China	CHN	Political S	PV.EST	-0.29107	
7	China	CHN	Regulaton	RQ.EST	-0.0808	
8	France	FRA	Political S	PV.EST	0.31251	
9	France	FRA	Regulaton	RQ.EST	1.195966	
10	Germany	DEU	Political S	PV.EST	0.671011	
11	Germany	DEU	Regulaton	RQ.EST	1.582715	
12	Japan	JPN	Political S	PV.EST	1.038876	
13	Japan	JPN	Regulaton	RQ.EST	1.353819	
14	Kenya	KEN	Political S	PV.EST	-1.00364	
15	Kenya	KEN	Regulaton	RQ.EST	-0.44196	
16	Korea, Dei	PRK	Political S	PV.EST	-0.39804	
17	Korea, Dei	PRK	Regulaton	RQ.EST	-2.33989	
18	Korea, Rep	KOR	Political S	PV.EST	0.559197	
19	Korea, Rep	KOR	Regulaton	RQ.EST	1.033297	
20	Norway	NOR	Political S	PV.EST	1.248287	
21	Norway	NOR	Regulaton	RQ.EST	1.698057	
22	Russian Fe	RUS	Political S	PV.EST	-0.73146	
23	Russian Fe	RUS	Regulaton	RQ.EST	-0.43776	

자료5 〉 기업환경 순위 다운로드

THE WORLD BANK ▶ RANKINGS ▶ Ease of Doing Business rankings

https://www.doingbusiness.org/en/rankings

2단계 데이터 정리하기

다음은 민주주의 지수와 각각의 지표들을 나타낸 것이다.

No.	국가	민주주의 지수순위	민주주의 지수	부패지수	제도적 품질	정치적 안정성	기업환경 순위
1	Brazil	49	6.92	38	-0.2	-0.42	115
2	Cambodia	130	3.10	21	-0.6	-0.24	133
3	China	151	2.27	42	-0.1	-0.29	41
4	France	24	7.99	69	1.2	0.31	44
5	Germany	14	8.67	80	1.6	0.67	41
6	Japan	21	8.13	74	1.4	1.04	46
7	Kenya	95	5.05	31	-0.4	-1.00	75
8	North Korea	167	1.08	18	-2.3	-0.40	0
9	Norway	1	9.81	84	1.7	1.25	25
10	Russia	124	3.31	30	-0.4	-0.73	39
11	South Africa	45	7.05	44	0.2	-0.24	91
12	South Korea	23	8.01	61	1.0	0.56	22
13	Syria	164	1.43	14	-1.9	-2.73	155
14	Taiwan	11	8.94	65	1.4	0.77	29
15	Thailand	73	6.04	36	0.2	-0.63	37
16	Turkey	104	4.48	40	0	-1.19	45
17	United Arab Emirates	145	2.70	71	1.1	0.63	28
18	United Kingdom	16	8.54	77	1.5	0.47	22
19	United States	25	7.92	67	1.2	-0.02	26
20	Vietnam	137	2.94	36	-0.2	-0.07	75

3단계 데이터를 이용하여 분석하기

• **민주주의 지수와 각 자료의 상관관계 구하기**

엑셀 ▶ 데이터 ▶ 데이터 분석 ▶ 상관 분석

구분	민주주의 지수	부패지수	제도적 품질	정치적 안정성	기업환경 순위
Brazil	1.00				
Cambodia	0.79	1.00			
China	0.83	0.95	1.00		
France	0.65	0.82	0.80	1.00	
Germany	-0.31	-0.55	-0.46	-0.59	1.00

• **민주주의 지수와 부패지수의 상관관계를 그래프로 확인하기**

엑셀 ▶ 삽입 ▶ 추천차트 ▶ 분산형

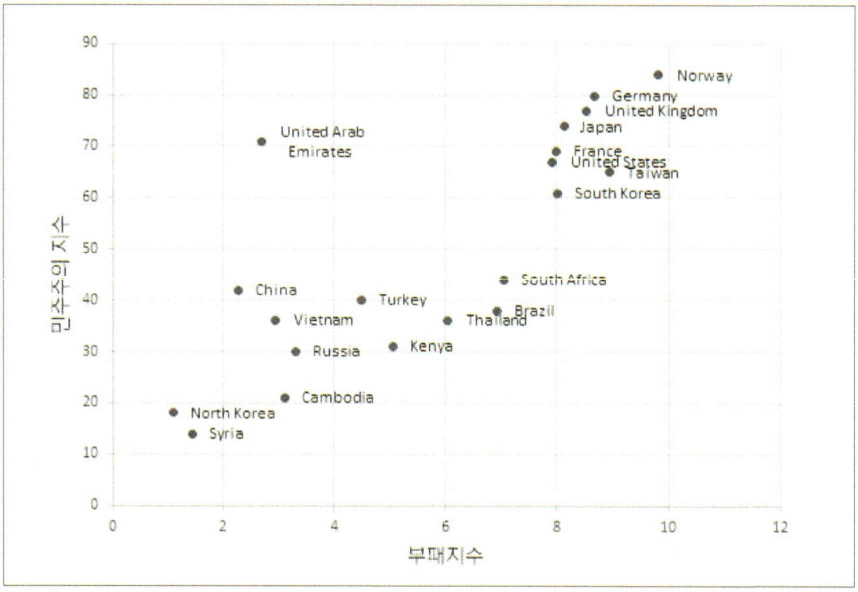

이를 통해 민주주의 지수와 부패지수는 비슷한 흐름을 보이는 것을 확인할 수 있다. 즉, 민주주의의 수준이 높아질수록 부패에 대한 인식 수준 또한 높아진다는 것을 알 수 있다.

• 민주주의 지수와 제도적 품질의 상관관계를 그래프로 확인하기

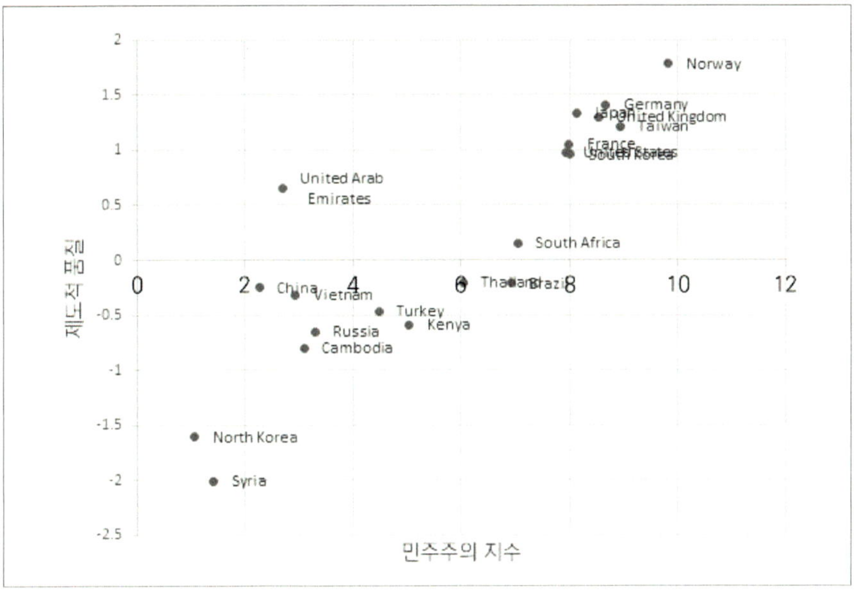

민주주주의 지수와 제도적 품질을 산점도로 표현해보면, 위와 마찬가지로 민주주의의 수준이 높아질수록, 제도적 품질 또한 높아진다는 것을 알 수 있다.

• 민주주의 지수와 정치적 안정성의 상관관계를 그래프로 확인하기

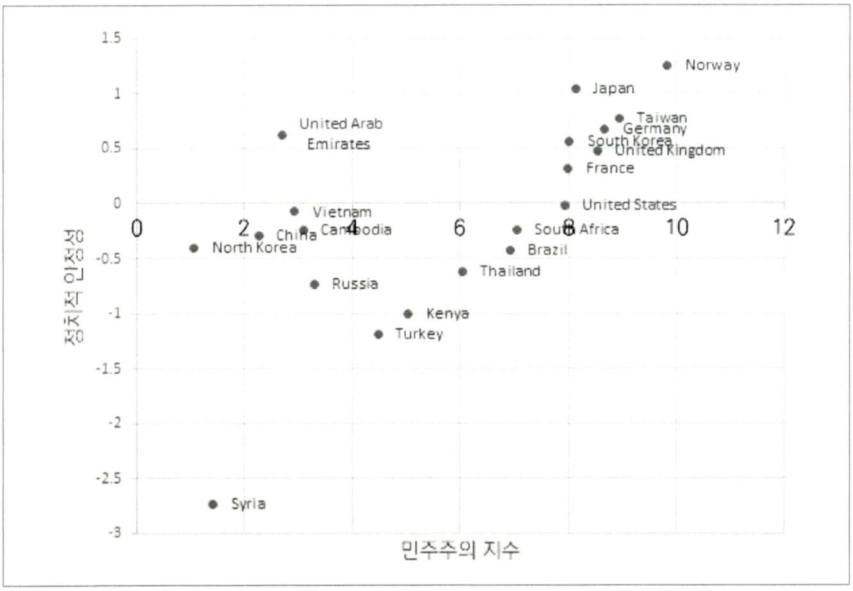

위는 민주주의 지수와 정치적 안정성의 관계를 나타낸 것이다. 전반적으로 민주주의 지수가 높을수록 정치적 안정성도 높다는 것을 확인할 수 있다. 그러나 민주주의 지수가 낮지만, 정치적 안정성이 높은 국가 그룹도 확인할 수 있는데, 이는 공산주의를 기반으로 하거나, 왕 혹은 군주 등이 존재하는 국가이다.

• 민주주의 지수와 기업환경의 상관관계를 그래프로 확인하기

위의 그림은 민주주의 지수와 기업환경의 관계를 나타낸 것이다. 이전까지의 추세와 달리, 민주주의 지수와 기업환경 사이에는 명확한 상관관계가 나타나지 않음을 알 수 있다.

참고문헌

구기보(2011), WTO 가입 10주년, 중국의 비상: 10년 동안 세계 무역질서 바뀌었다. CHINDIA Plus, 64.

김나라(2016), 온라인을 통한 중소기업의 수출 성공사례 분석, IBK경제연구소.

김주혜 · 오윤미 · 장상해(2015), 우리 기업이 꼭 알아야 할 한 · 중 FTA 비즈니스 모델 및 활용, KOTRA 중국사업단.

김학민 · 황윤섭 · 배경원 · 김현철 · 이예림(2018), 대학 FTA 강좌 참고교재, 산업자원통상부 · KOTRA.

안병수(2017), 전자상거래무역 확산을 위한 법률개정방안에 관한 연구, 통상정보연구, 19(1).

양평섭 · 이철원 · 정재완 · 김진오 · 나수엽 · 박혜리 · 손성현 · 이효진 · 조영관(2019), 신흥국 정부조달시장 개발실태 분석과 중소기업에 대한 시사점, 대외경제정책연구원 .

우혜영(2019), 한국에 대한 일본의 수출제재, 이베스트투자증권.

이미정 · 김대식 · 배현숙 · 권정인 · 백용선 · 신진희(2014), 국제조달시장 참여활성화 방안 수립: 글로벌 헬스케어 및 제약 산업 분야, 한국보건산업진흥원.

Ball, D. A., & McCulloch, W. H.(1990), *International Business: Introduction and Essentials (4th ed.),* McGraw-Hill/Irwin.

Banik, D., & Bull, B.(2018). Chinese Engagement in Africa and Latin America: Does it matter for state capacity?. *Third World Thematics: A TWQ Journal*, 3(4), 532-551.

Behrman, J. N., & Rondinelli, D. A.(2000), The Transition to Market-oriented Economies in Central and Eastern Europe: Lessons for Private Enterprise Development, *European Business Journal*, 12(2), 87-99.

Cateora, P. R., Meyer, R. B. M. F., Gilly, M. C., & Graham, J. L.(2020), *International Marketing,* McGraw-Hill Education.

Cavusgil Tamer, S., Knight, G., & Reisenberger, J.(2017), *International Business: the New Realities,* Essex, UK: Pearson.

Clougherty, J. A.(2005), Antitrust Holdup Source, Cross-National Institutional Variation, and Corporate Political Strategy Implications for Domestic Mergers in a Global Context, *Strategic Management Journal*, 26(8), 769-790.

Hall, E. T.(1976), *Beyond Culture,* Garden City, NY: Anchor.

Egri, C. P., & Ralston, D. A.(2008), Corporate Responsibility: A Review of International Management Research from 1998 to 2007, *Journal of International Management*, 14(4), 319-339.

Hasan, I., & Tucci, C. L.(2010), The Innovation-Economic Growth Nexus: Global Evidence, *Research Policy*, 39(10), 1264-1276.

Hofstede, G.(1984), *Culture's Consequences: International Differences in Work-related Values(Vol.5),* London: Sage.

Hsu, G. J., Lin, Y. H., & Wei, Z. Y.(2008), Competition Policy for Technological Innovation in an Era of Knowledge-based Economy, *Knowledge-based systems*, 21(8), 826-832.

Jenner, S., MacNab, B., Briley, D., Brislin, R., & Worthley, R.(2008), Cultural Change and Marketing, *Journal of Global Marketing*, 21(2), 161-172.

John, J., Wild, W. and Kenneth, L.(2019), *International Business: The Challenges of Globalization (9th ed.),* Pearson Education Limited.

Kim, K.(2006), The 1997-98 Korean Financial Crisis: Causes, Policy Response, and Lessons, *Paper presented at the IMF Seminar on Crisis Prevention in Emerging Markets*, Singapore.

KOTRA(2018), *글로벌 조달시장 진출 가이드*, 대한무역투자진흥공사.

Kuang, W., Liu, J., Dong, J., Chi, W., & Zhang, C.(2016), The Rapid and Massive Urban and Industrial Land Expansions in China between 1990 and 2010: A CLUD-based Analysis of Their Trajectories, Patterns, and Drivers, *Landscape and Urban Planning*, 145, 21-33.

Lee, S. H., & Hong, S. J.(2012), Corruption and Subsidiary Profitability: US MNC subsidiaries in the Asia Pacific Region, *Asia Pacific Journal of Management*, 29(4), 949-964.

North, D.(1990), *Institutions, Institutional Change and Economic Performance (Political Economy of Institutions and Decisions),* Cambridge: Cambridge University Press, doi:10.1017/CBO9780511808678

Ono, H.(2010), Lifetime Employment in Japan: Concepts and Measurements, *Journal of the Japanese and International Economies,* 24(1), 1-27.

Peng, M. W.(2016), *Global Business(4th ed.),* Cengage learning.

Saunila, M.(2017), Innovation Capability in Achieving Higher Performance: Perspectives of Management and Employees, *Technology Analysis & Strategic Management*, 29(8), 903-916.

Terpstra, V., & David, K.(1991), *The Cultural Environment of International Business,* Cincinnati, Ohio: South, Western Publishing Company.

Tylor, E. B.(1871), *Primitive Culture: Researches into the Development of Mythology, Philosophy, Religion, Art and Custom (Vol.2),* London: J. Murray.

UNOPS(2019), *Annual Statistical Report on United Nations Procurement 2019*, United Nations.

UNCTAD(2019). *International classification of non-tariff measures*, United Nations.

Vassilikopoulou, A. I, Siomkos, G. J & Mylonakis, J.(2006), The Effects of Micro-Cultural Differences on Consumer Behaviour: The Case of Differences in the Shopping Behaviours of Christian and Muslim Consumers, *International Journal of Management Practices,* 2(2), 144-158.

Wild, J. J., Wild, K. L., & Han, J. C.(2003), *International Business,* Upper Saddle River, NJ: Prentice Hall.

World Bank Group(2019), *Doing Business 2019: Training for Reform*. International Bank for Reconstruction and Development/The World Bank, https://www.doingbusiness.org/content/dam/doingBusiness/media/Annual-Reports/English/DB2019-report_web-version.pdf.

WTO(2000), *10 benefits of the WTO trading system,* World Trade Organization.

Zhao, X.(2019), A New Mode of Cross-Border E-Business Export Logistics Based on Value Chain, *Open Journal of Business and Management*, 7(3), 1112-1119.

관세법령정보포털 (https://unipass.customs.go.kr)
관세청 홈페이지 (https://www.customs.go.kr)
국가통계포털 (http://www.kosis.kr)
국제환경규제 기업지원센터 (https://www.compass.or.kr)
세계무역기구 홈페이지 (https://www.wto.org)
외교통상부 홈페이지 (http://www.mofa.go.kr)
통합무역정보서비스 홈페이지 (http://www.tradenavi.or.kr)
한국무역통계 정보포털 (https://www.bandtrass.or.kr)
한국무역협회 홈페이지 (https://www.kita.net)
해외인증정보시스템 (https://www.certinfo.kr)
해외조달정보센터 (https://www.globalkoreamarket.go.kr:8843/gpass/index.do)
FTA 강국, KOREA 홈페이지 (https://www.fta.go.kr)

찾아보기

S

T

U

W

저자 소개

■ 황윤섭

현) 경희대학교 정경대학 무역학과 교수

제37대 한국생산성학회 회장

모스크바 국립대학 경제학부 대학원 졸업 (경제학 박사)

경희대학교 정경대학 무역학과 졸업

■ 유 천

현) 목포대학교 무역학과 교수

목포대학교 GTEP사업단 지도교수

경희대학교 일반대학원 무역학과 졸업 (경영학 박사)

서울과학종합대학원대학교 대학원 졸업 (경영학 석사)

경희대학교 경제통상학부 졸업

■ 황지영

현) 경희대학교 일반대학원 무역학과 박사 과정

이티원 경제교육센터

경희대학교 일반대학원 무역학과 졸업 (경영학 석사)

경희대학교 경제통상학부 졸업

해외시장조사 매뉴얼 - 알기 쉽게 풀어쓴 -

초 판 인쇄 —— 2022년 2월 10일
초 판 발행 —— 2022년 2월 15일
지은이 —— 황 윤 섭·유 천·황 지 영
펴낸이 —— 전 두 표
펴낸곳 —— 도서출판 두남
서울시 강동구 성내로 6길 34-16 두남빌딩
신 고 : 제25100-1988-9호
TEL : 02) 478-2065~7, 2311
FAX : 02) 478-2068
E-mail : dunam1@unitel.co.kr
http://www.dunam.co.kr

정가 19,000원

ISBN 978-89-6414-937-9 93320